LE CIEL DU REICH 1944

Du même auteur

La Stratégie de la destruction, Vendémiaire, 2017 ; l'Artilleur, 2024.

Mémoires du général von Choltitz, édition présentée et annotée par Jean-Charles Foucrier, Perrin, 2020.

La Guerre des scientifiques, Perrin, 2019.

Jean-Charles Foucrier

LE CIEL DU REICH 1944

La plus grande bataille aérienne de l'histoire

PERRIN
Ministère des Armées

Collection « Champs de bataille » dirigée par Jean Lopez

Cet ouvrage est coédité par le ministère des Armées,
secrétariat général pour l'administration,
Direction de la mémoire, de la culture et des archives.

La Direction de la mémoire, de la culture et des archives (DMCA) est une direction du ministère des Armées, placée sous l'autorité du secrétaire général de ce ministère. La DMCA a notamment en charge la politique culturelle du ministère au travers des collections de ses musées, de ses services d'archives et de ses bibliothèques. Elle détermine et finance les actions nécessaires à la gestion et à la valorisation de ce riche patrimoine. C'est dans cette perspective que la DMCA développe également une politique de publication et de soutien aux productions audiovisuelles permettant à un large public de découvrir l'histoire et le patrimoine du ministère des Armées.

Éditions Perrin
92, avenue de France
75013 Paris
Tél. : 01 44 16 08 00

ISNN : 2825-5593
ISBN : 978-2-262-10087-2
Dépôt légal : septembre 2025
Mise en pages : Nord Compo

Pour ma mère

LISTE DES CARTES

(Cartographie : © Edicarto)

LISTE DES SIGLES

ABC	*American, British Conversations*
ACTS	*Air Corps Tactical School*
AEAF	*Allied Expeditionary Air Force*
AWPD	*Air War Plans Division*
BBSU	*British Bombing Survey Unit*
CBO	*Combined Bombing Offensive*
CCS	*Combined Chiefs of Staff*
COA	*Committee of Operations Analysts*
CSC	*Chiefs of Staff Committee*
DCA	*Défense contre avion*
EOU	*Enemy Objectives Unit*
FMPU	*First Motion Picture Unit*
JCS	*Joint Chiefs of Staff*
OKL	*Oberkommando der Luftwaffe*
ORS	*Organisational Research Unit*
OSS	*Office of Strategic Service*
OWI	*Office of War Information*
RAF	*Royal Air Force*
SAC	*Strategic Air Command*
SHAEF	*Supreme Headquarters Allied Expeditionary Force*
USAAC	*United States Army Air Corps*
USAAF	*United States Army Air Forces*
USAF	*United States Air Forces*
USSBS	*United States Strategic Bombing Survey*
USSTAF	*United States Strategic Air Forces in Europe*

GRADES LUFTWAFFE / ÉQUIVALENCES ARMÉE DE L'AIR

Officiers supérieurs

Reichsmarschall	« Maréchal du Reich »
Generalfeldmarschall	« Maréchal »
Generaloberst	Général d'armée aérienne
General der Flieger	Général de corps d'armée aérienne
Generalleutnant	Général de division aérienne
Generalmajor	Général de brigade aérienne

Officiers subalternes

Oberst	Colonel
Oberstleutnant	Lieutenant-colonel
Major	Commandant
Hauptmann	Capitaine
Oberleutnant	Lieutenant
Leutnant	Sous-lieutenant

Sous-officiers

Stabsfeldwebel	« Adjudant d'état-major »
Oberfeldwebel	Adjudant-chef
Feldwebel	Adjudant
Unterfeldwebel	Sergent-chef
Unteroffizier	Sergent

Militaires du rang

Stabsgefreiter	« Caporal-chef d'état-major »
Hauptgefreiter	« Caporal principal »
Obergefreiter	Caporal-chef
Gefreiter	Caporal
Flieger	Aviateur

AVANT-PROPOS

La plus grande bataille de l'histoire

Les 6 et 9 août 1945, le monde découvre une nouvelle ère atomique, source de puissance, de peurs et d'horreurs jusqu'ici inconnues, avec en corollaire l'établissement de la domination américaine sur l'échiquier géostratégique mondial. Une apocalypse qui constitue toutefois aussi l'aboutissement d'exploits scientifiques, dont en premier lieu la conception de bombes atomiques seulement cinq ans après la découverte de la fission de l'atome juste au début de la Seconde Guerre mondiale – un processus extrêmement rapide qu'Albert Einstein lui-même n'estimait pas possible avant des dizaines d'années. Une prouesse technologique, aussi, représentée par les bombardiers Boeing B-29 larguant ces bombes : des quadrimoteurs de 43 mètres d'envergure au rayon d'action intercontinental de 9 000 kilomètres, dotés de tourelles de mitrailleuses défensives téléguidées par calculateur analogique. Non seulement ces appareils incarnent l'évolution stupéfiante de l'aviation militaire au cours des hostilités – alors même qu'en septembre 1939 nombre d'aéronefs étaient encore des biplans aux profils hérités du précédent conflit mondial – mais ils symbolisent aussi l'affirmation décisive de la puissance aérienne dans la guerre moderne, une composante désormais incontournable dans les engagements tactiques et opératifs, et potentiellement suffisante à elle seule au niveau stratégique, comme le laissent à penser les ruines radioactives d'Hiroshima et de Nagasaki.

Les bombardiers constituent en particulier l'une des grandes représentations associées à la Seconde Guerre mondiale, plongeant en piqué sur des colonnes de civils français en retraite en 1940, semant le chaos sur la flotte américaine à Pearl Harbor dans le Pacifique l'année suivante, ou encore incinérant les cités allemandes en 1944 et 1945. Ces images d'Épinal tendent à masquer le prérequis pratiquement indispensable à l'engagement des bombardiers lourds (deux à quatre moteurs), moyens (deux) et légers (un) : la maîtrise du ciel, qu'elle soit sur terre ou sur mer. Ce concept implique la capacité pour une force attaquante de pouvoir se déplacer vers son objectif, de le cibler et de revenir à sa base sans subir de pertes dépassant un seuil considéré comme prohibitif, par exemple 5 % pour le Bomber Command, l'aviation de bombardement britannique. La maîtrise du ciel se décline en deux formes aux limites plus ou moins perméables : la supériorité aérienne, supposant de disposer du contrôle général des cieux face à un ennemi capable de mener des actions agressives limitées et sans conséquences stratégiques, et la suprématie aérienne, permettant l'évolution dans un environnement dénué d'opposition, ou à défaut insignifiante.

La maîtrise de l'air constitue un objectif déterminant pour la Luftwaffe, l'aviation militaire allemande, conçue dans cette optique ainsi que pour l'appui des forces terrestres et navales. Elle l'acquiert facilement dès le début de ses campagnes entre 1939 et 1942, avant de commencer à l'abdiquer graduellement selon les fronts au cours de l'année 1943, tout en la conservant sur le ciel du Reich. Au début de l'année 1944, l'acquisition définitive de la maîtrise de l'air sur l'Europe devient une nécessité pour les Alliés, en prévision du débarquement de Normandie. À ce stade du conflit, en Europe, le sort des armes penche nettement en leur faveur. L'Allemagne nazie a perdu le contrôle du théâtre méditerranéen, expulsée d'Afrique en mai 1943 et de Sicile trois mois plus tard, puis chassée du sud de l'Italie en septembre. Sur le front Est, les gigantesques batailles de Koursk et du Dniepr entre août et décembre ont permis aux Soviétiques de libérer pratiquement toute la Russie et d'occuper à nouveau l'Ukraine orientale, avec en outre la capture de la capitale, Kiev. Cette balance favorable des armes demeure toutefois figée au début de l'année 1944. En Italie, la ligne Gustav au sud de Rome tient fermement face aux offensives alliées, dégénérant en multiples batailles de positions meurtrières jusqu'au mois de mai. À l'Est, une contre-offensive allemande blindée permet de reprendre du terrain en Ukraine et de menacer Kiev, alors que les groupes d'armées allemands en Biélorussie et aux Pays baltes repoussent durement les tentatives d'invasion soviétiques. À l'Ouest, il n'y a globalement rien de nouveau depuis l'été 1940 et la conquête des Pays-Bas, de la Belgique, du Luxembourg et de la France. Près de 1 400 000 soldats de la Wehrmacht et de la SS occupent ces pays, attendant l'invasion alliée, avec pour seules inconnues la date et le lieu.

Cette grande offensive combinée, impliquant les forces terrestres, navales et aériennes alliées dans le cadre du plus grand débarquement de l'histoire, porte le nom de code *Overlord.* Trois millions de combattants se massent dans les camps moutonnant sur tout le Royaume-Uni, avec un objectif secret connu de seulement quelques centaines d'officiers d'état-major : la Normandie. Le chef suprême de cette opération est le général américain Dwight Eisenhower, vainqueur de l'Axe en Afrique du Nord et en Sicile. Souriant, charmeur et doué de qualités de diplomate absolument indispensables pour gérer l'énorme coalition interalliée comptant des susceptibilités comme George Patton et Bernard Montgomery, il ne doute guère de la réussite du débarquement, contrairement à une certaine image véhiculée après guerre, notamment par le film *Le Jour le plus long*. Même si des pertes très lourdes sont attendues, l'ampleur écrasante des moyens utilisés – cinq divisions dont deux aéroportées, supportées par plus de 5 000 navires et 11 000 appareils – devrait pouvoir emporter la décision face à une côte normande plus faiblement tenue par l'ennemi que le Pas-de-Calais. La réelle inquiétude d'Eisenhower provient des journées venant *après* le débarquement, lorsque la tête de pont alliée sera encore fragile et à la merci des contre-offensives ennemies. Une crainte issue de son expérience méditerranéenne, notamment en Italie, et de l'opération amphibie lancée à Salerne en septembre 1943. Les troupes alliées avaient pris possession de la plage sans trop de difficultés, avant de manquer d'être rejetées à la mer par une puissante réaction blindée allemande, stoppée de justesse par l'appui de tous les avions disponibles ainsi que par l'artillerie terrestre et navale. Ces durs combats avaient fortement impressionné le chef suprême d'*Overlord* – qui évoque dans ses Mémoires « la leçon éclatante de Salerne[1] ». Ils influent de manière décisive sur sa conception de la préparation du débarquement de Normandie et expliquent sa volonté de tenir éloignés le plus longtemps possible les chars ennemis de la tête de pont, le temps de la renforcer suffisamment, soit environ une semaine. Un désir passant par une vaste campagne de bombardements des gares françaises et belges au printemps 1944 ainsi que par la mise en place de l'opération de mystification *Bodyguard*, avec sa composante tactique *Fortitude* visant à faire croire à un débarquement allié dans le Pas-de-Calais.

Maintenir les blindés allemands éloignés de la tête de pont normande est une chose, empêcher l'aviation ennemie de l'attaquer en est une autre. En janvier 1944, les Alliés ne disposent pas de la maîtrise de l'air sur l'Europe occidentale, qu'il s'agisse de suprématie ou de supériorité aérienne. Plus exactement, ils ne contrôlent pas le ciel du Reich. Car la Luftwaffe s'est à ce stade largement repliée sur la défense nationale, face à la menace portée par les bombardements des villes et des usines. Ainsi concentrée, son aviation de chasse, la Jagdwaffe, est en mesure de contester la supériorité aérienne à l'US Army Air Force (USAAF) opérant de jour, et à la Royal Air Force (RAF) britannique volant de nuit, en leur infligeant des pertes insupportables à court terme. Ce succès défensif n'a été obtenu qu'en prélevant les meilleures unités de chasse des théâtres d'opérations de l'Ouest, de Méditerranée et de l'Est, abandonnant *de facto* la supériorité aérienne en dehors du Reich. Ce qui, certes, ne signifie pas obligatoirement que la Luftwaffe n'attaquerait pas en force sur la France le jour du débarquement allié : celle-ci constitue dans l'absolu une menace trop sérieuse pour ne pas être éliminée.

La bataille pour la supériorité aérienne sur l'Allemagne est l'objet de l'opération *Argument*, lancée la dernière semaine de février 1944 et réunissant une puissance inédite de quatre armées aériennes alliées, soit près de 3 000 bombardiers et chasseurs. L'objectif est d'écraser la chasse allemande, aussi bien ses appareils encore en cours d'assemblage dans les usines, ceux stationnés sur les aérodromes et ceux qui prennent part au combat aérien. Cette lutte à mort, meurtrière pour tous les belligérants, est passée à la postérité sous le surnom de « Big Week », une appellation éclipsant largement sa dénomination officielle, et modifiant l'amplitude et l'importance de l'événement, lequel s'étale sur une temporalité plus importante que suggérée.

Ce livre entend s'intéresser à l'histoire de cette opération *Argument*, depuis les origines de la campagne alliée de bombardements stratégiques sur le Reich jusqu'au récit mémoriel de cette conquête de la supériorité aérienne, oscillant entre vérités étayées et représentations mythiques. Il s'intéresse dans sa première partie aux doctrines d'emploi de la puissance aérienne en amont de l'opération, à sa planification détaillée et à sa mise en contextualisation dans le cadre des multiples théâtres d'engagement concernés. L'évocation factuelle des combats dans la deuxième partie occupe nécessairement une part importante de l'étude, tout en se trouvant analysée au prisme global des objectifs opératifs, et enrichie de témoignages combattants des belligérants.

Le propos s'attarde aussi sur les grands acteurs de cet affrontement unique dans l'histoire de la guerre aérienne. L'offensive de bombardement alliée (*Combined Bomber Offensive*) de 1943 à 1945 se caractérise par un emploi inédit de la puissance aérienne, avec trois armées aériennes stratégiques spécifiquement dédiées à la neutralisation du potentiel économique et moral du IIIe Reich. L'importance de cette campagne et cette puissance sans égale ont pour incidence d'une part de voir ces armées aériennes détachées des forces terrestres et navales – sauf au printemps 1944 dans le cadre du débarquement de Normandie –, et d'autre part de simplifier drastiquement la chaîne de commandement. Les chefs du bombardement stratégique rendent en effet directement compte aux Combined Chiefs of Staff (chefs d'état-major combinés), le plus haut organisme allié de conduite politique de la guerre. Les enjeux sont toutefois tels que les décisions remontent souvent jusqu'à Churchill, très impliqué dans le bombardement stratégique, et, lors de cas de contentieux entre ce dernier et les chefs alliés, jusqu'à l'arbitrage suprême de Franklin Roosevelt – à l'inverse bien moins versé dans les opérations militaires. Conséquence de cette puissance stratégique, les acteurs de l'offensive de bombardement alliée sur le Reich agissent de manière virtuellement indépendante, sauf rappel à l'ordre des chefs politiques. Tous se distinguent par leur fort caractère et leur charisme affirmé, nécessaires pour assumer leur commandement. Le biologiste Solly Zuckerman, conseiller scientifique du chef suprême Eisenhower pour la préparation aérienne d'*Overlord*, évoque dans ses Mémoires la « guerre des seigneurs » pour décrire l'autonomie sans pareille de ces hommes[2]. Au-delà des directives officielles pour les forces aériennes stratégiques entre 1943 et 1945, les opérations se déroulent le plus souvent selon le bon vouloir de deux Américains, les généraux Henri H. Arnold et Carl A. Spaatz, et d'un Britannique, Arthur Harris. Ces trois grands chefs appliquent plus ou moins volontairement les ordres, tout en poursuivant des visées personnelles.

L'opération *Argument* dépasse en effet le seul objectif déclaré de la conquête de la supériorité aérienne en vue d'*Overlord*. Vaincre la Luftwaffe permettrait certes de participer à la sécurisation du débarquement de Normandie, mais aussi – si ce n'est surtout – de libérer le ciel pour enfin laisser pleinement la campagne aérienne atteindre son paroxysme. Bien qu'au début de 1944 l'objectif ne soit pas (plus) de vaincre l'Allemagne nazie par la seule force des bombes, les chefs de l'air alliés entendent néanmoins conserver leur quasi-autonomie, laquelle passe par un détachement net des opérations au sol et sur mer. Pour les Américains, il existe encore un autre but, peut-être le moins avouable. En effet, si la RAF britannique dispose de son autonomie depuis la fin de la Première Guerre mondiale, ce n'est pas le cas des USAAF, toujours rattachées aux forces terrestres. La quête de l'indépendance plane donc en continu sur les actions de l'aviation américaine pendant la guerre, venant enrichir l'histoire des opérations.

La troisième partie de cet ouvrage s'intéresse au souvenir de la bataille aérienne, suivant l'objectif de remonter jusqu'à son récit contemporain, afin d'en débrouiller l'écheveau mémoriel. La démarche, sur le plan physique, se heurte à la nature par essence volatile de l'événement, n'imprégnant aucune marque dans l'éther[3]. Certes, l'impact des bombardements peut en revanche durablement marquer l'environnement au sol, avec la volonté symbolique de préserver des édifices détruits ou endommagés. L'exemple le plus marquant est peut-être la *Kaiser-Wilhelm-Gedächtniskirche*, l'église du Souvenir de l'Empereur Guillaume, en partie détruite au début de la bataille aérienne de Berlin en novembre 1943, et seulement en partie reconstruite après guerre.

La notion de bataille aérienne renvoie toutefois à un affrontement entre belligérants dans les airs, avec des combats entre appareils, et aussi de manière moins évidente entre avions et artillerie antiaérienne. Le cas de l'opération *Argument* oscille entre ces deux considérations, puisque consistant initialement en un matraquage des usines aéronautiques, avant de rapidement évoluer vers la recherche de l'affrontement aérien. C'est ce dernier volet qui a principalement marqué la mémoire de la bataille, qui, à défaut d'être physique, s'est écrite dans les livres et, profitant de son caractère spectaculaire, sur les pellicules. Ainsi, les historiographies américaines et britanniques profitent d'une production foisonnante sur l'*air power*, à la fois grand public et académique, celle-ci dominée par des chercheurs d'envergure internationale tels que Richard Davis, Williamson Murray, Richard Overy ou Robert Pape[4]. Cet engouement s'est aussi traduit dans le septième art par des œuvres grand public illustrant la violence extrême des combats du fait de leur nature aérienne[5], avec une létalité disproportionnée par rapport aux autres armes : le Bomber Command britannique perd ainsi 55 500 tués durant la Seconde Guerre mondiale, contre seulement 10 000 prisonniers et 8 500 blessés. Un intérêt cinématographique consacré en 2024 par le troisième volet de la franchise à succès *Band of Brothers* produite notamment par Steven Spielberg, intitulé *Masters of the Air*[6].

L'histoire particulière d'*Argument* bénéficie de plusieurs livres, tous écrits par des auteurs américains, universitaires, anciens aviateurs ou érudits[7]. D'intérêt scientifique variable, ils ont en commun leur prisme américano-centré, même si les USAAF supportent bel et bien, et de loin, le rôle majeur dans les combats. En revanche, la puissance aérienne au cours de la Seconde Guerre mondiale n'apparaît pas comme un objet d'analyse majeur dans l'historiographie française, pour employer une litote. Si l'histoire spécifique de l'armée de l'air a connu des travaux majeurs par le passé[8] et bénéficie d'un renouvellement d'intérêt récent[9], l'*air power* entre 1939 et 1945 demeure fort peu étudié par nos historiens[10]. Un constat susceptible de s'expliquer par la défaite précoce de l'armée française en 1940 et le rôle très limité de l'armée de l'air reconstituée par la suite en comparaison des USAAF et de la RAF.

Le présent ouvrage, conforme en cela aux canons de la collection « Champs de bataille », propose une analyse originale fondée sur la recherche scientifique la plus objective possible, contextualisée et décentrée de sa nature américaine et, dans une moindre mesure, britannique. La réflexion s'appuie sur des sources primaires publiées ou non et de l'imposante bibliographie sur le sujet, répertoriées en fin de volume. Ainsi, nous l'espérons, est rendu accessible un aspect méconnu de la Seconde Guerre mondiale, qui paradoxalement constitue la plus grande bataille aérienne de l'histoire.

PREMIÈRE PARTIE

LA DOCTRINE : CIBLER POUR VAINCRE

« Ce n'était pas pour des raisons morales ou religieuses que je m'opposais au bombardement des villes[1]. »

Général Carl A. Spaatz.

1

La « Bomber Mafia »

7 décembre 1941. Les bombardiers Boeing B-17 de l'armée américaine entament leur carrière opérationnelle, sans avoir eu le temps de lancer leurs moteurs. Ils brûlent ailes contre ailes sous le soleil de Pearl Harbor, cibles faciles pour le raid surprise des appareils de l'aéronavale japonaise. Conçue pour attaquer loin en territoire ennemi, l'aviation américaine entre en guerre sur la défensive, subissant pendant plusieurs mois le raz-de-marée nippon dans le Pacifique.

En matière de puissance aérienne, la pensée doctrinale américaine ne se fonde pas sur les deux premières années de la Seconde Guerre mondiale, même si les campagnes allemandes et britanniques entre 1939 et 1941 ont été analysées avec attention et ont engendré des ajustements. Ses racines plongent bien plus en amont, dans les années 1920. La Première Guerre mondiale avait démontré le besoin de créer un corps spécifiquement dédié au fait aérien militaire et de concevoir une école consacrée à la formation des jeunes officiers aviateurs. La réflexion évolue alors autour du bombardement stratégique, érigé comme solution ultime pour s'affranchir du souvenir honni de la guerre des tranchées et porter le feu directement chez l'ennemi. L'objectif consiste à détruire le potentiel économique ennemi, plutôt que de faire fléchir de manière moins calculable le moral des populations en les bombardant, comme proposé sans détour par d'autres stratèges en Europe.

Ce modèle de pensée, qui pourrait dès lors sembler soucieux d'éviter les pertes civiles, a en vérité pour seul objectif de gagner la guerre le plus rapidement possible à moindre coût pour les soldats américains, déjà tombés en masse dans une précédente guerre mondiale peu compréhensible pour l'opinion publique. Il est ici question de rationalité économique, non de moralité élémentaire. Une logique qui conservera la même finalité tout au long de la guerre, même si les moyens évolueront, avec en point d'orgue Hiroshima et Nagasaki.

Une école sans règle

Le bombardement aérien plonge ses racines durant la guerre de Libye entre l'Italie et l'Empire ottoman, en 1911, avec pour la première fois l'utilisation d'un appareil larguant des projectiles sur une ville, en l'occurrence Tripoli. Cette spécialité se développe quelques années plus tard durant la Première Guerre mondiale, comme de manière générale l'aviation militaire. Si, pionnière en la matière, l'armée française délaisse ses bombardiers stratégiques en 1917, faute de résultats probants, les Allemands, quant à eux, s'entêtent dans leurs raids sur le Royaume-Uni jusqu'à la fin du conflit, certes impressionnants si l'on s'en tient à la propagande – grâce notamment aux célèbres zeppelins –, mais pauvres en gains économiques ou moraux probants. Engagés tardivement au printemps 1918 dans une coûteuse offensive de bombardement stratégique contre l'Allemagne, les Britanniques ne sont pas plus efficaces, avant d'être stoppés dans leur effort par l'armistice. Faute de moyens suffisants et de temps, les leçons du bombardement durant la Première Guerre mondiale ont donc au mieux engendré le bénéfice du doute, tant cette nouvelle arme n'a apporté aucun résultat concret. Un constat qui a laissé libre cours après guerre au développement de réflexions sur le potentiel du bombardement stratégique comme arme idéale pour s'affranchir du cauchemar des fronts figés, et vaincre l'ennemi directement sur son sol.

En matière de stratèges aériens, le « prophète » le plus connu, au moins *a posteriori*, est certainement l'Italien Giulio Douhet. Partisan passionné du bombardement stratégique, cet artilleur de formation est l'auteur de nombreux ouvrages dont le plus célèbre est intitulé *Il dominio dell'aria* (*La Maîtrise de l'air*, 1921). Ce manifeste appelle à la construction de bombardiers de 30 tonnes capables d'aller ravager les villes ennemies et leur potentiel économique tout en nivelant le moral des civils, afin d'obtenir la victoire par ces seuls biais. Une pure spéculation, mais l'auteur s'accommode avec l'histoire :

> Je soutiens que la Grande Guerre représente un point singulier dans la courbe figurant l'évolution de la forme des guerres ; à partir de ce point, cette courbe change complètement de direction, sous l'impulsion de facteurs complètement nouveaux et complètement différents de ceux qui jusqu'à présent la déterminaient ; c'est pourquoi le passé ne nous apprend rien sur l'avenir, et celui-ci doit être créé entièrement[1].

Si les écrits de Douhet rencontrent un certain écho au sein de l'armée française, leur pénétration au sein des forces aériennes américaines n'est pas certaine ; les États-Unis disposent quoi qu'il en soit de leur propre « prophète », Billy J. Mitchell, déjà convaincu de l'importance du bombardier lourd avant la parution de l'ouvrage de l'Italien. En 1919, il est commandant en chef adjoint de l'aviation militaire américaine, fervent partisan de l'indépendance par rapport aux forces terrestres. Deux ans plus tard, ses avions coulent plusieurs vaisseaux sacrifiés lors d'exercices pour prouver la capacité de l'arme aérienne à atteindre des cibles précises, et ainsi défendre à elle seule les États-Unis. Partant, s'il se rend populaire auprès du grand public, il s'attire l'hostilité à la fois de l'Army et de l'US Navy, qui voient d'un mauvais œil l'émancipation de cette nouvelle arme. Très actif, charismatique et aussi susceptible, Mitchell finit par exaspérer l'état-major général de l'armée, qui le défère en cour martiale en 1925 et le suspend pour cinq ans. Le fautif poursuit toutefois son combat par l'écriture, publiant la même année un ouvrage synthétisant sa pensée, rappelant la nécessité d'une force de bombardement à même de neutraliser une nation adverse sans forcément avoir recours aux forces terrestres et navales :

> Pour parvenir au cœur d'un pays ennemi et obtenir la victoire, les armées terrestres doivent obligatoirement être battues sur le champ de bataille, impliquant un long processus d'avancées successives. Des voies ferrées détruites, des ponts effondrés, des routes impraticables nécessitent des mois d'efforts, la perte de milliers de vies. Désormais, une attaque par les airs en utilisant des bombes explosives et aux gaz est susceptible de provoquer la cessation complète d'activités industrielles. […] Dans le futur la seule

menace du bombardement aérien d'une ville suffira à la faire évacuer, stoppant toute activité dans les usines de matériels et de munitions. De nouvelles règles stratégiques dans la conduite de la guerre devront être élaborées par les chefs militaires. L'art de la guerre n'est plus l'apanage des forces terrestres et navales[2].

Si Mitchell, par ses publications et son aptitude à s'attirer l'hostilité, partage des points communs avec Douhet, l'Américain possède en plus son brevet de pilote, et dispose d'une expérience opérationnelle acquise durant le premier conflit mondial. Il s'oppose au demeurant sur plusieurs points à l'Italien, appelant à un bombardement de précision ne touchant pas les civils, et où les avions de chasse conserveraient une utilité, en assurant leur protection. Ses frasques spectaculaires contribuent à médiatiser sa pensée et à influencer les centres d'instruction, où infuse à partir de la fin des années 1920 la réflexion intellectuelle sur les possibilités d'une force aérienne massive dont ne disposent pas encore les États-Unis.

L'aviation militaire américaine s'institutionnalise à partir de 1926 au sein de l'United States Army Air Corps (USAAC), sans pour autant former une composante armée dissociée des forces terrestres, à l'inverse du modèle indépendant de l'US Navy. L'USAAC possède sa propre école spécialisée, l'Air Corps Tactical School (ACTS) basée à Maxwell, dans l'Alabama, avec pour devise *Proficimus More Irretenu* (« Nous progressons sans l'entrave des règles[3] »). Un précepte aisé à suivre, puisque l'art de la guerre aérienne reste encore largement à écrire au début des années 1920. La seule expérience américaine durant la Première Guerre mondiale se limite à la chasse et à l'acquisition de la supériorité aérienne. En matière d'aviation de bombardement, faute de pratique opérationnelle, l'ACTS peut développer sa propre doctrine *ex nihilo*, sans être effectivement influencée par des règles inexistantes.

Parmi les instructeurs et les meilleurs élèves de l'ACTS prend racine une forte conception de la prédominance du bombardier, donnant naissance à un groupe de pensée surnommé la « Bomber Mafia ». Le chef de file de cet ensemble est le lieutenant général Harold L. George. Élève à l'ACTS en 1931 puis instructeur, il développe sa propre conception du bombardement de précision, inspirée par Mitchell qu'il a connu durant la Première Guerre mondiale et dont il fut l'assistant lors de ses démonstrations contre les navires de l'US Navy entre 1920 et 1923. Fort de son expérience opérationnelle en tant que pilote de bombardier, George estime que des formations massives et groupées d'appareils permettraient à la fois de limiter les pertes et de repousser l'ennemi. Il étudie le fonctionnement de l'économie des nations les plus industrialisées, avec pour objectif d'obtenir leur paralysie par le bombardement stratégique. Un autre instructeur de la « Bomber Mafia », le major général Donald Wilson, se charge de théoriser cette idée, bientôt connue sous le nom d'*Industrial Web Theory* (« Théorie du réseau industriel »).

Si dans les années 1920 le bombardement de nuit était toujours considéré comme le plus efficace en accord avec les thèses de Douhet, l'arrivée en 1931 du bombardier Boeing B-9 volant à 6 000 mètres d'altitude puis du Martin B-10 en 1932 évoluant à 7 300 mètres modifie les perspectives. La haute altitude atteinte permet en effet virtuellement de s'affranchir des armes antiaériennes au sol et ainsi de voler de jour. Par ailleurs, l'entrée en service de tourelles rotatives pour mitrailleuses lourdes assure en théorie une couverture mutuelle des bombardiers contre la chasse adverse. Le *precision bombing* (« bombardement de précision ») semble possible avec l'introduction au même moment du très secret viseur Norden, pompeusement présenté avant et pendant la Seconde Guerre mondiale comme capable de placer une bombe « dans un tonnelet de cornichons », un mythe médiatique qui se révélera sans rapport avec la réalité opérationnelle[4].

Donald Wilson, persuadé de la capacité du bombardier lourd d'emporter la décision, choisit de prendre l'exemple du modèle économique américain pour élaborer sa théorie. Le mythe d'une toute-puissance de l'économie bancaire et industrielle venant en effet de s'effondrer avec la catastrophe de Wall Street en 1929, qui fait encore sentir ses effets, il devrait être possible d'obtenir le même résultat brusque et impitoyable par les bombes. Deux instructeurs de la « Bomber Mafia », le major général Robert M. Webster et le major Muir S. Fairchild, se chargent d'établir la vulnérabilité des centres industriels américains et de sélectionner les cibles considérées comme les plus critiques dans leur fonctionnement général, tout en considérant la capacité des équipements militaires disponibles. Webster répertorie les centres de production de minerai de fer, d'électricité et d'acier, tandis que Fairchild étudie les connexions entre ces secteurs industriels. Wilson peut ainsi dresser les principes de son *Industrial Web Theory* : le réseau industriel repose essentiellement sur les industries de base alimentées par les matières premières, servies par les usines électriques et la main-d'œuvre des travailleurs. Des bombardements limités sur ces industries ainsi que sur certains nœuds de communications clés amèneraient tout le système économique à chavirer, en entraînant à la fois la chute du potentiel militaire adverse et la grave affectation de la vie courante des civils. Une fois la vie économique paralysée, et sans recourir au bombardement de terreur préconisé par Douhet, l'État tout entier serait entraîné à capituler. Cette différence avec le penseur italien est fondée sur la certitude d'obtenir plus rapidement la décision en frappant des cibles industrielles précises plutôt qu'en s'attaquant de manière moins directe au moral ennemi en visant des zones urbaines.

Le concept est ambitieux, reposant pour l'instant sur la seule théorie, faute d'un bombardier lourd quadrimoteur susceptible d'emporter d'importants volumes de bombes. L'*Industrial Web Theory* trouve finalement son cheval de bataille en 1935 avec l'arrivée du Boeing B-17. Cette *Flying Fortress* (« Forteresse volante ») personnifie l'énorme bond en avant de l'aéronautique depuis la Première Guerre mondiale. L'appareil affiche des caractéristiques remarquables pour l'époque : 22 mètres de long, 31 mètres d'envergure, un plafond pratique à plus de 10 000 mètres, pour un rayon d'action de 3 200 kilomètres, une capacité de 8 tonnes de bombes ; la défense est assurée par un nombre inédit de treize mitrailleuses lourdes de 12,7 mm, couvrant théoriquement tous les angles. Le B-17, équipé du viseur Norden décrit comme infaillible, semble à même de frapper au cœur de toute nation ennemie. Produit au total à 12 700 exemplaires, il constitue l'épine dorsale de l'aviation stratégique américaine[5].

À la fin des années 1930, l'Air Corps Tactical School possède une doctrine stratégique longuement réfléchie, ardemment défendue par sa « Bomber Mafia ». Les élèves de l'école vont être appelés à prendre les commandes de puissantes armées aériennes durant le conflit en Europe et dans le Pacifique. La mise en pratique réelle de quinze années d'intenses élaborations théoriques démarrera en août 1942, en commençant sur la France occupée.

Claire Chennault, l'avocat oublié des chasseurs

La prédominance du bombardier stratégique dans la pensée doctrinale mondiale des années 1930 ne saurait faire oublier l'existence de réflexions concernant les autres spécialités de l'aviation militaire. Ainsi les bombardiers moyens et légers dédiés à l'appui tactique des forces terrestres et navales possèdent-ils aussi leurs théoriciens, certes peu connus. C'est notamment le cas en Europe du Français Paul Armengaud et de l'Italien Amedeo Mecozzi, ce dernier étant l'antithèse de Douhet. Aux USA, l'enseignement et la formation sur cette aviation tactique (*air-ground cooperation*) ne sont pas absent à l'ACTS, mais dans un rôle toutefois secondaire, d'abord en appui indirect contre les lignes de communication ennemies, puis en appui direct des troupes au sol dans les seuls cas d'urgence nécessitant tout l'appui feu disponible.

Une autre spécialité est enseignée à Maxwell : l'aviation de chasse (*pursuit*). Il s'agissait même initialement de la doctrine principale de l'United States Army Air Corps, fondée sur l'expérience de la Première Guerre mondiale et les seuls matériels disponibles. En 1925, le prophète Mitchell l'écrivait lui-même sans ambages dans son manifeste : l'une des meilleures manières de contrer l'aviation ennemie est « l'utilisation de canons antiaériens au sol, combinée avec l'action de chasseurs[6] ». La création de l'ACTS l'année suivante a certes marginalisé le rôle de la chasse, actant le basculement progressif vers le bombardement stratégique. L'apparition du bombardier lourd B-17 en 1935 contribue à renforcer la crédibilité des thèses de Mitchell et de Wilson, et à amoindrir encore un peu plus l'importance conférée au chasseur. Mais cette spécialité n'est toutefois pas, et ne sera jamais, exclue de la réflexion stratégique américaine. C'est d'ailleurs à cette même époque que se distingue l'avocat le plus en vue de la chasse, le major Claire Lee Chennault, instructeur puis chef de la section *pursuit* à l'ACTS entre 1930 et 1935.

Breveté pilote en 1919, Chennault n'a pas connu le feu en Europe – contrairement à Mitchell – mais a commandé un groupe de chasse de 1923 à 1926, et fonde sa réflexion sur des données observables. Ainsi, en 1933 se déroule une vaste manœuvre aérienne dans le Kentucky. Une force de bombardiers doit faire mine d'attaquer à plusieurs reprises la base militaire de Fort Knox, défendue par une force « ennemie » composée des chasseurs de Chennault. Ces derniers parviennent à intercepter et « neutraliser » chaque raid de bombardiers, de jour et de nuit, à haute, moyenne et basse altitude. Une défaite humiliante pour la « Bomber Mafia » qui, à défaut de reconnaître son échec, déplore des « conditions non loyales » dans les engagements, bien que non précisées[7]. Chennault se sert de ces manœuvres de Fort Knox pour publier un article et son premier ouvrage en 1933, *The Role of Defensive Pursuit.* Il s'y attaque directement aux théories de Douhet, pointant justement leur caractère spéculatif :

> Certains de nos chefs militaires [concluent] que la chasse n'est jamais efficace pour empêcher les bombardements ennemis. Cette théorie est le fondement de la doctrine du général Douhet sur l'emploi massif des

bombardements afin d'emporter la victoire par une seule offensive aérienne. Si elle est acceptée, elle établit l'impossibilité d'intercepter les bombardiers et, partant, leur invincibilité. [...] L'erreur à l'origine de cette conclusion fallacieuse ne pouvait être décelée facilement à la lumière de l'expérience passée[8].

Pour Chennault, l'aviation de bombardement doit au contraire être accompagnée de chasseurs susceptibles de lui éviter de lourdes pertes en territoire ennemi. Outre l'offensive, les appareils gagneraient à leur intégration dans un système de défense comportant la détection et l'artillerie aérienne. Un projet qui n'aurait rien d'illusoire, l'aviation américaine disposant en 1939 d'un chasseur moderne, le Curtiss P-40 *Warhawk*, son appareil d'interception standard. Autant d'éléments rationnels qui seront repris à bon compte durant la décennie suivante, mais s'opposant pour l'heure à la doctrine des tenants de la « Bomber Mafia », face à laquelle Chennault ne peut rien. Isolé, amer et souffrant de bronchites à répétition, le chef des chasseurs de l'ACTS finit par quitter l'armée en 1937, et se reconvertit comme conseiller aérien du chef d'État chinois Tchang Kaï-chek, au début de la guerre sino-japonaise.

Dans ses nouvelles fonctions, Chennault réunit une unité de combattants américains volontaires pour se battre au sein de l'armée chinoise, finalement opérationnelle en 1942. Ce groupe obtient rapidement d'impressionnants succès en appliquant les méthodes de chasse prônées avant guerre, et s'attire l'attention médiatique par ses P-40 décorés de grandes gueules de requins et de tigres ailés, conçus par les studios Walt Disney. Bientôt connus sous le surnom de *Flying Tigers* (« Tigres volants »), ces volontaires sont finalement intégrés à l'armée américaine, à l'instar de Chennault, qui termine la guerre en tant que chef des forces aériennes en Chine. Une revanche éclatante sur ses déboires d'avant-guerre, qui n'efface cependant pas son amertume, bien visible dans ses Mémoires publiés en 1949 :

> Toutes [les leçons de Fort Knox] furent platement ignorées par les chefs du bombardement qui contrôlaient l'aviation militaire à cette époque, et s'étaient acharnés dans leurs concepts douhétiens de puissance aérienne. Ces mêmes officiers étaient encore à la tête des forces aériennes en 1942 et 1943 lorsque des centaines de B-24 et B-17 non protégés étaient descendus sur l'Europe. Ils sont responsables de la mort de milliers de jeunes Américains qui avaient été endoctrinés avec la théorie absolument erronée qu'un bombardier n'a pas besoin de protection face à des chasseurs ennemis[9].

Même si Chennault force quelque peu le trait – la chasse est bel et bien enseignée à l'ACTS pendant toutes les années 1930 –, le constat demeurant largement fondé. Le P-40 est déjà dépassé au moment de l'entrée en guerre des États-Unis en 1941, et n'affiche que de médiocres performances à haute altitude, ainsi qu'une autonomie limitée (1 100 kilomètres) ne lui permettant pas d'accompagner des bombardiers lourds sur de longues distances. Il s'agit en réalité d'un intercepteur, non d'un chasseur à long rayon d'action, qui n'existe pas dans l'armée américaine au début de la guerre, faute d'utilité supposée. Une carence qui, comme le souligne Chennault, se révélera effectivement létale durant les deux premières années du conflit.

Lors du déclenchement des hostilités en Europe, le 1er septembre 1939, Franklin Roosevelt s'en tient à la neutralité face à une opinion publique américaine isolationniste, d'autant que l'élection présidentielle se profile l'année suivante. L'adoption de la clause *Cash and Carry* le 4 novembre permet toutefois de faire un pas en faveur du Royaume-Uni et de la France, en levant l'embargo sur la vente d'armes. De manière plus poussée, entre janvier et mars 1941, une conférence secrète à Washington entre Américains et Britanniques permet de faire de la lutte contre l'Allemagne un objectif prioritaire, ce qui induit une invasion dans le nord-ouest de l'Europe et une offensive aérienne prolongée contre le potentiel militaire de l'Allemagne. Ces discussions, connues sous l'appellation « ABC-1 » (*American, British Conversations*), forment le socle du plan stratégique américain *Rainbow*-5, considérant comme acquise une alliance future avec le Royaume-Uni et des actions offensives contre le Reich, tout en conservant une posture défensive dans le Pacifique.

En prévision d'opérations sur les cieux européens, les forces américaines se dotent à la même période d'une structure de renseignements, l'Air Force Intelligence Division. Son chef est le lieutenant général Harold L. George, ancien instructeur à l'ACTS de Maxwell, et pierre angulaire de la « Bomber Mafia ». Si l'*Industrial Web Theory* développée dans les années 1930 demeure de rigueur, elle se fondait sur l'exemple du complexe industriel et le tissu urbain des villes américaines, sensiblement différent en Europe et en particulier en Allemagne. George charge ainsi son adjoint, le major général Haywood S. Hansell, ancien élève de l'ACTS, d'adapter cette théorie et de préparer l'éventuelle voie au bombardement de l'Allemagne. Ce dernier analyse la structure économique de l'industrie nazie au prisme des principes de l'ACTS, en se concentrant sur les usines d'électricité, la production d'acier et de pétrole, la production aéronautique et les systèmes de transport.

Hansell est envoyé à Londres en juillet 1941, dans un Royaume-Uni sorti victorieux de la bataille d'Angleterre mais toujours menacé sur l'Atlantique. Conformément aux discussions ABC-1 et au plan *Rainbow*-5, le jeune officier examine les bases britanniques aptes à accueillir les bombardiers américains et recueille les renseignements déjà glanés par les Britanniques. Il constate notamment à quel point sont vulnérables les bombardiers légers et moyens de la Luftwaffe, au moins dans les combats diurnes, décisivement contrés par la chasse britannique. La bataille d'Angleterre et les premiers raids du Bomber Command sur l'Allemagne ont montré à l'envi l'incapacité pour une flotte de bombardiers de résister à des attaques de chasseurs hautement performants. Hansell choisit cependant de ne pas en tenir compte, estimant le bombardier lourd B-17 plus à même de faire la différence face à la chasse allemande grâce à sa robustesse et ses treize mitrailleuses lourdes défensives.

Entre-temps aux États-Unis, Harold George a pris la tête de la nouvelle Air War Plans Division (AWPD) de l'aviation américaine, évolution de son Air Force Intelligence Division. Or, le 9 juillet 1941, Roosevelt demande à son secrétaire à la Guerre, Henry L. Stimson, de planifier les besoins nécessaires pour venir à bout du potentiel ennemi, mission qui échoit au chef de l'AWPD, lequel s'entoure une nouvelle fois de ses fidèles de l'ACTS, enthousiastes à l'idée de mettre à profit près de dix années d'études. Laurence Kuter estime les forces nécessaires au plan, Kenneth Walker s'emploie à la tâche ardue des probabilités sur la précision des bombardements et Haywood Hansell, tout juste de retour de Londres, sélectionne les cibles. En seulement neuf jours, le plan baptisé « AWPD-1 » est terminé. Il prévoit le cas d'une campagne victorieuse uniquement par le bombardement et d'une autre combinée avec une offensive terrestre (estimée de façon remarquablement pertinente pour le printemps 1944). Ce dernier cas n'est pas celui privilégié par les auteurs, puisque les flottes de bombardiers devraient soutenir les troupes au sol et perdre la possibilité d'en finir à elles seules avec l'Allemagne. Sans surprise, Hansell appelle à cibler les centres de production d'électricité et les industries pétrolières, la Wehrmacht en étant jugée hautement dépendante. Il estime en outre que la paralysie d'une trentaine de gares de triage et autres cibles ferroviaires importantes signerait la « désintégration et la défaillance de tout le système de transport allemand[10] ».

Les estimations quantitatives de Kuter pour les forces requises sont extrêmement précises, et se révéleront à peu près exactes, avec près de 300 000 appareils appelés à servir dans les USAAF[11]. Par rapport aux principes de l'ACTS, une entorse se glisse cependant, concernant l'éventualité de bombarder les civils pour accélérer la fin de la guerre. La destruction de la Luftwaffe est également un objectif secondaire, puisque les bombardiers sont à même de pallier les limites de rayon d'action de la chasse. L'AWPD-1 est accepté à Washington, dans la mesure où il permet d'envisager un engagement uniquement aérien, et ainsi de se concilier une opinion publique toujours isolationniste. Ce plan et son évolution l'année suivante (AWPD-42) forment dès lors la base doctrinale théorique de l'aviation de bombardement américaine durant la Seconde Guerre mondiale en Europe et dans le Pacifique, du moins jusqu'à l'entrée dans l'ère atomique en août 1945.

En 1972, Hansell se montrera très sûr de lui pour évaluer l'efficacité de son œuvre, en intitulant peu sobrement ses Mémoires *Le plan qui a vaincu Hitler*[12]. Même s'il concède quelques errements, comme le manque d'intérêt porté aux chasseurs d'escorte à long rayon d'action – l'une de ses « plus grandes erreurs[13] » –, il demeure persuadé du bien-fondé du bombardement stratégique durant la Seconde Guerre mondiale. D'autres grands chefs alliés de l'aviation n'en ont pas douté durant le conflit, ou du moins jamais publiquement.

2

Les « seigneurs de guerre »

Du 12 au 17 août 1942 se déroule la deuxième conférence de Moscou, entre Britanniques et Soviétiques. Churchill, délaissant provisoirement sa révulsion dogmatique envers le communisme, a fait le déplacement pour lénifier Staline, impatient de voir s'ouvrir un second front en Europe. À défaut de débarquer en France, les Britanniques ont auparavant convaincu leur nouvel allié américain de s'emparer de l'Afrique du Nord vichyste au mois de novembre (opération *Torch*). Pour justifier ce pis-aller, le Vieux Lion britannique dessine un crocodile sous les yeux amusés du Vojd. Le museau représente le projet avorté *Sledgehammer*, avec les illusions américaines de débarquer en France face à un ennemi présent en force ; le bas de l'animal incarne quant à lui *Torch* et le ventre mou de l'Europe, les côtes italiennes, yougoslaves et grecques, moins bien défendues et plus faciles à attaquer. Staline se range au bien-fondé de la démonstration, tout en prenant acte de la supériorité temporaire des Britanniques au sein de la coalition des Alliés occidentaux.

Outre les projets d'offensives en Méditerranée, Churchill compte aussi amadouer quelque peu le chef soviétique en développant puissamment la campagne de bombardement stratégique sur l'Europe occupée, afin d'au moins créer un simulacre de second front. Les plans industriels prévoient la production de plusieurs milliers de quadrimoteurs, bientôt secondés par l'arrivée progressive de l'aviation américaine au Royaume-Uni. Ces masses de bombardiers lourds forment des armées alliées envoyées bombarder toujours plus intensément le Reich et l'Europe occupée, de manière indépendante des affrontements sur les fronts de l'Est et de Méditerranée. De manière corrélative, les chefs de ces gigantesques formations bénéficient d'une vaste autonomie, ne répondant – difficilement – qu'aux ordres venant des plus hauts chefs militaires et politiques. Ces hommes – ces « seigneurs de guerre », selon les mots déjà évoqués du conseiller scientifique d'Eisenhower, Solly Zuckerman – figurent parmi les acteurs décisifs des campagnes alliées entre 1943 et 1945, et sont les maîtres absolus de la vie de centaines de milliers d'aviateurs.

Henry H. Arnold, le patriarche

Au paroxysme de son effort de guerre, à l'été 1944, l'aviation militaire américaine dispose de 80 000 appareils, et de près de 2 400 000 personnels, soit un tiers de toute l'armée américaine[1]. Aucune autre nation ennemie ou alliée n'atteint de près ou même de très loin ce total faramineux. Même si l'aviation demeure en théorie rattachée aux forces terrestres, ses armées aériennes stratégiques opèrent dans les faits le plus souvent de manière indépendante sur tous les théâtres d'opérations. L'homme à la tête de cette puissance durant toute la Seconde Guerre mondiale est le général Henry « Hap » Arnold, père de l'aviation militaire américaine et artisan énergique et incontesté de l'offensive de bombardement sur l'Europe et le Japon.

Issu d'une famille de la classe moyenne supérieure, Henry Harley Arnold naît le 25 juin 1886 dans la banlieue de Philadelphie, en Pennsylvanie. Son grand-père d'origine allemande Peter Arnold a combattu durant la guerre de Sécession ; son père, Herbert Alonzo Arnold, est médecin, engagé dans la guerre avec l'Espagne en 1898. Sur la volonté de ce dernier de lui réserver une carrière militaire, Arnold intègre West Point dont il sort diplômé en 1907 à l'issue d'une scolarité moyenne – raison pour laquelle il est relégué à l'infanterie, contre son souhait d'intégrer la cavalerie. Invité en 1911 à s'engager dans l'Aeronautical Division du Signal Corps (les transmissions de l'armée), Arnold rencontre les frères Wilbur et Orville Wright, fournisseurs des premiers modèles d'avions américains et formateurs de pilotes. Le jeune officier apprend vite, obtenant la même année son certificat de pilote. Très à l'aise en société, toujours de bonne humeur, il est choisi pour tourner dans des films muets de promotion, et gagne à cette occasion son surnom définitif : « Hap » (*Happy*).

En novembre 1912, Arnold obtient son détachement en état-major à Washington D.C. Il rencontre deux ans plus tard un jeune officier nommé George C. Marshall, qu'il estime non sans raison particulièrement brillant. Arnold noue une amitié aussi solide qu'utile avec rien moins que le futur chef d'état-major de l'armée américaine. En 1916, un télégramme d'un autre vieil ami, Billy Mitchell, l'invite à rejoindre l'aviation militaire naissante. Il accepte et développe à cette occasion une force aérienne à destination de l'Europe en guerre, mais échoue à son grand regret à obtenir sa mutation sur le front. Il devient le bras droit de Mitchell en 1920, et reste son adjoint à la tête de l'Aeronautical Division jusqu'en 1925. Doué de meilleures qualités de diplomate que son mentor, il en tempère en vain les ardeurs, et assiste impuissant à son passage en cour martiale.

Ostracisé dans des postes obscurs à l'issue du renvoi de Mitchell, Arnold revient sur le devant de la scène en décembre 1935 lors de la création du General Headquarters Air Force (GHQ), en étant nommé adjoint au chef de l'Army Air Corps (AAC), le général Oscar Westover. Il s'agit là du « premier échelon vers une force aérienne indépendante[2] », Arnold prêchant en effet à son tour pour une force armée autonome tournée vers la puissance stratégique, et servie par un bombardier quadrimoteur. Un leitmotiv partagé selon lui avec les autres chefs de l'AAC :

> Aucun des officiers d'état-major n'acceptait l'idée que l'Army Air Corps demeure, en 1936, rien de plus qu'une branche de l'armée américaine, tout comme la cavalerie ou les transmissions. Nous étions confiants dans le fait que le B-17 aiderait le GHQ à démocratiser l'idée que « l'air » disposait d'un vaste potentiel de puissance à lui seul, même si nous ignorions dans les faits à quel point[3].

Le 21 septembre 1938, le monoplan Northrop A-17 piloté en personne par le général Westover s'écrase, le tuant sur le coup. Huit jours plus tard, sur fond de renonciations occidentales à Munich, Arnold devient chef d'état-major de l'AAC, à l'âge de 52 ans, avec deux étoiles et le grade de major général. Il peut compter sur l'appui de Roosevelt, qu'il connaît depuis 1934, et qui sitôt après les accords de Munich fait part de sa volonté de développer les forces aériennes, au moins pour impressionner Hitler. La relation avec le président américain se tend toutefois rapidement lorsque Arnold critique la mise en place du *lend lease*, sanctionnant l'exportation des avions en faveur des pays européens, alors que l'AAC est encore loin d'imposer sa masse. Il est de nouveau ostracisé pour un temps des coulisses de la Maison Blanche. Toutefois, le soutien de son ami George Marshall, nommé chef d'état-major le 1er septembre 1939, et homme de confiance de Roosevelt durant toute la Seconde Guerre mondiale, le ramène rapidement sur le devant de la scène.

Henri Arnold est envoyé au printemps 1941 en mission de liaison à Londres, en pleine offensive nocturne de la Luftwaffe. Impressionné par ce premier contact concret avec le bombardement stratégique, le chef de l'aviation américaine se montre aussi admiratif de la résilience et du stoïcisme des Britanniques, imperméables face à la terreur exercée par l'ennemi. Il rencontre pour la première fois son homologue à la tête de la RAF, le général Charles Portal, un officier discret et diplomate, servant d'interface aux humeurs parfois orageuses de Churchill à l'encontre de ses forces aériennes. « Portal est un homme brillant, note Arnold dans son journal, qui accomplit des choses, se montre capable et connaît son travail. » Le chef américain se laisse par ailleurs subjuguer par le charisme du Vieux Lion, et lie une nouvelle relation fructueuse : « Le Premier ministre possède une énorme personnalité, et un esprit plus que magnifique[4]. »

Vivement marqué par son expérience londonienne, Arnold rentre à Washington changé, désormais ardent défenseur de l'aide à l'allié britannique. Il commence au début de l'année 1941 à recueillir les fruits d'une longue carrière passée méthodiquement à construire la puissance aérienne américaine. Le 20 juin, l'Army Regulation 95-5 fait évoluer l'US Army Air Corps au statut d'US Army Air Forces (USAAF) se distinguant ainsi d'autres armes comme la cavalerie et l'infanterie, bien que restant toujours officiellement intégrée aux forces terrestres. Maître sans rival de ces USAAF, Arnold est directement subordonné à son proche ami le général Marshall, chef d'état-major de l'armée américaine.

La consécration se poursuit lors de la conférence interalliée « Arcadia » tenue à Washington du 22 décembre 1941 au 14 janvier 1942. Sur le modèle du Comité des chefs d'état-major britanniques (Chiefs of Staff Committee, CSC) à Londres, les Américains choisissent de se doter de leur propre organisme de conduite de guerre : le Comité des chefs d'état-major interarmées américains (Joint Chiefs of Staff, JCS). Afin de faciliter la mise en œuvre complexe de l'effort de guerre interallié, Churchill et Roosevelt décident également de créer un organisme hybride réunissant les grands chefs britanniques et américains, les chefs d'état-major combinés (Combined Chiefs of Staff, CCS). Membre logique du JCS américain, Arnold intègre dans la foulée le CCS interallié basé à Washington, se hissant au niveau de commandement décisionnel suprême. En plus de devenir acteur de la grande stratégie alliée dans la Seconde Guerre mondiale, il a l'occasion de maintenir des liens de bonne entente avec les chefs britanniques, à commencer par son homologue pour la RAF, Charles Portal.

Une troisième étape, peut-être la plus symbolique de la réussite d'Arnold, est franchie le 28 février 1942 avec l'*Executive Order* 9082 de Roosevelt. Le président américain lui décerne une troisième étoile de lieutenant général et signe la création d'une nouvelle branche de l'US Army, désormais officiellement composée de forces terrestres, navales et aériennes. Une manne ô combien attendue par les héritiers de Billy Mitchell mais qui résonne dans le vide, en plein contexte d'entrée en guerre américaine et de déroutes dans le Pacifique. L'urgence de la situation impose de fait de ne pas appliquer concrètement la transition vers l'autonomie sur le terrain, pour ne pas perturber les opérations. Conciliant, Arnold s'entend avec Marshall pour appliquer l'ordre de Roosevelt une fois les hostilités terminées, comme il le révèle dans l'intimité à l'un de ses fils :

> Nous crions depuis des années pour obtenir l'indépendance et subitement, elle nous est offerte sur un plateau, et nous devons la reporter. J'en subirai probablement le reproche pour le reste de ma vie, mais [...] il s'agit d'obtenir notre propre logistique, notre propre administration, absolument tout, à l'instar de la séparation entre l'US Army et l'US Navy. [...] Nous ne pouvons pas le faire à ce moment-là[5].

En attendant cette échéance de temps de paix, au début de l'année 1942 le général Henry « Hap » Arnold fait partie des plus hauts chefs de l'armée américaine, avec voix au chapitre des JCS et des CCS. Charismatique, introduit dans tous les milieux décisionnels, proche de Marshall, il commande ce qui va devenir en quelques mois la plus puissante force aérienne de l'histoire. Âgé de 56 ans et voué à la retraite à l'issue du conflit, Arnold entend traduire la promesse de l'indépendance des USAAF et de son potentiel par une offensive aérienne rapide et percutante contre l'ennemi, sur les modèles définis par les plans AWPD-1 et 42. Un désir vite mâtiné d'impatience face aux réalités opérationnelles, voué à se répercuter sous forme de pression continue sur ses subalternes, en premier lieu l'un de ses proches et fidèles collègues, le chef des forces aériennes américaines en Europe.

Carl A. Spaatz, le pragmatique

Entre les directives de grande stratégie formulées par les chefs d'états-majors combinés à Washington et la réalité opérationnelle des aviateurs alliés, il existe dès l'origine un écart certain, voire insurmontable au cours de l'année 1943. Même si Arnold se rend à plusieurs reprises sur le terrain pour tenter d'appréhender ces limites, la nature de son commandement et son objectif personnel restent avant tout d'assurer la représentation et les intérêts de l'aviation militaire au plus haut niveau – c'est-à-dire le plus souvent à Washington. L'interface est assurée par le commandement des forces aériennes américaines en Europe, dont le chef a pour mission de mener à bien les objectifs suprêmes sur l'ensemble des théâtres d'opérations. Un poste exigeant une grande souplesse de caractère – entre l'impatience proverbiale d'Arnold et les nombreuses difficultés rencontrées sur le terrain –, une aisance relationnelle avec les autres commandants en chef alliés en Europe, une fine analyse de l'évolution de la guerre aérienne en cours, enfin une habileté de communication consommée face à l'importante exposition médiatique. Heureusement pour Arnold, il existe au bon moment un officier remplissant ces prérequis informels.

Né en 1891 en Pennsylvanie dans une famille émigrée du royaume de Prusse un quart de siècle auparavant, Carl Andrew Spaatz intègre l'école d'officiers de West Point en 1910 et choisit de se spécialiser dans l'aviation militaire cinq ans plus tard. Brillant pilote, il participe à l'expédition punitive contre Pancho Villa au Mexique en 1916, puis est envoyé combattre en Europe avec le 2e escadron de chasseurs. Engagé dans la bataille de Saint-Mihiel en septembre 1918, il assure des missions de protection des troupes américaines au sol et parvient à abattre trois appareils ennemis avant d'être rappelé aux États-Unis en octobre pour assurer la formation des nouveaux pilotes. Nommé en 1921 commandant du 1er escadron de chasseurs basé à Ellington, il développe plusieurs techniques novatrices dans l'aviation militaire, du ravitaillement en vol d'un appareil à l'autre à la confection de bidons de carburants auxiliaires fixés sous le fuselage, susceptibles de prolonger l'autonomie des chasseurs de cinq heures. Si le principe du ravitaillement en vol ne trouvera des débouchés techniques et opérationnels qu'au début de la guerre froide à la fin des années 1940, la seconde innovation constituera un atout capital durant le conflit, en particulier pour l'opération *Argument*.

En 1929, le major Spaatz est nommé à la tête du 7e groupe de bombardement, où il découvre et développe cette spécialité, encore jamais éprouvée au combat. Personnalité connue et reconnue de la jeune aviation américaine, il est régulièrement consulté par l'Air Corps Tactical School de Maxwell, comme en 1932 par Kenneth Walker, l'un des chefs de la « Bomber Mafia » : « Nous avons ici les plus grandes difficultés à parvenir à des idées claires sur la puissance aérienne. Comme nous estimons de manière indubitable que vous serez l'éminence grise des développements futurs, vos analyses et vos points de vue seront pour nous de la plus haute assistance[6] ». Spaatz développe une perspective pragmatique de l'art de la guerre aérienne, grâce à l'avantage d'avoir servi dans la chasse et le bombardement. Si l'aviation stratégique semble amenée à constituer une arme prépondérante dans les conflits du futur, il ne conçoit pas son action indépendamment des chasseurs à long rayon d'action, ni leur action comme une finalité.

En 1938, lorsque Henry Arnold prend la tête de l'Air Corps, Spaatz est appelé à Washington pour diriger la division de l'entraînement et des plans de guerre. Les deux hommes ont déjà eu l'occasion de travailler ensemble et s'estiment. Le second affiche un tempérament calme, modeste, fuyant les honneurs, adaptable, et aussi un franc-parler si nécessaire. Le premier se montre plutôt ardent, impétueux, impatient, voire trop exigeant – il en est conscient, et se le reproche au début de 1943 après les débuts opérationnels difficiles de l'aviation américaine : « [J'ai écrit] à Spaatz, lui demandant de ne pas être impatient avec moi. J'ai été impatient toute ma vie, et le serai probablement jusqu'à la fin de mes jours ; mais c'est mon caractère, il n'y a rien à y faire[7]. » La relation entre les deux chefs se complète et fonctionne efficacement jusqu'à la victoire, malgré des sautes d'humeur parfois sanguins depuis Washington, Spaatz traduisant avec une vision réaliste du terrain les exigences d'Arnold parfois trop éloignées des réalités opérationnelles. Ce trait de caractère sera par la suite savouré à partir de 1942 par le chef suprême Dwight Eisenhower, en prise avec l'ego développé de certains de ses subordonnés : « J'avais de bonnes raisons de remercier les dieux de la guerre et le War Department de m'avoir donné "Tooey" Spaatz. Il évitait les feux de la rampe, était si modeste et réservé que le public n'a probablement jamais reconnu sa valeur[8]. » De fait, ce dernier est l'un des rares chefs alliés à ne pas publier ses Mémoires après guerre, demeurant donc dans l'ombre.

Au printemps 1940, Spaatz est envoyé en France en qualité d'observateur d'une guerre encore étrangère pour les États-Unis. Il quitte Paris peu avant l'entrée des avant-gardes allemandes le 14 juin, puis s'installe à Londres. La bataille d'Angleterre lui permet de mesurer l'efficacité défensive de la RAF, fondée sur l'organisation méthodique des bases pour couvrir toutes les régions aériennes, une chaîne de radars embrassant la Manche, une chasse conduite par un chef énergique, le maréchal en chef de l'Air Hugh Dowding, et dotée probablement du meilleur chasseur de l'époque, le Spitfire. Spaatz se montre en revanche peu impressionné par les performances des bombardiers britanniques et allemands, des bimoteurs légers et très vulnérables aux mesures antiaériennes. Un constat conforté lors des premiers épisodes du *Blitz* en septembre 1940, où la Luftwaffe échoue dans ses attaques diurnes contre Londres, battue par les chasseurs de Dowding.

De retour aux États-Unis à l'automne 1940, Spaatz retire des enseignements profitables de son expérience londonienne. Si la supériorité aérienne apparaît comme un prérequis fondamental pour la conduite de la guerre, en accord avec les modèles de pensée de Douhet et de Mitchell, les moyens de l'obtenir ne semblent pas devoir passer par la destruction des usines aéronautiques et des terrains d'aviation ennemis, trop aisés à camoufler et à disperser. Comme le prouvent les engagements dans les cieux des cités britanniques, la décision doit probablement s'obtenir par l'attrition dans le combat aérien, qui permet à la fois de neutraliser les machines et potentiellement les navigants. Même si Spaatz estime les « forteresses volantes » comme autrement plus qualitatives que les bimoteurs britanniques et allemands, son expérience de la chasse le convainc de la nécessité du chasseur pour accompagner les bombardiers sur le Reich. Redoutables comme chasseurs de défense, les Spitfire et leurs adversaires Messerschmitt ne disposent en revanche que d'une très faible autonomie, ne tenant l'air qu'environ une heure. Pour le moment, aucune nation ne dispose d'un chasseur à long rayon d'action, dont la nécessité n'est au demeurant pas encore prouvée.

Au cours de l'été 1941, Spaatz est nommé brigadier général et chef d'état-major des USAAF, dépendant directement de son supérieur et ami Arnold. Sa tâche principale pour les neuf mois à venir consiste à préparer le déploiement de la nouvelle 8e US Air Force au Royaume-Uni, en cas de déclaration de guerre. Le projet d'une attaque contre l'Europe s'esquisse au début de l'année 1942, avec l'ordre vague de Roosevelt de mener une action offensive quelconque en Europe pour cette même année. Le général Dwight Eisenhower, inexpérimenté en matière d'opérations et encore très peu connu, est l'un des rares à croire au potentiel d'une attaque directe de la *Festung Europa* à partir de l'Angleterre et à travers le mur de l'Atlantique, peu étoffé à cette période. Spaatz et Marshall font partie des rares convaincus, ce dernier entérinant officiellement la proposition du général au début du mois d'avril 1942, à l'instar de Roosevelt, et partant à Londres obtenir l'accord des Britanniques. Eisenhower traverse à son tour l'Atlantique le mois suivant pour reconnaître le potentiel américain, avant d'être nommé par Marshall chef du nouveau European Theater of Operations, United States Army (ETOUSA). L'invasion de l'Europe est augurée pour le printemps 1943, sous le nom de code *Round-Up*.

Spaatz est nommé ce même mois de mai commandant de la 8e US Air Force américaine, laquelle se compose du VIIIe Bomber Command équipé de bombardiers lourds quadrimoteurs, du VIIIe Air Support Command chargé de la reconnaissance, du transport et de l'appui armé direct aux troupes au sol, et du VIIIe Fighter Command doté de chasseurs. Spaatz place ses proches et anciens collègues aux postes les plus importants, avec à la tête du VIIIe Fighter Command le général Frank Hunter, le bien nommé (« Chasseur »), et à celle du VIIIe Bomber Command le général Ira Eaker. Ce dernier est un personnage important des débuts difficiles de l'aviation américaine en 1942 et 1943, influençant indirectement par ses erreurs la suite des opérations. Ancien membre de la « Bomber Mafia », au nombre des officiers généraux les plus en vue avec Arnold et Spaatz, il est un héritier résolu de Mitchell, avocat indéfectible du bombardement industriel à travers le *precision bombing*. Envoyé en Angleterre dès l'automne 1941 afin de préparer l'arrivée de la 8e US Air Force, énergique, autoritaire et aussi rigide dans ses convictions, il bout rapidement d'impatience de passer à l'action, dès la déclaration de guerre en décembre suivant.

L'organisation du VIIIe Bomber Command suit une logique fondée sur l'effet de masse recherché, avec trois divisions de bombardement (*bomb divisions*) basées en Angleterre, à l'ouest de Cambridge pour la 1re Bomb Division, et dans l'East Anglia le long de la mer du Nord pour les 2e et 3e Bomb Divisions. Chaque division possède trois escadres de combat (*combat wings*) au niveau opératif, chargées en fonction des missions d'assembler leurs groupes (*groups*). Au dernier niveau tactique, ceux-ci sont composés d'escadrons (*squadrons*), l'unité de base, dotés de douze bombardiers. Afin de maximiser la puissance défensive des appareils, en opérations les *squadrons* sont organisés en formations compactes : les *combat boxes* (« boîtes de combat »). Un premier élément de trois avions ouvre la voie, un autre le couvre au-dessus et légèrement en retrait, et deux autres assurent le niveau inférieur et l'arrière de l'ensemble, qui totalise trente-six appareils. Ce schéma évolue par la suite avec les *wing boxes*, sur un modèle identique mais renforcé, totalisant cinquante-quatre appareils. L'avantage de ces vastes ensembles est de permettre à chaque bombardier de se couvrir mutuellement grâce au nombre pharaonique d'armes défensives ainsi regroupées : jusqu'à 702 mitrailleuses lourdes de 12,7 mm, jugées suffisamment décourageantes pour maintenir à distance la chasse ennemie. L'inconvénient majeur provient de la difficulté d'assembler et de maintenir en formation de vol ces *boxes*, sans changer de cap malgré le feu de la DCA et des attaques de chasseurs, au risque de perdre l'unité défensive et de provoquer des collisions.

Ces gigantesques *wing boxes* de fer et de feu sont servis par 540 navigants, dont la moyenne d'âge ne dépasse pas 25 ans. Dix hommes forment l'équipage standard d'un bombardier lourd américain, dont quatre sont uniquement affectés à la défense en vol : un mitrailleur de queue, deux dans les sabords latéraux, un dans la tourelle supérieure, et un dernier dans la tourelle ventrale. Cette dernière, qui descend sous le bombardier une fois en vol afin de pivoter à 360 degrés, est armée par le plus petit des membres de l'équipage, en raison de l'extrême étroitesse imposée par les deux mitrailleuses coaxiales de 12,7 mm. Le servant est ainsi contraint de demeurer en position fœtale, parfois jusqu'à douze heures, et sans la possibilité d'emporter un parachute – limitant sérieusement ses perspectives de survie. À l'avant de l'appareil prennent place le pilote et son copilote dans le cockpit, en dessous d'eux dans le nez le navigateur et le bombardier, puis derrière eux l'ingénieur de vol et l'opérateur radio – eux-mêmes susceptibles de servir les mitrailleuses défensives placées à l'avant de l'avion.

Même si le B-17 est réputé pour sa fiabilité et sa robustesse, les conditions de vol et les chances de survie n'en restent pas moins précaires. Le froid glacial à plus de 10 000 mètres d'altitude (jusqu'à – 50 °C) impose de porter des blousons rembourrés et des gants, au risque de laisser la peau des mains sur les parties métalliques, et de conserver en permanence un masque à oxygène. Le système des *boxes* permet certes de maximiser la défense, mais impose aussi de maintenir une formation serrée souvent pendant plus de dix heures de mission, entraînant d'innombrables collisions en vol, tout comme le risque de larguer ses bombes sur un autre appareil. Au combat, le B-17 encaisse remarquablement les éclats d'obus de la Flak et les balles de mitrailleuses des chasseurs de la Luftwaffe – sans pour autant protéger efficacement ses équipages, à défaut de blindage épais. En revanche, une moyenne d'une vingtaine d'obus de 20 mm tirés par ces mêmes appareils suffit à en venir à bout, et seulement trois obus de 30 mm. Par ailleurs, une seule roquette air-air désintègre un bombardier, projetant des débris létaux sur les autres avions à proximité. Les chiffres sont terribles : jusqu'à la fin de la guerre, 8 000 bombardiers lourds américains sont perdus, et avec eux 26 000 jeunes navigants – soit plus que le corps des Marines engagé dans le Pacifique. Il s'agit du pire ratio de l'armée américaine, juste après le corps des sous-mariniers.

Le VIIIe Bomber Command d'Ira Eaker est pour l'heure la première unité aérienne américaine destinée à opérer sur l'Europe. Entre une offensive en Afrique du Nord et un débarquement directement en France, avant même *Round-Up*, Eisenhower eût préféré cette dernière solution (l'opération *Sledgehammer*), mais elle est repoussée par l'état-major impérial britannique, puis non sans difficulté par Marshall et l'état-major américain devant l'évidence : les Alliés ne sont alors nullement en mesure de mener une opération aussi audacieuse. La décision aura donc lieu sur les côtes africaines par le biais de l'opération *Torch*, à la grande satisfaction des Britanniques. Eisenhower est informé de sa nomination à la tête de celle-ci officieusement le 26 juillet 1942 (décision confirmée le 14 août).

Envoyé en Angleterre en tant que chef des forces aériennes américaines en Europe, Spaatz s'occupe de la logistique de ses forces, pour préparer notamment la longue et périlleuse traversée de l'Atlantique, ainsi que des relations avec la presse britannique, curieuse face aux nouveaux arrivants. Les bases des chasseurs sont placées au sud de l'Angleterre pour maximiser leur faible rayon d'action, et celles des bombardiers lourds plus au nord dans l'East Anglia, à la fois pour ne pas congestionner l'espace et les rapprocher de l'Allemagne. La formation aux États-Unis laisse d'emblée à désirer, entre des équipages sans expérience à haute altitude et des mitrailleurs n'ayant jamais tiré en l'air – ce qui ne laisse certes rien augurer de bon pour les opérations à venir. Une autre source d'inquiétude de Spaatz concerne la menace d'absorption du VIIIe Fighter Command par le système défensif bien rodé des Britanniques, alors que l'objectif est d'affirmer son rôle offensif sur l'Europe. En effet, les Américains sont avant tout présents pour bombarder, conformément à leur doctrine. Dans cette optique, Spaatz ne saurait se passer de coopérer avec le Bomber Command de la RAF, homologue de son propre VIIIe Bomber Command. D'autant que les

Britanniques possèdent aussi leur seigneur de la guerre aérienne, pratiquement intouchable tout au long du conflit.

Arthur Harris, le « Boucher »

Pour les chefs militaires et politiques du temps du conflit, l'écriture de Mémoires de guerre à l'issue des hostilités a fait office d'exutoire, de procédé de justification, ou encore de socle de projets pour la suite de carrière – l'occasion accessoire pour certains de révéler au grand public des talents littéraires, tels Churchill et de Gaulle, et aussi éventuellement de s'accommoder avec l'histoire tout en cultivant la postérité. Le maréchal de la Royal Air Force Arthur Harris, dans ses Mémoires publiés en 1947, s'est pour sa part épargné toute édulcoration concernant son commandement à la tête du Bomber Command, pourtant fortement remis en question par son bilan, en conservant une résolution ferme et une liberté de parole largement éprouvées durant le conflit. La dernière phrase de son témoignage résume à elle seule brutalement ce constat. De retour en Afrique du Sud, son pays d'enfance, il conclut ainsi : « Maintenant, redevenu libre de mon activité, je suis retourné dans le pays que je n'aurais jamais quitté, n'eût été l'imbécillité de la race humaine ou, si vous préférez, d'une race humaine : celles des Allemands[9]. »

Le leitmotiv d'Arthur Harris, de sa prise de fonction à la tête du Bomber Command britannique en 1942 jusqu'à la fin du conflit en mai 1945, ne varie pas : bombarder les villes du Reich, en quadrillant de vastes zones habitées (*area bombing*), afin de faire fléchir le moral des civils et obtenir la capitulation ennemie. Le chef des bombardiers stratégiques de la RAF n'est certes pas le premier à avoir eu cette idée dans l'armée britannique : il n'a fait qu'amplifier la doctrine en vigueur à sa prise de commandement. Né en 1892 en Angleterre, Arthur Travers Harris rejoint la Rhodésie à l'âge de 18 ans, où il envisage par la suite de s'établir comme fermier. La Première Guerre mondiale l'oriente vers une carrière militaire, d'abord dans l'infanterie puis dans l'aviation. Officier pilote du Royal Flying Corps en 1915, il revendique cinq appareils ennemis abattus au combat en France, et gravit les grades en terminant la guerre major et chef de *squadron*. Comme la plupart des futurs grands chefs du bombardement allié durant la Seconde Guerre mondiale, il a servi dans une unité de chasseurs, et ne possède pas d'expérience opérationnelle sur bombardier en 1918.

L'aviation britannique s'est pourtant distinguée cette année-là des autres belligérants en créant en juin l'Independant Air Force, uniquement dédiée au bombardement stratégique. Commandée par le général Hugh Trenchard, cette formation a mené 675 raids sur de grandes cités de l'ouest de l'Allemagne, telles Bonn, Coblence, Francfort, Mayence et Stuttgart. Au total, ses deux *squadrons* ont essuyé de très lourdes pertes, déplorant 352 bombardiers lourds détruits à la fin de la guerre. Sitôt les combats terminés, une équipe d'inspection britannique est créée pour analyser les résultats des bombardements sur l'Allemagne et le Royaume-Uni. Elle ne relève aucun impact significatif sur la production militaire, les seuls effets tangibles étant le temps perdu par les ouvriers dans les tunnels de protection et la dispersion des canons pour protéger les civils. L'impact psychologique, notamment sur la population, est en revanche plus sérieux et à même d'influencer l'évolution stratégique à venir. Winston Churchill, alors ministre des Munitions, analysait déjà en octobre 1918 de façon pragmatique les performances des bombardements britanniques :

> Toutes les attaques sur les communications et les bases devraient être en relation avec la bataille principale. Il n'est pas raisonnable de considérer une offensive aérienne comme étant à même de terminer la guerre à elle seule. Il est improbable qu'une terreur exercée sur la population civile par une offensive aérienne puisse acculer le gouvernement d'une grande nation à la capitulation. L'expérience du bombardement, un système efficace d'abris ou de refuges, un puissant contrôle de la police et des autorités militaires devraient être suffisants pour garder intacte la puissance de combat nationale. Dans notre propre cas nous avons vu le moral combattant du peuple réveillé et non bridé, par les raids aériens allemands. Rien de ce que nous a enseigné la capacité de la population allemande à endurer les souffrances ne peut nous laisser affirmer qu'elle se laisserait intimider par de telles méthodes, ou même qu'elle ne serait pas rendue encore plus déterminée à résister. Ainsi notre offensive devrait être toujours dirigée contre les bases et les communications sur lesquelles dépendent les armées, les flottes navales et aériennes ennemies[10].

À l'inverse, de façon remarquable, vingt ans plus tard, le Premier ministre Churchill soutiendra ardemment, au moins les premières années, une offensive aérienne à grande échelle sur l'Allemagne. Mais, entre-temps, les arguments politiques se seront rajoutés aux simples constats militaires, reléguant ces derniers au second plan.

Trenchard est de retour au poste de chef d'état-major de la RAF en février 1919, avec pour nouveau ministre de l'Air Winston Churchill (également ministre de la Guerre). Le général britannique entend créer une force permanente, capable d'altérer profondément la stratégie du futur. Son ministre l'appuie, malgré le désintérêt des politiciens pour la question. Trenchard insuffle un esprit de corps, favorise les promotions, ordonne la construction d'aérodromes et de bâtiments, fait de l'East Anglia le berceau du Bomber Command et sait en outre se faire apprécier de ses hommes. Dès 1923, sa doctrine fixe le destin de la RAF, deux ans après la parution du livre de Giulio Douhet, *La Maîtrise de l'air* : la défense et la sécurité du pays reposent sur le bombardier, seul capable de détruire l'industrie et le moral ennemis. Les nations à même de supporter le plus longtemps les bombardements gagneront la guerre.

Parmi les officiers que Trenchard a convaincus figure Arthur Harris, resté dans la nouvelle Royal Air Force à l'issue de la victoire en 1918. Nommé à la tête d'un *squadron* de bombardiers lourds en Irak, il participe au développement de la technique de l'*area bombing*, utilisée avec succès pour mater les révoltes arabes dans les années 1920 et 1930. Son passage par le Staff College de Camberley de 1927 à 1929 lui ouvre les plus hautes perspectives. Fait révélateur de sa forte personnalité, il noue une rare amitié avec Bernard Montgomery, son futur *alter ego* dans l'armée de terre britannique durant la Seconde Guerre mondiale, lequel est doté lui aussi d'une solide assurance dans son potentiel, et d'un sens de la communication tout aussi difficile.

Cette même année 1929, Trenchard abandonne le commandement de la RAF, atteint par la retraite. Il prend soin auparavant de déclarer illégitime le bombardement indiscriminé des cités dans le seul but de terroriser les populations civiles – s'attaquer aux travailleurs des usines de munitions pour favoriser l'absentéisme, en revanche, apparaît bel et bien concevable. Cette vision est soutenue au niveau politique par le chef du parti conservateur Stanley Baldwin, qui prononce des mots historiques devant la Chambres des communes le 12 novembre 1933 :

> Je pense qu'il est bon pour l'homme de la rue de réaliser qu'il n'y a pas sur terre de force capable de le protéger du bombardement. Peu importe ce que l'on puisse lui dire, le bombardier passera toujours... La seule défense est l'attaque, ce qui signifie qu'il faut tuer plus de femmes et d'enfants et de façon plus rapide que l'ennemi si l'on veut soi-même survivre[11].

Baldwin, dont le désintérêt pour la politique étrangère et le pacifisme épouvantent non sans raison le parlementaire Churchill, est élu Premier ministre pour la troisième fois peu après, en juin 1935. Il avait fait le mois précédant son *mea culpa* devant la Chambre des communes, reconnaissant une sous-estimation de la menace aérienne nazie. Il engage dès lors un réarmement tardif de la RAF connu sous le nom d'« *alphabet schemes* » : divers plans suivant les lettres alphabétiques augmentent de façon croissante le nombre d'appareils jusqu'à atteindre presque 1 800 en 1936. Baldwin se retire en 1937, remplacé par Neville Chamberlain. Cette même année, Cyril Newall devient chef d'état-major de la RAF. C'est un ancien de l'Independant Air Force et disciple de Trenchard, ce qui ne laisse augurer aucun changement de cap en faveur des chasseurs. Et de fait, en décembre 1937, le *Schéma J* appelle à la possession de quatre-vingt-dix escadrons de bombardiers, contre soixante-huit pour le *Schéma F* en février 1936. Il est cependant refusé en faveur du Fighter Command d'Hugh Dowding : la défense est passée prioritaire face à l'inquiétante montée en puissance de la Luftwaffe. Même si les schémas suivants poursuivent cette politique, et doublent le nombre de chasseurs par rapport aux bombardiers, ceux-ci restent largement majoritaires : 1 360 bombardiers pour 800 chasseurs en mars 1941.

Les premières opérations de bombardement stratégique sur l'Allemagne à partir de l'été 1940 se signalent par la grande difficulté d'atteindre les cibles de nuit, les bombardiers britanniques étant par trop vulnérables le jour. Le « rapport Butt » du 18 août 1941 vient statistiquement et brutalement placer des chiffres sur ce que beaucoup savent déjà. Cette analyse scientifique fondée sur 633 photographies prises au cours de 100 raids menés sur vingt-huit cibles différentes entre juin et juillet 1941, livre un constat édifiant :

> Sur les appareils ayant effectivement attaqué leurs cibles désignées – sans tenir compte du total des avions engagés –, seul un sur trois est parvenu à au moins 8 kilomètres de l'objectif.
> Sur les ports français (plus proches de l'Angleterre), la proportion est de deux sur trois ; sur la Ruhr, d'un sur dix.
> Lors de la pleine lune, la proportion est de deux sur trois, tombant à un sur quinze lors de la nouvelle lune.
> Seul un tiers des équipages affirmant avoir atteint géographiquement le secteur de la cible l'ont dans les faits effectivement survolée[12].

Ces données ne surprennent guère les principaux intéressés du Bomber Command, mais informent davantage les moins initiés ; le scandale frappe en revanche à tous niveaux. Churchill estime l'affaire comme « très sérieuse », « nécessitant la plus urgente attention » et « des propositions d'actions »[13]. Il faut un chef charismatique pour redresser la situation : le bombardement stratégique est le seul outil offensif de l'armée britannique, battue à cette époque sur tous les théâtres d'opérations ; une arme également politique dans les relations avec Staline, toujours impatient à l'idée d'un second front. Cet homme fort, ce sera le maréchal de l'Air Arthur Harris, chef d'un groupe de bombardiers lourds depuis le début de la guerre. Huit jours avant sa nomination le 22 février 1942, l'Air Ministry publiait son *Area Bombing Directive*, entérinant officiellement la politique de conversion des ressources lancée six mois auparavant. À défaut d'être capable de viser quelque chose avec précision, les bombardiers lourds attaqueront désormais par centaines, afin d'anéantir des surfaces entières, où se nichera une cible intéressante. Le moral de la population ennemie et des ouvriers industriels est particulièrement visé. Essen, Duisbourg, Düsseldorf et Cologne font partie des cibles prioritaires ; Lübeck, Rostock et Kiel, des cibles alternatives. Le 2 février, le War Cabinet avait déjà entériné la possibilité de bombarder les usines en Europe occupée travaillant pour l'ennemi, même si le concept impliquait des pertes dans les populations alliées. Harris bénéficie ainsi de toute latitude pour mener sa campagne aérienne, de même que des dernières innovations technologiques de l'Organisational Research Unit (ORS) du Bomber Command, pionnière en matière de recherche opérationnelle. Le système radar Gee permet de concentrer et de guider une flotte de bombardiers vers sa cible, et de la ramener en Grande-Bretagne. Le protocole expérimental *Shaker* divise en trois vagues la force assaillante : la première, les éclaireurs (*Pathfinder*), repère la zone visée grâce au système de guidage *Gee* et l'éclaire à l'aide de balises lumineuses ; la deuxième marque l'objectif avec le même type de balises et la dernière lance ses bombes explosives et incendiaires.

La première cible pour la campagne d'Harris se situe en France à Boulogne-Billancourt, contre les ateliers Renault produisant des véhicules pour l'Axe. Il s'agit ironiquement d'une attaque de précision, et non d'*aera bombing*, cette dernière stratégie étant pourtant désormais officielle, mais mal venue sur un pays ami. Dans la nuit du 3 au 4 mars 1942 sont lancés 235 bombardiers, sans système *Gee* – la pleine lune éclaire la cible, peu éloignée de surcroît – mais utilisant le protocole *Shaker*. Deux cent vingt-trois appareils atteignent effectivement la cible, un succès sans précédent. L'usine éclairée par les balises lumineuses est touchée, 700 véhicules détruits et plusieurs machines-outils mises hors d'usage. Malgré tout, de l'aveu même des services de renseignement britanniques, dès juin 1942 la production remonte à 50 % de son activité d'avant le bombardement, et la dépasse en novembre. Les prochains raids en avril et en mai sur l'Allemagne plus lointaine et mieux défendue s'annoncent cependant bien plus délicats.

Le 28 mars, 234 avions bombardent Lübeck, une cible relativement facile à identifier pour les navigateurs, constituée de vieilles maisons médiévales autrement plus inflammables que les cités modernes : cette fois-ci, nul besoin de viser juste. À la fin du mois d'avril, Rostock subit plus difficilement le même sort – le quatrième raid anéantit la ville. Entre mars et avril 1942, Essen essuie huit raids aériens, sans grands résultats. Harris tient ferme, et développe le concept des « Mille », une brillante manœuvre de communication, bien plus impressionnante dans sa conception que dans son utilité militaire. Il s'agit certes d'un exploit logistique, avec 1 046 appareils réunis pour un même raid, mais l'importance stratégique de celui-ci est toute relative, puisque jusqu'au dernier moment Harris hésite entre Hambourg et Cologne. Cette dernière cité est finalement choisie en raison de conditions météorologiques plus favorables. La visibilité est bonne, le protocole *shaker* efficacement mis en œuvre. Dans la nuit du 30 au 31 mai, 3 300 maisons sont détruites et 9 000 plus ou moins endommagées ; 12 000 feux font rage dans les ruines, 36 usines sont détruites et 270 plus ou moins détériorées. Enfin 85 militaires et 384 civils sont tués, 5 000 blessés et 45 000 personnes sont sans abris. L'ORS du Bomber Command relève que 600 des 1 000 appareils engagés ont attaqué la cible, détruisant 600 hectares et perdant 40 des leurs.

La concentration des bombardiers semble porter ses fruits. Harris est satisfait, le moral remonte. Les hommes font confiance à leur nouveau commandant, qui les visite rarement mais se soucie malgré tout d'eux, et tente de limiter les pertes, sans pour autant renoncer à les envoyer nuit après nuit sur le Reich, lorsque le temps le permet. De fait, Harris n'en démord pas tout au long de la guerre. Il mène une campagne pratiquement personnelle, méprisant aisément son supérieur hiérarchique Portal au caractère par trop compassé. Il n'est que difficilement rappelé à l'ordre par les chefs d'état-major combinés à Washington au printemps 1944 pour le débarquement de Normandie, et par un Churchill devenu tardivement horrifié par les pertes civiles à l'hiver 1945 : « N'allons-nous pas trop loin ? Sommes-nous des bêtes[14] ? »

À la prise de commandement d'Arthur Harris en février 1942, 7 448 aviateurs britanniques du Bomber Command ont déjà perdu la vie. Il y aura au total 55 500 morts en mai 1945, ainsi que plusieurs centaines de milliers de civils du Reich et des pays occupés. Pour la postérité, Harris traînera un surnom encombrant : « le Boucher ».

DEUXIÈME PARTIE

POINTBLANK : PRÉPARER L'INVASION DE L'EUROPE

« L'omission des chasseurs d'escorte fut l'écart le plus dramatique entre les plans théoriques et leur application pratique[1]. »

Général Haywood S. Hansell.

3

Schweinfurt, la fin des illusions

Au cours de leur première année opérationnelle en Europe, les forces américaines montent progressivement en puissance au fil de l'arrivée des unités de la 8e US Air Force au Royaume-Uni et de l'expérience acquise au combat dans le ciel de France. De l'automne 1942 à celui de 1943, le centre de gravité des opérations se situe dans le bassin méditerranéen, suivant la campagne alliée pour l'Afrique du Nord, puis les débarquements de Sicile et en Italie du Sud. Contraint de fournir une aide indirecte en bombardant les ports français de l'Atlantique, le général Ira Eaker, chef de la 8e US Air Force, dispose tout de même d'une certaine latitude pour enfin en venir au fait de la doctrine américaine : bombarder le Reich et désintégrer son industrie, afin de le faire capituler si possible sans avoir à recourir à une grande offensive terrestre.

Cette perspective idéale évolue dès l'été 1943 du fait de la directive *Pointblank*, affirmant certes la nécessité de frapper l'ennemi jour et nuit sur son sol, mais dans l'objectif d'amoindrir son potentiel en vue d'un débarquement allié en Europe de l'Ouest, inévitable. Sur le terrain les bombardements s'intensifient contre des cibles précises, jugées déterminantes pour nuire à l'ensemble de la production de guerre ennemie. C'est notamment le cas des usines de roulements à billes de Schweinfurt en Bavière, visée à deux reprises en août et octobre 1943. Les bombardiers ne bénéficient de l'escorte des chasseurs alliés qu'à la limite du rayon d'action de ces derniers, qui les laissent donc seuls sur l'objectif. L'occasion de vérifier le bien-fondé de la doctrine d'avant-guerre, grâce aux « forteresses volantes » capables de tenir en respect la chasse ennemie et de réaliser des largages efficaces à haute altitude grâce au *precision bombing.* L'aviation américaine découvre toutefois un adversaire remarquablement organisé dans son système défensif, et très largement sous-estimé par les services de renseignement alliés.

La France pour terrain d'exercice

Le 17 août 1942, les forces aériennes américaines entament officiellement leurs opérations sur la France occupée, et entendent bien le faire savoir. Un raid de seulement douze bombardiers B-17 sur la gare de Sotteville-lès-Rouen, mené par Eaker en personne et luxueusement escorté par pas moins de 294 chasseurs britanniques, permet de placer quelques bombes sur l'objectif en pleine journée, sans réaction ou presque de la Luftwaffe, prise par surprise face à ce nouvel adversaire opérant de jour. Une armée de journalistes vient immortaliser le retour des bombardiers, saisissant Eaker sortant de manière théâtrale de son appareil pour les photographes du magazine *Life.* L'absence d'intérêt militaire de la mission, les cinquante-trois civils français tués et les centaines d'autres blessés sont passés sous silence, face au caractère historique de la mission.

Trois jours plus tard, le 20 août, le major général Haywood Hansell est à son tour dans les airs pour un nouveau raid sur la gare de Longeau à Amiens, destiné à soutenir tardivement le désastreux raid allié sur Dieppe, au demeurant terminé depuis la veille. Nerveux, le concepteur de l'AWPD-1 ne parvient qu'à se geler les mains en réglant son masque à oxygène. Dépité, il est rappelé à Washington pour une révision de son plan, déjà dépassé par l'évolution du conflit. Tout concourt à repousser l'offensive aérienne sur l'Allemagne : la volonté de Spaatz de vouloir tester le VIIIe Bomber Command sur la France, le soutien aérien attendu pour la guerre en Afrique, enfin le détournement des renforts de *Boléro* en direction du Pacifique où la situation s'aggrave. Hansell est donc pressé de revoir son trop ambitieux AWPD-1. S'entourant à nouveau de ses camarades de l'ACTS, dont Harold George et Laurence Kuter, il livre son AWPD-42 le 6 septembre. Ce plan conserve la stratégie fondamentale de la *web theory* mais s'adapte aux exigences opérationnelles. Le pétrole et l'électricité sont relégués derrière les bases sous-marines et la Luftwaffe (production aéronautique), la maîtrise de l'Atlantique et des airs étant considérés comme le prélude nécessaire à un débarquement trans-Manche. Plus pragmatique que l'AWPD-1, l'AWPD-42 est aussi plus complexe par sa volonté d'impact opérationnel, avec au total six systèmes industriels comprenant 177 cibles, contre cinq et 154 pour le premier plan. En revanche, il n'est plus du tout question désormais de s'attaquer au moral des populations du Reich en ciblant les civils, un objectif toujours considéré comme non économique.

En Angleterre, après les premières frappes symboliques de l'été 1942, les Américains sont tenus de collaborer avec leurs homologues britanniques pour identifier des cibles valables. Une directive commune des deux alliés publiée le 8 septembre appelle à « la continuité dans l'offensive de bombardement contre l'Axe », grâce à des raids diurnes pour les Américains et des sorties nocturnes pour les Britanniques. Les cibles suivantes sont désignées, dans l'ordre d'importance : usines d'aviation, gares de triage, installations sous-marines[1].

S'ensuivent quatorze missions principalement sur la France et une sur Rotterdam, dont en point d'orgue un important raid d'une centaine de B-17 et B-24 sur les ateliers ferroviaires de Fives-Lilles le 9 octobre. Les « forteresses volantes » ont la mauvaise surprise d'y rencontrer un nouveau chasseur adverse, le Focke-Wulf FW-190. Son puissant moteur en étoile et ses quatre canons de 20 mm le placent au-dessus du Messerschmitt 109, comme de ses opposants alliés. Résultat, quatre bombardiers sont perdus contre un seul chasseur allemand abattu, et les ateliers de Fives-Lilles ne sont que peu touchés. Les Américains, Eaker en tête, se montrent malgré tout satisfaits : si la précision n'est guère au rendez-vous, leurs objectifs sont fréquemment touchés par au moins quelques bombes. En outre, la grande altitude permet, comme anticipé, de réduire le danger de la défense antiaérienne, qui n'obtient guère de résultats. Même si les bombardiers ne se révèlent pas invulnérables face à la chasse adverse, ils enregistrent des pertes bien moins élevées que les Britanniques. Ces derniers saluent généralement la performance, mais Churchill se montre beaucoup plus réservé, et une nouvelle fois voit juste. Le Premier ministre rappelle les conditions idéales des attaques, escortées par des essaims de Spitfire. Or, lorsqu'elles bombarderont le

Reich, les « forteresses volantes » devront opérer dans le ciel allemand hors du rayon d'action de la chasse britannique, et face à des défenses autrement plus redoutables.

Le général Eisenhower, partisan frustré de *Sledgehammer*, se voit contraint de mettre en œuvre *Torch* en tant que chef suprême de l'expédition alliée. Sur le plan aérien, il prescrit dans une directive du 20 octobre 1942 à la 8e US Air Force de protéger les communications entre le Royaume-Uni et l'Afrique du Nord. Cela passe en priorité par l'attaque des bases sous-marines de Lorient, Saint-Nazaire, Brest, La Palice et Bordeaux, les docks du Havre, de Cherbourg et de Saint-Malo ; en second viennent les industries aéronautiques et en dernier lieu les cibles de transport. Carl Spaatz et Ira Eaker voient d'un mauvais œil cette nouvelle diversion des forces aériennes américaines loin de l'Allemagne, aggravée par le projet de création d'une nouvelle 12e US Air Force durant l'automne. Destinée à opérer à partir des bases d'Afrique du Nord, cette nouvelle force stratégique doit cannibaliser en partie la 8e US Air Force pour sa création, et retarder d'autant l'offensive sur l'Allemagne. Les restrictions continuent avec une nouvelle directive le 29 octobre qui prend en compte les dégâts occasionnés sur les biens et le moral des civils français : les bombardements doivent donc être désormais confinés à des objectifs militaires, clairement identifiables. L'attaque intentionnelle des populations civiles est prohibée. Les bombardements doivent s'effectuer avec le souci « raisonnable » d'éviter les pertes civiles aux alentours des cibles visées ; si la précision s'avère difficile à obtenir, l'attaque peut être annulée – des restrictions qui ne concernent toutefois nullement les opérations à venir contre l'Allemagne, l'Italie et le Japon. Cette directive provient de l'Air Ministry britannique, effrayé par les réactions de l'opinion publique. Or Eaker reçoit rapidement un message tout à fait différent du War Department américain et du secrétaire d'État Henry Stimson, qui lui enjoint d'ignorer ces recommandations et de faire tout son possible pour détruire les bases sous-marines. Le chef du VIIIe Bomber Command, aussi soucieux d'éviter de toucher les civils français que de lancer enfin les opérations aériennes sur l'Allemagne, s'interroge crûment auprès du chef d'état-major de la RAF, Charles Portal, sur le bien-fondé des intentions britanniques : « Il n'est pas clair dans mon esprit si vous estimez la destruction des usines Renault de Paris comme d'une importance militaire suffisante pour justifier le meurtre de civils français tués dans l'attaque[2]. » Ces mots durs et les consignes du War Department ne sont pas dénués de raisons, puisqu'au même moment les Britanniques se montrent eux-mêmes peu regardants sur les conséquences de leurs propres attaques. Si la population française doit être avertie par le biais du Political Warfare Executive, il ne peut y avoir aucune restriction dans les bombardements, même si ceux-ci doivent entraîner la dévastation complète des surfaces habitées : la sécurité des communications navales de la Grande-Bretagne et en second lieu la réussite de *Torch* passent avant tout. En juillet 1940, après tout, le War Cabinet n'avait pas hésité à couler la flotte française à Mers el-Kébir, dès lors qu'il existait un risque de la voir un jour s'ajouter à la menace sur les communications maritimes. Celles-ci sont encore plus que jamais inquiétées un an et demi plus tard par les sous-marins allemands, et bien qu'il s'agisse non plus de militaires mais de civils français, nécessité fait loi. Deux poids et deux mesures pour les aviations alliées, voilà qui passe mal auprès des chefs américains, dès l'origine peu enthousiastes pour ces opérations. Eisenhower sait se montrer patient et courtois, mais aussi ferme lorsqu'il le faut. Un an et demi plus tard, alors commandant suprême d'*Overlord*, il saura rafraîchir la mémoire d'un Churchill vindicatif à l'encontre des pertes civiles en préparation du débarquement de Normandie.

C'est dans ce contexte quelque peu tendu que s'ouvre le 14 janvier 1943 la conférence de Casablanca, huitième rencontre officielle entre Alliés depuis janvier 1941. Les réunions se déroulent dans les superbes paysages côtiers d'Anfa et sont largement vécues par Roosevelt comme une aventure exotique bien loin de l'étouffante pression de Washington. Churchill est, quant à lui, comme toujours ravi de parcourir le monde et de revoir le président américain qu'il estime sincèrement. Si les discussions sont marquées par les méandres complexes de la politique française, il est tout de même également question de grande stratégie. La victoire dans la bataille de l'Atlantique demeure la priorité, conditionnant les offensives alliées à l'issue de la campagne de Tunisie, d'abord contre la Sicile puis en Europe de l'Ouest. Quant à la guerre aérienne, il est décidé de mener une offensive jour et nuit (« *All around the clock* ») contre le Reich, afin de saper décisivement son économie et son moral. Un objectif que les Britanniques ont déjà entrepris seuls depuis 1940, ce que Churchill ne manque pas de déplorer dans ses Mémoires : « Lorsque nous arrivâmes à Casablanca en janvier 1943, pas un seul bombardier américain n'avait encore largué une bombe sur l'Allemagne en plein jour[3]. » Certes, mais le Premier ministre britannique avait prêché à l'inverse pour l'implication des forces aériennes américaines dans le soutien à l'opération *Torch*, loin de l'Allemagne… Quoi qu'il en soit, la directive « CCS 166/I/D » des chefs d'état-major combinés entend remédier à ce constat, et prescrit à Eaker et à Harris les objectifs suivants :

> Votre principal objectif sera la destruction progressive et la dislocation du système militaire, industriel et économique allemand, et le sapement du moral du peuple allemand au point de voir sa capacité à la résistance armée irréversiblement affaiblie. Dans ce concept général les cibles prioritaires, sujettes aux exigences des conditions météorologiques et des possibilités tactiques, sont actuellement dans cet ordre de priorité :
> (a) Chantiers de construction de sous-marins
> (b) Industrie aérienne
> (c) Transports
> (d) Usines pétrolières
> (e) Autres cibles dans l'industrie de guerre ennemie[4].

L'appui à *Torch* couplé à la lutte anti-sous-marine accapare le VIIIe Bomber Command américain du 20 octobre 1942 jusqu'à juin 1943, et le Bomber Command britannique de janvier à avril. L'attaque des bases sous-marines n'est qu'une des solutions possibles pour mettre fin à la menace, qui reste difficile à appréhender dans son ensemble. Les bases ennemies de La Palice, Bordeaux, Saint-Nazaire, Lorient et Brest constituent des objectifs logiques, situées *a priori* dans le potentiel du VIIIe Bomber Command. Les Américains sont cependant conscients de la quasi-impossibilité de venir à bout des alvéoles, dont les dalles de protection dépassent les sept mètres d'épaisseur. Les premiers bombardements de l'été et de l'automne ont révélé une précision tout à fait discutable de la doctrine du *precision bombing*, qui s'annonce pour le moins hasardeuse face à des cibles bien plus réduites que des gares de triage ou des aérodromes. Il reste à espérer détruire les nombreuses infrastructures adjacentes de ces alvéoles (centrales électriques, fonderies, magasins, voies ferrées, casernes, quais flottants, sous-marins non abrités) pour pouvoir au moins produire un impact indirect, et faire baisser la disponibilité des U-Boote.

La première attaque des chantiers sous-marins est menée le 21 octobre sur la base de Lorient, soutenue par 90 « forteresses volantes ». La ville a déjà reçu 396 tonnes de bombes en 1941 de la part de la RAF, aucune cependant en 1942. Un groupe de FW-190 allemands abat certes trois bombardiers, mais la cible est touchée, occasionnant quelques dégâts sans pour autant entamer les alvéoles. Le chef de la 8e US Air Force, Spaatz, décide d'enfreindre la sacro-sainte doctrine du *precision bombing* en abaissant la hauteur de ses bombardiers afin d'augmenter la précision – un aveu informel d'échec. Le 9 novembre, un test a lieu sur Saint-Nazaire, où les B-24 évoluent à environ 5 500 mètres et les B-17 entre 2 300 et 3 000 mètres. Si la précision des bombardiers n'est toujours pas au rendez-vous, celle de la Flak[5], elle, s'affine : trois bombardiers sont abattus et vingt-deux endommagés. Un constat cruel pour Spaatz et Eaker, qui ne jugent pas la prise de risque et son coût justifiés en contrepartie. Jusqu'à la dernière mission sur Saint-Nazaire le 3 janvier 1943, les bombardiers ne voleront donc pas en dessous de 5 300 mètres. Entre-temps, les raids se poursuivent sur Lorient et Saint-Nazaire principalement, la plus grande base, mais aussi sur La Palice et, par la suite, Bordeaux. Le 19 novembre, de nouvelles cibles sont ajoutées : Bremen, Vegesack et Kiel ; Essen et Hamm également, pour la communication. Autant d'objectifs qui reflètent l'impatience des Américains à vouloir en découdre avec l'ennemi et leur volonté d'afficher leur plein potentiel.

Entre novembre 1942 et janvier 1943, cinq des quinze raids du VIIIe Bomber Command sont également dirigés contre les aérodromes, dont notamment Abbeville, Cherbourg et Romilly-sur-Seine. L'attaque de ce dernier objectif le 20 décembre obtient quelques résultats mais laisse surtout percer la menace accrue de la chasse adverse, qui jusque-là n'obtenait que peu de succès. Venus de bases situées en Normandie, dans le Pas-de-Calais et en région parisienne, Messerschmitt Me-109 et Focke-Wulf FW-190 s'acharnent sur les « forteresses volantes ». Déjà observée en novembre au-dessus de Saint-Nazaire, la nouvelle tactique de la Luftwaffe consiste en attaques frontales, risquées et laissant peu de temps pour régler le tir, mais permettant d'éviter la majeure partie du feu des mitrailleuses lourdes de 12,7 mm. Le résultat est peu encourageant pour les Américains, qui perdent là huit bombardiers (deux se sont écrasés en Angleterre) dont vingt-deux autres sont endommagés. L'attaque frontale est un nouveau problème non négligeable en ce début d'année 1943 pour les USAAF, qui cause la majeure partie de leurs pertes. Il faudra attendre l'automne suivant pour voir les Boeing américains équipés de tourelles de menton, ironiquement à un moment où la technique allemande, audacieuse et nécessitant des pilotes expérimentés, est abandonnée par une Luftwaffe sur le déclin.

En décembre 1942, Spaatz laisse le commandement de la 8e US Air Force à Eaker, et part sur le théâtre d'opérations méditerranéen prendre la tête de la nouvelle 12e Air Force. En ce début d'année 1943, ce dernier va enfin pouvoir assouvir ses désirs et lancer ses bombardiers sur l'Allemagne, même si les raids sur la France continuent. Dans le même temps, Hansell, le créateur de l'AWPD-1, est de retour en commandement opérationnel, à la tête du 1er Combat Wing du VIIIe Bomber Command équipé de 170 B-17. Force est de reconnaître un courage certain et un goût du risque pour l'ancien professeur de l'ACTS, l'un des rares chefs alliés – avec Doolittle notamment – à passer des bureaux d'état-major aux commandes d'appareils. Le 3 janvier, il vole pour la première fois à la tête d'une unité, et sur un objectif bien défendu, la base d'U-Boote de Saint-Nazaire. De la théorie à la réalité, le constat est encore une fois très brutal. Après le départ des Spitfire d'escorte, la Luftwaffe attaque les assaillants de face, profitant des angles morts des « forteresses volantes », selon la nouvelle méthode expérimentée en novembre. La Flak suit elle aussi une nouvelle technique, un tir groupé anticipant la trajectoire des aéronefs, plutôt que de suivre leur évolution. Les deux B-17 évoluant de part et d'autre d'Hansell brûlent. Au total, sept avions sur soixante-douze sont perdus, soit un nombre très élevé de 10 % de pertes. Le général américain n'abandonne pas pour autant le bombardement de précision. Il réalise que seuls les chasseurs d'escorte qu'il a si longtemps délaissés pourront rattraper la situation.

Le 13 janvier, Hansell est de nouveau en vol. Objectif : le dépôt de locomotives de Fives à Lille. L'expérience vire au traumatisme, alors que les attaques apportent peu de résultats. Si un seul de ses soixante-douze avions est abattu, son propre B-17 reçoit une attaque frontale d'un Fw-190. Son pilote est décapité par un obus de 20 mm ; son copilote blessé parvient de justesse à ramener le bombardier en piteux état à la base. Lorient et Brest sont fort peu atteints. En parallèle, le 1er Combat Wing reçoit le redoutable honneur d'être enfin la première unité à attaquer l'Allemagne, en visant la base de Wilhelmshaven.

Si celle-ci est peu touchée, un seul avion est perdu, les Allemands ayant été pris par surprise. Parmi les neuf missions menées en mars, Hansell commande l'attaque du 8 mars sur Rouen, qui met hors service la gare durant quelques jours.

De son côté, le Bomber Command d'Harris intervient également à partir de janvier 1943 sur les chantiers sous-marins de Lorient et Saint-Nazaire, selon les directives de l'Anti-U-Boat Warfare committee de Churchill. Les cibles désignées sont Brest, La Palice et Bordeaux. Les premiers résultats indiquent des effets insignifiants sur les bases elles-mêmes, avec cependant des dégâts énormes sur les zones urbaines. Tout comme les Américains entraînent leurs équipages sur la France avant la grande offensive sur l'Allemagne, les nouveaux équipages des Operational Training Units (OTU) reçoivent leur baptême du feu sur la côte atlantique. À la fin du mois d'avril, faute de résultats probants, les opérations sont finalement arrêtées. Entre janvier et mai 1943, le Bomber Command a largué 5 429 tonnes d'explosifs et 3 704 tonnes de bombes incendiaires sur les ports français, en perdant quatre-vingt-dix-huit appareils. La Kriesgmarine a malgré tout continuellement utilisé les bases. Les alvéoles sont restées intactes, et ont même ironiquement fait office d'abris pour les miliaires allemands et les civils français. Harris, opposé à ces attaques, ne manque pas de souligner l'échec : « Nous avons dans les faits dévasté inutilement deux très bonnes villes françaises [Lorient et Saint-Nazaire]. Le seul effet sur la course de la guerre fut de retarder l'ouverture de la bataille de la Ruhr et la principale offensive sur l'Allemagne de près de deux mois[6]. » L'ennemi ne dit pas autre chose, notamment le chef des sous-marins, le grand-amiral Karl Dönitz : « Il ne reste plus ni chien ni chat dans ces villes. Rien ne subsiste sauf les bases d'U-Boote[7]. » La menace sous-marine ne se réglera que sur les océans, grâce au courage, au nombre, au matériel et aussi avec l'aide d'Ultra, le décryptage des chiffres allemands. De leur côté, les Américains ont réalisé la vacuité de toucher des cibles limitées à haute altitude, de même que la grande vulnérabilité des « forteresses volantes » face à une Luftwaffe désormais en ordre de bataille. Des leçons qui n'augurent certes rien de très encourageant pour la campagne à venir sur le Reich, contre des défenses autrement plus puissantes.

Marketing, vente et massacres à haute altitude

Si la conférence interalliée de Casablanca au début de l'année 1943 a permis de coordonner le bombardement stratégique sur le Reich, elle demeure suffisamment floue dans ses objectifs réels pour laisser libre cours à l'interprétation, ce que ne manquent pas de faire Harris et Eaker, jaloux de leurs prérogatives et persuadés de pouvoir emporter la décision à eux seuls. Arnold, déjà déçu par l'AWPD-42 d'Hansell, trop conceptuelle, ne se satisfait guère lui non plus de ces objectifs trop théoriques Le chef des USAAF se heurte à l'une des faiblesses institutionnelles de l'aviation militaire – dont il est au demeurant responsable : l'absence de toute organisation concrète de service de renseignement aérien dans l'armée américaine au début du conflit. Celui-ci est alors pratiquement créé *ex nihilo*. Les écoles de formation sont hâtivement ouvertes, comme la Harrisburg School chargée d'instruire les jeunes officiers à l'analyse photographique, mais l'inexpérience des cadres est criante au lancement des opérations en 1942, synonyme d'importantes lacunes. De manière générale, au-delà de ce problème aérien particulier, les services de renseignement américains et britanniques échoueront en partie à cerner les rouages de l'économie nazie jusqu'à la fin du conflit. Même la grande arme secrète des alliés, Ultra, à l'importance cruciale, si ce n'est décisive, sur le terrain, ne sera pas d'un grand recours pour comprendre le tissu industriel ennemi et les moyens mis en œuvre pour faire face aux bombardements.

Conscient de la faiblesse endémique de ses services de renseignement, Arnold avait créé peu avant la conférence de Casablanca le 9 décembre 1942 un Committee of Operations Analysts (COA), composé de civils (académiciens, hommes d'affaires, juristes, économistes, politologues) et de quelques militaires (dont plusieurs membres de l'incontournable ACTS) chargés d'analyser à nouveau l'économie allemande et de proposer des objectifs précis pour sa destruction. Les conclusions du COA sont remises à Arnold le 8 mars 1943. S'il est toujours bien question d'interdiction stratégique, la *web strategy* est finalement abandonnée en faveur de ce que l'historien américain Robert Pape dénomme la théorie du « composant critique ». Il s'agit d'isoler un « goulot d'étranglement » (*bottleneck*) composé de cibles déterminantes pour paralyser le modèle économique ennemi. Plutôt que de poursuivre l'ambitieux et irréalisable objectif de provoquer un effondrement industriel général, il est désormais préférable de cibler quelques industries vraiment essentielles en leur causant un maximum de dégâts. Une liste de soixante-seize cibles incluses dans dix-neuf objectifs généraux est établie, visant en priorité les usines de chasseurs monomoteurs, les roulements à billes,

les produits dérivés du pétrole, les machines-outils, le caoutchouc, l'aluminium, le magnésium ou encore l'acier.

Arnold se sert des conclusions du COA pour convoquer un *Operational Committee* anglo-américain réunissant les chefs d'état-major britanniques et américains sous l'égide d'Eaker, et dont le président est Hansell. Ce dernier, tout juste remis de ses mésaventures dans les cieux français, reçoit à présent l'ordre d'affiner encore une fois son AWPD-42 en rédigeant un nouveau plan plus précis sur la base des travaux du COA. La directive intitulée *Combined Bombing Offensive* (CBO), présentée aux Joint Chiefs of Staff américains à Washington le 29 avril 1943, est divisée en quatre phases :

Phase 1 (avril-juillet 1943) : les missions seront limitées dans le rayon d'action des chasseurs d'escortes, ce qui implique de considérer les chantiers des U-Boote comme cible principale.
Phase 2 (juillet-octobre 1943) : 1 192 bombardiers lourds devraient fournir 75 % de leurs efforts sur l'industrie aéronautique adverse dans un rayon de 800 kilomètres, le reste sur les bases sous-marines.
Phase 3 (octobre 1943 – janvier 1944) : 1 746 bombardiers lourds devraient être disponibles, suffisamment pour remplir la liste d'objectifs de la CBO.
Phase 4 (début 1944) : 2 702 bombardiers lourds attendus pour la CBO[8].

Eaker s'engage en outre à réduire la production sous-marine adverse de 89 %, de 43 % pour les chasseurs, de 76 % pour les roulements à billes et de 50 % pour le caoutchouc synthétique. Plus réaliste que les plans AWPD, le projet est accepté le 14 mai par les Combined Chiefs of Staff lors de la conférence de Washington « Trident » du 12 au

27 mai 1943. La priorité passe ainsi au ciblage de la production aéronautique des chasseurs ennemis. Un comité interallié, le Combined Operational Planning Committee, est chargé d'identifier les cibles, et de présenter un plan détaillé pour les Américains et les Britanniques. Composé de personnels de la 8e US Air Force et du Bomber Command britannique, ce COPC est dirigé par le colonel Richard Hughes, également chef de l'Enemy Objectives Unit, composante de l'Office of Strategic Services (OSS) américain à Londres. Il présente officiellement le 14 juin 1943 le plan *Pointblank*, pilier directeur de la stratégie aérienne alliée jusqu'au déclenchement d'*Overlord* un an plus tard. Loin des ambitions stratégiques de l'AWPD-1 de 1941, *Pointblank* est directement intégré au projet opératif de débarquement en Europe en 1944, dont il doit paver la voie en amoindrissant le potentiel de résistance ennemie, et en premier lieu son aviation. L'ambition n'est plus de vaincre le Reich par le seul bombardement stratégique, mais de l'affaiblir au profit d'une grande offensive terrestre en Europe de l'Ouest. Toute opération de débarquement ne pourra avoir lieu qu'avec la maîtrise du ciel, nécessaire pour fournir toutes les formes de soutien aux opérations. La destruction du potentiel aéronautique adverse vise le ciblage à la source des usines, en passant par l'attrition au combat de la Luftwaffe, et aussi l'élimination de l'industrie pétrochimique. *Pointblank* entend ainsi cadrer les ambitions des seigneurs du bombardement, Spaatz, Eaker et Harris au premier chef.

Le cadrage reste malgré tout relatif, puisque comme ceux des plans précédents, les objectifs de celui-ci demeurent suffisamment vastes pour être librement interprétés. Harris ne renonce nullement à l'*area bombing*, acceptant tout juste d'inclure dans les surfaces visées les usines aéronautiques présentes dans le plan, et Eaker entend bien faire parler tout le potentiel de son VIIIe Bomber Command sur l'Allemagne, en sélectionnant lui aussi les cibles de son choix dans la liste. Ainsi, la collaboration des deux forces de bombardement s'arrête à la dichotomie jour/nuit et relève dans les faits davantage de la compétition pour être le premier à porter le coup décisif à l'Allemagne, avant même le lancement de l'opération *Overlord*. Par ailleurs, le chef désigné à Casablanca pour diriger la Combined Bomber Offensive n'est pas le plus à même de faire respecter les ordres : déjà incapable de se faire respecter par le chef de son Bomber Command, Arthur Harris, le chef d'état-major de la RAF Charles Portal, compétent mais peu charismatique, possède encore moins de chances de s'imposer auprès des Américains.

La Combined Bomber Offensive s'avère par ailleurs entravée par un autre obstacle, aussi décisif qu'insidieux. Le COA de Washington est loin d'être le seul organisme de renseignement aérien à disposition des Alliés. Au Royaume-Uni, le chef des forces aériennes américaines, le général Ira C. Eaker, se montre méfiant à l'égard des visées d'Arnold, et possède son propre service de renseignement, l'Operational Research Section (ORS) de la 8e US Air Force. L'homologue britannique d'Eaker, le général Arthur Harris, reçoit les informations de sa propre ORS, et de multiples autres sources, tel le Ministry of Economic Warfare (MEW), qui est par ailleurs en concurrence avec son rival américain, l'Office of Strategic Services. Ce dernier dispose de son propre organisme à Londres dédié à l'identification de cibles pour le bombardement stratégique, l'Enemy Objectives Unit (EOU), dirigé par le colonel Richard Hughes, futur cerveau de l'opération *Argument*.

Bien loin de constituer un concert harmonisé du renseignement, ces nombreux organismes s'affrontent par directives interposées quant au ciblage le plus pertinent de l'économie nazie, afin d'obtenir les résultats les plus rapides. Chaque entité possède une liste préférentielle de cibles, défendant son propre *bottleneck*, afin de rivaliser efficacement avec les autres services. Il résulte de cette cacophonie une véritable concurrence du renseignement, définie telle quelle par l'historien américain Brian Vlaun[9]. Les différents services de renseignement aérien cherchent à obtenir la « vente » (*selling*) de leurs « choix de ciblage » (*targeting*) grâce à des « procédés de promotion » (*marketing*) fondés sur l'aspect économique des cibles choisies, afin de convaincre les décideurs. Un « service après-vente » intervient par la suite, par l'évaluation des effets (*battle damage assessment*). Dans cette compétition informelle le Committee of Operations Analysts se distingue, à la fois par sa position administrative et géographique privilégiée auprès d'Arnold, mais aussi par les profils atypiques de ses membres, banquiers, économistes et hommes d'affaires, supposés rompus aux rouages de l'économie. Au printemps 1943, le meilleur *bottleneck* identifié est celui de la production de roulements à billes (*ball bearing*), apparaissant comme la rentabilité parfaite, puisque selon le COA l'élimination ou la baisse de production de ce composant critique permettrait d'impacter de nombreuses industries militaires :

> Il vaut mieux provoquer un niveau élevé de destructions dans un petit nombre essentiel d'industries et services, que d'engendrer des dégâts limités dans de nombreux secteurs industriels. Les effets sont cumulatifs, et le

plan adopté doit être suivi avec une détermination indiscutable. Dans la sélection prioritaire des cibles, il convient de considérer :
a) La nécessité de la production pour l'économie de guerre ennemie ;
b) La production ennemie actuelle, son potentiel et ses stocks ;
c) Les besoins ennemis selon l'intensité de production ;
d) Les possibilités de substitution de la production ;
e) Le nombre, la distribution et la vulnérabilité des installations cruciales ;
f) Les possibilités de relèvement de l'industrie ;
g) Le décalage entre la destruction des cibles et les effets désirés sur l'effort de guerre ennemi[10].

Brillante sur le papier, l'équation du Committee fait toutefois l'impasse sur plusieurs inconnues. Ses membres, comme ceux des autres services de renseignement aériens alliés, n'ont pas de connaissances précises sur l'état de l'économie ennemie ni sur son fonctionnement réel, se contentant d'analyses spéculatives. À l'instar des prophéties sur le bombardement stratégique dans l'entre-deux-guerres, la théorie des *ball bearing* n'a jamais été appliquée en opérations. Plus grave encore, les membres du COA n'ont aucune expérience de la guerre aérienne, et se reposent sur l'invulnérabilité supposée des « forteresses volantes », ne prenant pas en compte le prérequis de la supériorité aérienne, pourtant admis comme objectif principal de la directive *Pointblank*. Les signaux d'alerte des premières opérations en France ne pèsent pas dans la balance des choix.

Au début de l'été 1943, le général Eaker reçoit enfin la permission de passer à un niveau d'intensité supérieure. Les « forteresses » américaines se lancent massivement à partir de juin sur les villes abritant les cibles définies par *Pointblank* : usines aéronautiques, de roulements à billes et de caoutchouc synthétique. Kassel, Kiel, Hanovre, Hambourg sont notamment visées. L'attrition est rapidement très lourde, avec 37,6 % de pertes parmi les équipages pour mai, 38,3 % pour juin et 37,4 % pour octobre. Le 17 août, une attaque contre les usines de roulement à billes de Schweinfurt (qui produisent 55 % de l'approvisionnement du Reich) combinée à un raid de diversion sur Ratisbonne conduit à la destruction de 60 Boeing sur les 376 engagés, des pertes tout à fait inacceptables.

À Washington, Arnold s'impatiente, et fulmine contre Eaker. Sous-estimant la Luftwaffe et les diversions de moyens créées par la campagne alliée de Tunisie, le chef des USAAF attribue les pertes aux nombres trop limités d'appareils engagés, soit 300 bombardiers lourds par raid. « Je fais mon possible pour envoyer le plus de moyens possibles, écrit-il à Eaker, mais vous devez jouer votre rôle… Vous devez être ferme pour tenir la situation en main[11]. » Désireux de continuer à tout prix sa démonstration de puissance tant attendue, ce dernier réclame toujours plus d'appareils, et s'acharne. En septembre, les raids contre les usines se poursuivent sur la France, moins protégée. Les usines de la banlieue parisienne sont particulièrement ciblées, Caudron-Renault à Courbevoie, Hispano-Suiza à Asnières et une nouvelle fois Renault à Billancourt. Avec des cibles aussi réduites et une précision plus qu'aléatoire, les erreurs sont nombreuses, et plusieurs dizaines de victimes sont à déplorer à chaque fois au sein de la population civile. Même le Bomber Command, malgré ses éclaireurs *Pathfinder*, n'est pas à l'abri des ratés : les bombardiers britanniques attaquent l'usine Dunlop le 15 septembre 1943, provoquant quarante-quatre morts et une centaine de blessés. Le pire est cependant de très loin atteint le lendemain sur Nantes, lorsque 130 « forteresses volantes » larguent 1 540 projectiles sur les infrastructures portuaires comme sur tous les alentours. Les Nantais, totalement surpris, déplorent 1 100 tués et 1 200 blessés ; un bilan inédit, très largement supérieur aux raids jusque-là les plus sévères sur Billancourt et Rennes.

Le mois d'octobre tourne à la catastrophe pour la 8e US Air Force. Un second raid sur les usines de Schweinfurt provoque la destruction de soixante-dix-sept B-17 et endommage 121 autres machines, sur les 291 engagées. Il s'agit de la pire journée opérationnelle des USAAF, un *Black Thursday* qui marque durablement les mémoires. Schweinfurt signe le vaste décalage entre les doctrines du bombardement stratégique de l'entre-deux-guerres et les réalités opérationnelles. La faillite du renseignement allié, le manque d'entraînement des équipages à haute altitude, la vulnérabilité des bombardiers, la sous-estimation désastreuse des moyens défensifs adverses et l'absence de chasseur à long rayon d'action allié font partie des explications, constatées sur le terrain par les aviateurs. Ce décalage entre ambitions et réalité est illustré par l'un des nombreux témoignages de rescapés du *Black Thursday*. Herman Molen, tout juste âgé de 20 ans, fait partie des treize hommes d'équipage du B-17 « Katy », rattaché au 305e Bomb Group de la 8e US Air Force. Après avoir déjà survécu au premier raid désastreux sur Schweinfurt en août, il découvre l'objectif de mission au dernier moment : « Je ne connaissais pas l'équipage, je ne les avais jamais rencontrés. Après avoir découvert la nature de la mission seulement une fois à bord de l'avion, j'ai dit au navigateur : "Nous n'en reviendrons jamais"[12]. » À la verticale de l'objectif, les aviateurs sont attaqués par des essaims de chasseurs ennemis, armés de nouvelles roquettes air-air *Werfer-Granate* 21, permettant de tirer à 1 000 mètres de distance, donc hors de portée des mitrailleuses américaines, avec un effet dévastateur sur les *boxes* de bombardiers. En quelques minutes, le 305e Bomb Group perd treize de ses seize B-17 :

> Les Allemands nous tiraient des roquettes, à très longue distance ; ils étaient presque invisibles. Les chasseurs restaient éloignés de nos tourelles de mitrailleuses lourdes. Nous avons reçu deux projectiles directement dans le nez du bombardier. Le pilote a décidé de sauter, alors que le moteur numéro 2 était en feu, sans nous prévenir. Il a juste abandonné l'appareil. J'ai appelé le cockpit, où se trouvait toujours le copilote : il nous a dit de sauter. J'ai dû aider le navigateur qui était blessé à la jambe, et saignait abondamment. Nous avons tenté de sortir par l'ouverture à l'avant mais l'avion était en train de se démantibuler, le passage était impossible. Nous avons dû nous rabattre vers la soute à bombes, ouverte sur le vide. J'ai poussé le navigateur, qui était encore vivant ; le mitrailleur de queue a sauté à la suite, puis j'ai évacué à mon tour[13].

Les trois hommes sont faits prisonniers à leur arrivée au sol, et conduits à Francfort. Une issue relativement heureuse comparée aux 590 aviateurs américains pulvérisés par les roquettes, tués par les obus et les mitrailleuses des chasseurs, ou les éclats de la Flak. Ce raid et d'autres missions coûteuses la même semaine, notamment sur les usines aéronautiques de Ratisbonne, passent dans la mémoire sous l'appellation de *Black Week*, qui se solde 148 bombardiers perdus (13 % de la force d'attaque). Au total, le mois d'octobre 1943 est le plus meurtrier depuis l'entrée en guerre des États-Unis, avec 2 378 victimes, dont 853 tués, 239 blessés et 1 286 disparus. Face à de tels résultats, les raids des bombardiers dépassant les rayons d'action des chasseurs d'escorte sont suspendus *sine die*.

Au sol, les cibles visées sont sévèrement touchées. La première attaque sur Schweinfurt avait fait baisser la production de l'usine de 38 % ; la seconde, de 67 %. Toutefois l'utilisation des stocks, les commandes passées à la Suisse, le remplacement des paliers à roulements par des paliers lisses, et surtout l'arrêt des raids supprime tout impact durable. La faillite des services de renseignement américains est totale, à commencer par le COA, tablant sur des considérations théoriques trop éloignées des réalités de l'économie de guerre nazie, et par ailleurs englué dans les rivalités administratives.

Un autre constat, peut-être le plus édifiant, concerne le mythe des « forteresses volantes », définitivement brisé dans le sang. Les B-17, comme les B-24, se révèlent incapables de faire face à des attaques décidées de chasseurs ennemis. Nullement invulnérables, les Boeing doivent bénéficier de la protection de la chasse, qui est en 1943 incapable d'accompagner les bombardiers profondément sur l'Allemagne, faute d'autonomie suffisante.

À l'inverse de l'aviation américaine, le Bomber Command semble engranger les succès, avec en point d'orgue l'opération *Gomorrhe*, symbolisant la confiance retrouvée grâce au commandement d'Arthur

Harris. Quatre raids massifs menés entre le 28 juillet et le 3 août sur Hambourg avec l'emploi de bombes au phosphore ont réussi à déclencher de gigantesques tempêtes de feu, entretenues par la circulation d'air froid aspiré par le brasier. De 37 000 à 40 000 Allemands ont été brûlés vifs ou sont morts asphyxiés dans le pire bombardement aérien de la Seconde Guerre mondiale en Europe, lequel sera qualifié après guerre d'« Hiroshima allemand ». Si les Alliés sont restés de marbre face à la tragédie, les maîtres du Reich se sont émus, moins pour des questions morales qu'économiques, comme l'indique le ministre de l'Armement Albert Speer dans ses Mémoires :

> Les raids sur Hambourg m'avaient plongé dans une extrême inquiétude. À la séance de l'Office central de planification, qui se tint l'après-midi du 29 juillet, j'exposai mes craintes en ces termes : « Si les raids aériens se poursuivent avec la même ampleur qu'en ce moment, il ne faudra pas plus de douze semaines pour que nous soyons délivrés d'une foule de problèmes qui nous occupent encore actuellement » [...]. Trois jours plus tard, j'avertis Hitler que l'armement menaçait ruine et lui déclarai en même temps qu'il suffirait que six autres grandes villes subissent à leur tour des raids en série pour que ce soit l'effondrement de l'armement allemand. Il m'écouta sans réaction apparente : « Vous trouverez bien le moyen d'arranger cela ! »[14]

De fait, Speer parviendra sans grande difficulté à réorganiser le système productif du Reich, du moins pour ce qui concerne ses prérogatives (dont est exclue la Luftwaffe), alors que la chasse de nuit allemande se chargera de doucher les espérances d'Harris.

Pour l'heure, si les Britanniques peuvent encore espérer emporter la décision à eux seuls par le bombardement de nuit, les Américains déchantent. Rassurés par ses bombardements sur la France, qui n'ont généralement rencontré que peu d'opposition adverse, ils viennent d'avaliser leur incapacité à réaliser de grands raids diurnes sans escorte, face à une défense organisée. Loin d'être moribonde, la Luftwaffe constitue toujours à l'automne 1943 un adversaire qualitatif, maître de l'air sur le Reich.

Le dernier bastion de la Luftwaffe

Les aviateurs de la Luftwaffe, au moins pour les formations navigantes et en particulier la chasse, font preuve d'une pugnacité remarquable tout au long du conflit, même totalement dominés dans ses deux dernières années. Des résultats qui s'expliquent par la somme de plusieurs paramètres : la qualité de la formation avant et au début de la guerre, celle des appareils, l'expérience acquise depuis 1939 mais aussi, de manière moins saisissable, l'endoctrinement. La Luftwaffe est une arme jeune, officiellement révélée en 1935 malgré l'interdiction du traité de Versailles, qui contrairement aux traditions prussiennes séculaires profondément enracinées dans la Heer, fait preuve d'une vaste perméabilité aux théories nazies, à l'instar de la Kriegsmarine.

À l'origine, au début des années 1930, lors de sa reconstitution secrète, l'aviation allemande était pensée comme une force stratégique, sur le modèle des grandes nations industrielles, avec comme fer de lance des bombardiers lourds capables d'écraser l'ennemi sur son sol. Ces ambitions ont été revues à la baisse dès 1935, les coûts de développement de quadrimoteurs s'avérant sans rapport avec le potentiel limité de l'économie nazie. Cette même année, le *Luftwaffendienstvorschrift* 16 (« Manuel de l'Air, n° 16 ») fixe les priorités à atteindre en opérations : acquisition de la supériorité aérienne, appui des troupes au sol et sur mer, interdiction des lignes de communication, puis en dernier lieu bombardements stratégiques contre le potentiel militaire et civil de l'ennemi. La Luftwaffe représente ainsi un outil conçu pour appuyer l'offensive terrestre par le bombardement de théâtre (appui direct au contact de l'ennemi, indirect en retrait de la ligne de front et sur les lignes de communications) grâce à ses appareils tactiques (bombardiers en piqué Junkers Ju-87 Stuka, bombardiers moyens Heinkel He-111, Dornier Do-17 et Junkers Ju-88), tout en conservant la maîtrise aérienne avec ses chasseurs (monomoteur Messerschmitt Me-109 et bimoteur Me-110).

Au niveau tactique, les forces aériennes allemandes sont réunies en escadres (*Geschwader*) composées en fonction des spécialités, telles les escadres de chasse de jour (*Jagdgeschwader*) et de nuit (*Nachtjagdgeschwader*), les escadres de bombardement (*Kampfgeschwader*), d'appui au sol (*Schlachtgeschwader*) ou encore de transport (*Transportgeschwader*). Elles sont regroupées au sein de « flottes aériennes » (*Luftflotten*), rattachées à l'appui de corps d'armées et d'armées au début du conflit, par la suite assignées à des théâtres d'opérations. Au niveau stratégique, les unités navigantes, auxquelles s'ajoutent les masses de plus en plus nombreuses des formations terrestres de la Luftwaffe (divisions d'infanterie, de blindés et de DCA), dépendent de l'Oberkommando der Luftwaffe (OKL), l'une des trois constituantes de l'organisme suprême de commandement de l'armée allemande, l'Oberkommando der Wehrmacht (OKW). Créé en 1938 après la mise au pas de l'armée, ce dernier est commandé par Wilhelm Keitel, surnommé *Lakai* (« Laquais »), qui de fait enregistre docilement la volonté du Führer.

La doctrine pragmatique de la Luftwaffe, l'entraînement poussé et l'expérience glanée lors de la guerre d'Espagne assurent des succès écrasants de 1939 à 1942, face à des adversaires dépassés numériquement et/ou qualitativement (Pologne en 1939, France en 1940, Yougoslavie et Grèce en 1941, URSS en 1941 et 1942). L'aviation allemande demeure toutefois limitée, à la fois en termes de moyens et de potentiel. Deux alertes sérieuses en 1940 mettent en lumière ces failles, lors de l'évacuation alliée de Dunkerque en juin 1940, où la Luftwaffe ne peut ni empêcher le rembarquement allié ni conquérir la supériorité aérienne face à la détermination de la Royal Air Force, puis lors de la bataille d'Angleterre au cours de l'été suivant. Les chasseurs Me-109, victimes d'une autonomie limitée – la Jagdwaffe, tout comme l'aviation américaine à cette époque, ne possède aucun chasseur à long rayon d'action, faute d'utilité avérée –, ne peuvent conquérir la supériorité aérienne face à des Spitfire au moins aussi performants. Faute de couverture, les modestes bombardiers en piqué et bimoteurs allemands sont taillés en pièces lors des opérations de jour. Faute également de quadrimoteurs opérationnels, le *Blitz* nocturne engagé à partir de septembre 1940 n'apporte aucun résultat stratégique, à part accumuler les ruines sur les grandes villes britanniques sans nuire sérieusement à l'industrie militaire, tout en renforçant l'esprit de résistance britannique, contrairement à ce qui était attendu.

L'échec de la bataille d'Angleterre trouve aussi des justifications dans l'ingérence du haut commandement allemand, à commencer par le chef de l'OKL, le Reichmarschall Hermann Göring. Pilote de chasse lors de la Première Guerre mondiale, compagnon de route du nazisme, ministre-président de Prusse, ministre sans portefeuille du très abstrait cabinet Hitler, maître des Chasses et des Forêts du Reich, le chef de la Luftwaffe est aussi, entre autres innombrables fonctions, responsable du « plan de Quatre Ans » supposé mener à bien l'autarcie qui solutionnerait idéalement les besoins jamais satisfaits du Reich. S'il ne connaît rien à l'économie – et s'en vante ouvertement –, Göring n'est pas non plus au fait de la conduite de la guerre aérienne, faute d'avoir jamais mis les pieds en école d'état-major, ou à défaut de disposer d'un quelconque talent. Surévaluant les capacités offensives de la Luftwaffe dans le but de fanfaronner auprès d'Hitler, il s'implique directement dans les batailles de Dunkerque et d'Angleterre, conduisant à deux reprises à l'échec. Jurant de se faire appeler « Hermann » si une seule bombe venait à tomber sur la capitale allemande, il se fait saluer par son prénom dès le mois d'août 1940 par les Berlinois goguenards, à l'issue des premiers raids de la RAF sur le Reich. Göring plonge progressivement dans la disgrâce, et aussi dans la dépendance à la morphine, souvenir des graves blessures reçues lors de l'échec du Putsch de la Brasserie en 1923[15]. Il s'implique de moins en moins dans la conduite des opérations, qu'il délaisse au chef d'état-major de la Luftwaffe depuis 1939, Hans Jeschonnek, plus réaliste, et aussi un nazi convaincu soucieux de plaire à Hitler. Ce dernier, de manière inversement proportionnelle à Göring, s'immisce de plus en plus dans la gestion opérationnelle du conflit à partir de 1941, après avoir fait une relative confiance initiale à ses généraux. Encore moins inspiré que son vieux compagnon de route sur l'art de la guerre aérienne, il sera, en proche compétition avec les Alliés, l'un des responsables de la défaite de l'aviation allemande.

L'année 1943 représente, pour la Luftwaffe, le long et difficile cheminement vers son premier point de rupture : l'abdication partielle de la supériorité aérienne au profit des Alliés. Le calvaire a dans les faits déjà commencé depuis l'invasion de l'URSS à l'été 1941, s'intensifiant dramatiquement avec la bataille de Stalingrad à l'hiver 1943. L'entêtement d'Hitler à ne pas vouloir laisser la 6e armée tenter d'échapper à l'encerclement impose à l'aviation de transport des rotations sans répit pour assurer le ravitaillement des 200 000 hommes encerclés, ce dont elle n'est pas capable. Le 2 février 1943, lorsque le Generalfeldmarshall Friedrich von Paulus dépose les armes – une première dans l'histoire militaire allemande –, 495 appareils de transport ont été perdus. Trois mois plus tard, le nouvel acharnement d'Hitler de vouloir maintenir un glacis défensif en Tunisie provoque les mêmes conséquences. L'aviation de transport continue à creuser son tombeau, avec au total 336 avions supplémentaires perdus à la chute de Tunis le 15 mai.

L'été 1943 correspond à un gigantesque effort aérien pour tenter de renverser le sort des armes, à la fois sur le front de l'Est et sur le théâtre méditerranéen. Au cours de la plus grande bataille de la Seconde Guerre mondiale à Koursk, où l'armée allemande échoue dans sa dernière grande offensive stratégique à l'Est, la Luftwaffe parvient à aligner près de 2 000 appareils et réalise 3 000 sorties le 5 juillet, premier jour de l'offensive, abattant 367 appareils contre 56 perdus. La Jagdwaffe malmène tout au long de la bataille l'aviation soviétique, le talon d'Achille de l'Armée rouge, sans pour autant remporter la supériorité aérienne face à la masse gigantesque de ses 3 600 adversaires. L'aviation de bombardement tente de répondre aux trop nombreuses sollicitations des unités blindées, mais l'attrition finit par peser lourd sur les aviateurs allemands effectuant jusqu'à six missions par jour. De nombreux vétérans disparaissent, tels le chasseur Edmund Rossman aux quatre-vingt-treize victoires, et les deux pilotes de Stuka Karl Fitzner et Bernhard Wutka, aux 600 missions aériennes chacun ; des pertes irremplaçables à ce stade de la guerre. La Luftwaffe laisse dans la bataille 1 030 appareils, dont 351 chasseurs, 273 bombardiers et 202 bombardiers en piqué. L'offensive est stoppée peu après le débarquement allié en Sicile, où s'effectue en parallèle la plus grande bataille aérienne du théâtre méditerranéen.

À l'issue de la perte de l'Afrique du Nord en mai 1943, Hitler impose de défendre la Sicile, attaquée par les Alliés en juillet, puis l'Italie du Sud en septembre. Les combats aériens pour la maîtrise du ciel se soldent par une nouvelle hécatombe, avec 711 appareils perdus en juillet, et 321 en août. Au total, la Luftwaffe laisse au cours de ces deux mois et sur tous les théâtres 3 213 avions, soit la moitié de son potentiel, sans pour autant repousser les offensives alliées et soviétiques. Une hécatombe impossible à recouvrir, qui impose une concentration des moyens restants sur l'Allemagne, où l'offensive aérienne combinée monte en puissance. La défense intérieure devient dès lors la priorité jusqu'à la fin du conflit, aussi bien par nécessité que par défaut. Dès l'automne 1943, les Alliés et les Soviétiques possèdent définitivement la supériorité aérienne stratégique sur les glacis du Reich : l'Europe de l'Ouest, la Méditerranée et le front de l'Est.

Or la défense du Reich n'a pas toujours fait partie des priorités de la Luftwaffe, loin de là : les Alliés n'étaient à l'origine pas censés venir inquiéter les villes allemandes, comme le reflète la promesse caduque d'« Hermann ». Passé le choc psychologique des premiers bombardements de la RAF en 1940, cependant, l'année suivante n'apporte que des raids nocturnes, le plus souvent inefficaces et sans impact sur l'économie de guerre, comme s'en rendent finalement compte les Britanniques à l'été 1941. La montée en puissance subséquente et l'arrivée d'Arthur Harris à la tête du Bomber Command au début de 1942 font lentement monter la pression, au demeurant efficacement jugulée par la « ligne Kammhuber », du nom du chef de la chasse de nuit allemande, le General der Flieger Josef Kammhuber. Cette appellation officieuse donnée par les Britanniques désigne un habile système défensif composé d'une chaîne de radars disposés dans toute l'Europe de l'Ouest, capables de détecter un bombardier jusqu'à 100 kilomètres. Face au manque de pilotes issus de la chasse de nuit, imposant des compétences au-dessus de la moyenne, et pour autant en proie à une forte attrition du fait des accidents, une nouvelle tactique est mise en place par l'Oberst Hajo Herrmann, qui succède au General der Flieger Kammhuber au début de l'automne 1943. Des unités *ad hoc* de chasseurs de jour monomoteurs sont créées pour servir la nuit tombée, en étant guidés sur cible par des projecteurs au sol. La technique, baptisée *Wilde Sau* (« sanglier sauvage »), est économique et efficace, bien qu'imposant une bonne synchronisation. Le système défensif nocturne se renforce encore à l'automne 1943 avec l'entrée en service des radars légers FuG 220 *Lichtenstein*, embarqués sur les chasseurs lourds, et insensibles aux contre-mesures alliées, telles les bandelettes en aluminium *Windows*, destinées à simuler des raids massifs de bombardiers sur les écrans radars. Ce dispositif, nommé *Zahme Sau* (« sanglier apprivoisé »), améliore considérablement le système défensif de la ligne « Kammhuber ». Une fois l'attaquant repéré par les radars sol, les contrôleurs se contentent de diriger les défenseurs vers la zone d'interception calculée, où les radars des chasseurs lourds prennent le relais pour une attaque dans l'obscurité, sans avoir recours aux projecteurs indiscrets.

Au cours de la même période entre également en service une arme redoutable, le *Schräge Musik* (« musique bizarre », en référence au jazz). Il s'agit d'un affût double de canons de 20 ou 30 mm monté pratiquement à la verticale sur le dos des chasseurs lourds dotés de radars embarqués, le plus souvent des Me-110, Ju-88, He-219 et Do-217. Les appareils viennent se positionner sous les bombardiers britanniques, pour la plupart démunis de tourelles de mitrailleuses ventrales, jugées inutiles contrairement aux Boeing américains. Employé pour la première fois à Peenemünde dans la nuit du 17 au 18 août 1943, le *Schräge Musik* se révèle létal. Le Bomber Command engage cette nuit-là 596 appareils sur une base secrète de la mer Baltique, utilisée pour terminer la mise au point des nouveaux missiles V2. Les bombardiers trouvent leur cible à la faveur de la pleine lune, détruisant une partie des installations et massacrant 500 à 600 travailleurs étrangers dépourvus d'abris antiaériens. Le programme des armes V est effectivement repoussé de plusieurs mois, mais le succès est lourdement payé de quarante avions perdus (6,7 %) du fait des *Wilde Sau* et des *Zahme Sau*, pourtant tardivement arrivées sur zone en fin de raid. À la fin de l'année 1943, la chasse nocturne représente le fer de lance de la défense du Reich, susceptible de sérieusement inquiéter le Bomber Command.

La menace des bombardements alliés sur le Reich commence réellement à être prise au sérieux au début de l'année 1943, lors du déclenchement officiel de la *Combined Bombing Offensive* et la montée en puissance de l'aviation américaine. Pressé d'unifier le commandement de la chasse, Göring refuse, fidèle à la politique administrative nazie de diviser pour mieux contrôler, aux conséquences désastreuses. Deux organisations coexistent donc pour faire face à l'offensive alliée, avec la défense de Berlin et du nord de l'Allemagne confiée au *Luftwaffenbefehlshaber Mitte* (commandement de la Luftwaffe – Centre du Reich) et l'Europe de l'Ouest dévolu à la Luftflotte 3. Peu à peu vidée de sa substance au profit de la défense du Reich comme tous les autres théâtres d'opérations extérieurs, cette dernière devra pourtant faire face à l'invasion alliée en France.

La défense de jour pose un problème résolument différent au General der Flieger Adolf Galland, inspecteur de la chasse au franc-parler respecté par Hitler. Les premiers raids américains sur le Reich au printemps 1943 sont menés uniquement par beau temps, facilitant la détection et l'interception par les chasseurs allemands, avant l'entrée en service à l'automne du radar H2S permettant de cibler par mauvais temps. La principale difficulté consiste à s'attaquer aux bombardiers, autrement mieux défendus que les appareils britanniques grâce à leurs mitrailleuses de 12,7 mm, et répartis en formations serrées. La parade implique de s'attaquer à la fois à l'escorte des chasseurs américains, P-47 et P-38, afin de la divertir, pendant qu'une autre force se concentre sur les bombardiers. Un système imposant une lourde mobilisation de moyens, comme évoqué par Galland dans ses Mémoires :

> En général, la formation de combat comprenait un groupe d'attaque et deux groupes d'accompagnement. Le groupe d'attaque devait s'occuper des bombardiers ennemis, tandis que les groupes d'accompagnement fournissaient une sorte d'escorte de chasse contre les chasseurs ennemis, qui étaient plusieurs fois supérieurs en nombre. Ces formations de combat étaient une solution de fortune que nous avait imposée la supériorité de l'ennemi, et elle était très loin d'être idéale. Tout de même, elle satisfaisait à l'exigence, que j'exprimais avec insistance, relative à la constitution de masses importantes dans les limites du possible. Cependant, d'autres défauts apparurent bientôt. C'est ainsi que les formations de combat devinrent des structures lourdes, auxquelles il fallait beaucoup plus de temps pour se rassembler et pour gagner l'altitude de combat, qu'aux groupes de chasse isolés. Surtout, l'adoption de cette tactique signifiait que nous écartions la loi fondamentale du pilote de chasse : combattre toujours et partout de manière offensive. Les formations de combat se comportaient de manière défensive, conformément aux ordres, face à l'escorte américaine. Elles perdirent ainsi l'initiative et facilitèrent à l'adversaire le passage décisif d'une mission purement défensive de l'escorte à l'action offensive. Les conséquences furent catastrophiques car seul celui qui attaque a l'avantage en tant que chasseur. Nos pertes augmentèrent inexorablement. Ainsi réduites à la défensive, nos unités oublièrent peu à peu comment se pratiquait le combat chasseur contre chasseur[16].

Outre ces constats réalistes, Galland se montre quelque peu oublieux de sa part de responsabilité dans les difficultés de la Luftwaffe, en militant en parallèle activement pour renforcer de manière désastreuse le théâtre méditerranéen et, partant, en ne percevant pas l'étendue de la menace sur le Reich. Certes, l'été et l'automne 1943 amènent les impressionnants succès défensifs de Schweinfurt, mais en des circonstances bien particulières, et limitées dans le temps. Eaker désirant s'affranchir des chasseurs d'escorte pour attaquer le centre de l'Allemagne, les Allemands saisissent efficacement l'occasion de concentrer leurs moyens uniquement sur les bombardiers. Pour échapper au feu serré des mitrailleuses défensives, de nouveaux systèmes d'armes sont montés sur les chasseurs lourds, et notamment des roquettes air-air qui permettent d'engager le feu hors de portée, et de briser les formations. Les chasseurs monomoteurs reçoivent des canons de 20 et 30 mm supplémentaires sous les ailes, assurant une puissance de feu dévastatrice. Ils interviennent à la suite des chasseurs lourds, opérant de très brèves passes offensives sur les bombardiers désorganisés et isolés. Une technique qui permet de tailler en pièces les rêves d'Eaker et la doctrine américaine de l'entre-deux-guerres, mais uniquement valable par défaut de parade adverse. En effet, les chasseurs allemands, surchargés d'armes et privés de leur manœuvrabilité, ne feraient pas le poids face aux P-47 et P-38. L'efficacité défensive allemande ne repose ainsi que sur la seule absence temporaire de chasseur à long rayon d'action allié.

Les victoires de jour de la chasse allemande en 1943 demeurent ainsi en bonne partie illusoires, et sont par ailleurs payées à un prix prohibitif. La Jagdwaffe perd 335 chasseurs contre les Américains en juillet (18 % de son potentiel) et 334 en août, dont 248 monomoteurs (16 %) et quatre-vingt-six bimoteurs (12 %). Même obtenue uniquement contre les bombardiers, la victoire coûte très cher, comme lors du second raid sur Schweinfurt en octobre, prélevant encore quarante-trois chasseurs.

La solution consiste à injecter toujours davantage de nouvelles unités rappelées des autres fronts, et à y perdre définitivement la supériorité aérienne. C'est par exemple le cas du IIIe *Gruppe* de la *Geschwader Udet*, arrivé du front de l'Est le 2 août. Bien que nullement préparée à affronter des quadrimoteurs stratégiques, à peu près inexistants dans l'arsenal soviétique, l'unité est déclarée apte à sa nouvelle mission en quatre jours et mène sa première opération. Même cet afflux en catastrophe ne suffit pas, imposant de prélever 200 chasseurs nocturnes qui ont pourtant fort à faire face au Bomber Command britannique. Les effectifs totaux de la défense du Reich progressent ainsi de 600 chasseurs au printemps à 1 000 en octobre. Un pis-aller, auquel le chef d'état-major de Göring, Hans Jeschonnek, n'est pas dupe. Si les batailles de Peenemünde et Schweinfurt sont présentées comme des victoires retentissantes par un Reichmarschall pour l'occasion brièvement ragaillardi, dans les faits le programme V2 subit un fort retard, et les usines de roulements à billes sont durement touchées. Laminé par quatre années interrompues d'opérations aériennes, démoralisé par un supérieur pour le moins défaillant, et aussi en partie responsable des erreurs de commandement, Jeschonnek se tire une balle dans la tête le 18 août 1943. Il est remplacé par le discret General der Flieger Günther Korten, largement effacé par l'ascendance montante de Galland, qui mènera la bataille finale contre les Alliés.

Si la Luftwaffe demeure un adversaire redoutable et redouté à l'automne 1943, la raison ne repose pas seulement sur la doctrine défensive et l'habileté d'un noyau encore conséquent de pilotes éprouvés, mais aussi sur la capacité des usines allemandes à produire des appareils efficaces, et en masse. Dans ses Mémoires publiés en 1969, Albert

Speer a réussi la double performance non seulement d'effacer sa participation aux crimes de guerre nazis mais aussi à s'ériger en *deus ex machina* du « miracle des armements », permettant pratiquement à lui seul de porter et décupler l'effort de guerre du Reich. Une affirmation couramment reprise jusqu'au siècle suivant, avant d'être largement tempérée par l'historien de l'économie Adam Tooze[17]. En tant que ministre de l'Armement et des Munitions du Reich, Speer développe son emprise au fil du conflit sur la plupart des secteurs économiques, mais la production aérienne lui échappe jusqu'à l'été 1944.

Le grand maître de l'industrie aéronautique est le Generalfeldmarshall Erhard Milch, auparavant inspecteur de la Luftwaffe depuis le début du conflit. À sa prise de fonction en avril 1942, il s'emploie à rationaliser une production jusqu'ici minée par les trop nombreux projets, et à mettre au pas les arrangements financiers des trois grandes satrapies de l'aéronautique allemande, Messerschmitt, Junkers et Heinkel. Après avoir intégré ces constructeurs sous le contrôle direct du ministère de l'Air, il fait stopper les développements d'appareils jugés inutiles, tel le quadrimoteur Heinkel-177, un gouffre financier incapable de voler sans prendre feu. Les efforts se reportent dès lors sur la masse qualitative, c'est-à-dire sur la production d'appareils à l'efficacité déjà constatée en opérations. L'uniformisation des modèles et la standardisation des usines se traduisent par des performances en très nette hausse, avec un doublement de la production entre l'hiver 1942 et l'été 1943, pour atteindre 1 323 chasseurs assemblés en février 1944, au moment de la grande offensive aérienne alliée. Et il ne s'agit là que du début de l'explosion de la production aéronautique à venir, jusqu'à l'été 1944.

Les appareils produits permettent certes de compenser les pertes au front, mais la politique suivie par Milch se révèle à double tranchant. Si parmi les quelques chasseurs sortis en masse certains sont des modèles nouveaux, tel le très efficace Fw-190 engagé en 1942, d'autres en effet constituent des améliorations d'appareils en service depuis les années 1940. C'est notamment le cas du Messerschmitt 109, colonne vertébrale de la chasse allemande pendant toute la Seconde Guerre mondiale, la production du Fw-190 ne suffisant pas à le remplacer. Redoutable dans les premières campagnes et jusqu'en 1943, le Me-109 souffre la comparaison avec les nouveaux appareils alliés entrant en service cette année-là. Il est en particulier inférieur à son adversaire direct en 1944, le P-51, moins rapide (690 km/h contre 740 km/h), moins manœuvrable et plus fragile. Ses multiples améliorations se traduisent en nombreuses sous-séries (Me-109 B, C, E, G et K), le maintenant *nolens volens* en opérations jusqu'à la fin de la guerre, avec au total près de 34 000 appareils construits – et le statut de chasseur le plus produit dans l'histoire de l'aéronautique.

La production suffisante d'appareils pour compenser les pertes est une chose, la capacité à trouver des hommes pour les piloter en est une autre – le plus grave problème pour l'aviation allemande, *in fine* fatal. Si la bataille de Koursk au cours de l'été 1943 s'est soldée par une défaite et de lourdes pertes pour la Luftwaffe, les victoires à l'automne dans la mer Égée contre les Britanniques et sur le territoire du Reich contre les Américains n'ont fait qu'aggraver le bilan, éclusant un peu plus le réservoir déjà asséché des pilotes expérimentés. Ainsi, sur le long terme stratégique, les Allemands ne peuvent dans l'ensemble rien espérer face au raz-de-marée à venir. Pour les Américains, Schweinfurt ne constitue pas autre chose qu'une défaite tactique, puisque le temps joue en leur faveur grâce à l'afflux de matériels et d'équipages au Royaume-Uni. La contre-attaque alliée va frapper à pleine puissance au début de l'année 1944, avec cette fois-ci les bons moyens et les bonnes tactiques. Elle ne peut qu'être sanglante, face au noyau encore consistant d'as de la Luftwaffe. Sauf arme miracle en face, toutefois, la pression ne peut que s'avérer fatale pour la chasse de jour allemande.

4

Opération *Argument*, une triple nécessité

Pour les chefs de l'aviation américaine, le mois d'octobre 1943 représente l'acmé d'une crise latente, dont les racines plongent jusqu'aux premières missions des USAAF sur la France un peu plus d'un an plus tôt. La *Black Week* d'octobre remet-elle en cause les ambitions des chefs de l'aviation ? Nullement. Il s'agit plutôt d'un choc psychologique, certes violent, qui induit une réaction extrêmement rapide en vue de résoudre le problème, l'objectif final demeurant de briser l'économie ennemie. Le professeur britannique Solly Zuckerman, conseiller scientifique d'Eisenhower, est présent au QG de Spaatz à La Marsa en Tunisie lorsque tombe la nouvelle du désastre de Schweinfurt :

> Même si l'on savait qu'un grand nombre d'appareils avaient été abattus, la situation générale n'était pas immédiatement claire [...] Spaatz fumait les cigarettes à la chaîne, et Eaker roulait continuellement un cigare d'un coin de sa bouche à l'autre. Il y avait de la tension dans l'air et très peu de paroles excepté pour une partie de poker en cours. [Le téléphone sonna pour] annoncer que la majorité des bombardiers qui avaient survécu étaient

de nouveau opérationnels. Spaatz et Eaker levèrent la tête, impassibles, puis se replongèrent dans le jeu. Je voyais qu'ils pensaient à leur impuissance à percer les défenses allemandes, et à tous les jeunes aviateurs perdus. Mais j'étais aussi certain que tous les deux étaient déterminés à poursuivre le bombardement stratégique de jour. C'était la doctrine qu'ils avaient contribué à établir. C'était, pour eux, la seule façon de vaincre l'Allemagne[1].

Le répit accordé par la météorologie hivernale est mis à profit pour trancher le nœud gordien imposé par la Luftwaffe, avec à la base le principe incontournable de l'acquisition de la supériorité aérienne. Pour espérer reprendre les raids à grande échelle sur les centres névralgiques du Reich, il faut battre la chasse ennemie dans son ciel, en lui opposant les meilleurs chasseurs alliés disponibles. Certes, encore faudrait-il disposer d'un appareil capable d'accompagner les bombardiers jusqu'à Berlin.

Cette nécessité stratégique se double d'une autre, psychologique, probablement au moins aussi importante. Les généraux Arnold et Spaatz se doivent en effet de prouver à tous, ennemis, alliés et, peut-être surtout, à eux-mêmes, que l'aviation américaine est capable de s'imposer par sa seule puissance, et de mériter le Graal miroité de l'indépendance par rapport aux forces terrestres et maritimes, à l'issue de la victoire. Il lui faut donc une démonstration de force unique dans la jeune histoire de la guerre aérienne pour conjurer le traumatisme de la *Black Week*. Ce sera une *Big Week*, qui rétablira les ambitions malmenées.

L'antidote : le chasseur P-51 Mustang

Depuis le début des raids américains en août 1942, l'incertitude sur la réelle efficacité de la doctrine américaine planait, face à un adversaire qui réservait ses coups sur le Reich. Malgré l'ardeur et l'optimisme déployés sans relâche par Eaker, ce dernier finit par admettre l'évidence face aux demandes d'explications d'Arnold à l'issue de Schweinfurt : « Il n'y a aucune raison de penser que la Luftwaffe est sur le point de s'effondrer[2]. » La 8e US Air Force s'est révélée incapable de subjuguer l'économie de guerre nazie, l'objectif pourtant prêché par le plan AWPD-42. Pire, la supériorité aérienne n'a jamais été atteinte, l'aviation allemande imposant sa loi sur le Reich. Au cours de l'hiver 1944, le pragmatisme prend définitivement le pas sur les conceptions théoriques du bombardement stratégique développées avant guerre, au regard des retours d'expérience sur le Reich. Avant même de commencer à s'en prendre efficacement au système économique nazi selon la directive *Pointblank*, il faut désormais s'affranchir du premier opposant à ce projet, la Luftwaffe, et conquérir cette supériorité dans les airs. Il s'agit là d'un retour aux bases de la puissance aérienne, pourtant ironiquement prêchées en leur temps par Giulio Douhet, Billy Mitchell et Hugh Trenchard, mais quelque peu oubliées dans l'euphorie des premiers résultats victorieux. L'objectif immédiat n'est plus de bombarder pour vaincre, mais de battre l'aviation allemande.

Pour contrer les chasseurs de Göring, les mitrailleuses lourdes défensives des bombardiers ne suffisent pas : il faut des chasseurs à long rayon d'action, capables d'effectuer l'aller-retour, et non plus d'accompagner les bombardiers sur la moitié du chemin. Un retour aux principes prêchés dans le désert de Maxwell par Claire Chennault dans les années 1930, et qui avait à l'époque échoué contre le lobby de la « Bomber Mafia ». Arnold le dit sans détour dans un mémorandum à ses généraux : il relève de « l'absolue nécessité de construire un chasseur capable d'aller et de revenir avec nos bombardiers[3] ». Dans les faits, les Alliés disposaient bel et bien d'un tel appareil au début de l'automne 1943, sans vraiment en mesurer l'utilité réelle jusqu'à Schweinfurt.

Le désir de posséder un chasseur à long rayon d'action au début de la guerre provient des Britanniques, les Américains se satisfaisant de leur modeste P-40, qui n'était certes pas destiné à accompagner les supposées invincibles « forteresses volantes ». Au printemps 1940, le maréchal de l'Air Hugh Dowding, chef de la chasse de la RAF, envoie une équipe acquérir de nouveaux appareils aux États-Unis, les usines britanniques tournant déjà à plein rendement pour produire le Spitfire. Le P-40, entré en service l'année précédente, les intéresse par ses qualités d'appui feu et sa rapidité à basse altitude. La Curtiss Aircraft Company, qui produit l'appareil, ne peut toutefois s'engager dans une commande avant la fin de l'année, accaparée par la fourniture de l'armée américaine. La délégation de Dowding se tourne alors vers North American Aviation, dont le président, James Kindleberger, rejette la proposition de produire des P-40 d'un autre constructeur, mais propose plutôt de concevoir directement un nouveau chasseur. Il possède justement depuis le mois de février des plans d'un modèle créé, ironie de l'histoire, par l'ingénieur allemand Edgar Schmued, expatrié en Amérique du Sud à l'issue de la Première Guerre mondiale.

Après négociations, un contrat pour 320 chasseurs est signé le 29 mai 1940. North American Aviation réussit le tour de force de sortir de son usine Inglewood en Californie un prototype en seulement 120 jours, en octobre 1940, aussitôt baptisé *Mustang* par les Britanniques. Les premiers vols d'essai révèlent un chasseur stable, aisé à piloter, et 40 km/h plus rapide que le P-40, avec son moteur Allison V-1710 de 1 150 chevaux. Son train espacé l'autorise à de meilleurs atterrissages que le Spitfire, sujet aux retournements. Son aérodynamisme remarquable limite les prises d'air. Ravis, les Britanniques en commandent 300 exemplaires supplémentaires ; le premier Mustang parvient en Angleterre le 1er novembre 1941. Les pilotes d'essai poussent le nouvel appareil à 620 km/h de vitesse maximale, et jusqu'à 800 en piqué. Le moteur Allison se montre en revanche à la peine à haute altitude, perdant ses performances au-dessus de 3 600 mètres, et ne présentant de fait guère d'intérêt comme chasseur d'interception et d'escorte. La RAF l'utilise néanmoins jusqu'à la fin de la guerre comme appareil de reconnaissance et d'appui au sol.

L'armée américaine se contente pour sa part de stocker quelques prototypes sous le nom « XP 51 », ne voyant pas d'intérêt à divertir la réalisation des P-40, selon la doctrine en vigueur. Le séisme Pearl Harbor lance toutefois en urgence la production au début de 1942. Les mêmes tests tardifs que ceux menés par les Britanniques aboutissent aux mêmes conclusions : l'appareil, baptisé « F-6A *Apache* » (le surnom ne reste pas, les Américains adoptant l'appellation britannique de *Mustang*) est passé dans la reconnaissance, et la version A-36 utilisée dans l'attaque au sol avec succès à partir du printemps 1943.

Si le Mustang semble destiné à croiser le fer plutôt contre la Flak qu'avec la Luftwaffe, l'initiative d'un aviateur anglais va profondément influer sur la fortune des USAAF. À l'issue de l'entrée en service du nouvel appareil dans la RAF, le pilote d'essai de Rolls-Royce Ronald Harker, familier des bonnes performances du Spitfire à haute altitude, suggère au printemps 1942 de remplacer le moteur Allison américain par le Merlin britannique. Peu après, Tommy Hitchcock, attaché pour l'air à l'ambassade américaine de Londres, propose la même initiative à Spaatz, qui en tant qu'ancien chasseur durant la Première Guerre mondiale et partisan pondéré du bombardement stratégique, accepte aussitôt. Produit sous licence par l'industriel américain Packard, le Merlin fait merveille à bord du Mustang, maximisant l'efficacité du chasseur au-dessus de 6 000 mètres, notamment grâce à un ventilateur à deux étages s'enclenchant automatiquement pour fournir le refroidissement nécessaire à très haute altitude. Le P-51 Mustang vole le 30 novembre 1942, et entre en production le 28 décembre avec au total 2 000 exemplaires produits. Il se montre plus rapide en vitesse maximale et en piqué que le Spitfire, ce dernier étant certes plus manœuvrable et grimpant plus vite. Mais le premier possède l'atout qui faisait défaut aux USAAF : il s'agit d'un vrai chasseur d'escorte à long rayon d'action. Conçu comme chasseur de défense nationale, le Spitfire n'emporte que peu de carburant, et ne possède qu'une place restreinte pour un bidon supplémentaire, cette addition lui conférant seulement deux heures de vol et 240 kilomètres de rayon d'action. Le Mustang dépasse les quatre heures et les 760 kilomètres, dépassant également les 370 kilomètres du rayon d'action du P-47, jusqu'ici principal chasseur d'escorte des USAAF. Le moteur Merlin se montre enfin beaucoup plus économique, avec seulement 242 litres consommés à l'heure, contre 374 pour le Spitfire et 529 engloutis par l'énorme Pratt & Whitney en étoile du P-47. Satisfait d'obtenir aussi rapidement un chasseur à long rayon d'action, Arnold ordonne le 30 octobre 1943 de diriger tous les nouveaux P-51 et P-38 directement à la 8e US Air Force au Royaume-Uni, la campagne d'Italie n'étant plus considérée comme une priorité.

Aussi efficace soit-il, cela dit, le P-51B Mustang ne représente pas en lui-même la solution définitive aux maux des USAAF. Comme les autres chasseurs alliés en service, le nouvel appareil doit compter sur l'emport de bidons d'essence externes et largables (*drop tank*) pour décupler son rayon d'action, au moins pour atteindre le centre de l'Allemagne, voire Berlin. Là aussi, les Britanniques sont à l'origine d'une invention décisive, bien moins connue que le Mustang – et certes moins remarquable en apparence. Face à la nécessité d'accroître le rayon d'action de son Spitfire, la RAF développe au printemps 1943 un réservoir de conception nouvelle, d'une contenance de 408 litres (108-gallon). En forme de cigare, il est composé de trois sections, nez, queue et centre, toutes assemblées à l'aide d'une colle résorcine renforcée de papier kraft, un adhésif imperméable et résistant aux ultraviolets, au chaud et au froid – idéal pour tous les théâtres d'opérations. Ce papier vient enrouler un cylindre en bois pour la partie centrale principale, les deux autres étant prédécoupées à la main. Des chicanes en contreplaqué permettent d'éviter les va-et-vient du carburant en vol, qui nuiraient gravement à l'assise de l'avion. Le tout est recouvert d'une couche d'aluminium légère. Afin de ne pas laisser le temps au carburant de dissoudre la colle, l'alimentation est effectuée au dernier moment. Le réservoir est jetable une fois épuisé, ou dès l'apparition de chasseurs ennemis. Contrairement aux autres modèles en aluminium recyclables, les Allemands ne peuvent rien obtenir de ce matériel, tout en étant contraints d'informer les civils qu'il ne s'agit pas d'une bombe, du fait de sa forme équivoque.

Le réservoir de 408 litres entre en service au mois d'août sur le P-47, permettant d'augmenter son rayon d'action de 60 %, soit 600 kilomètres, sans toutefois suffire pour atteindre le centre du Reich. La production des Mustang augmente après les désastres automnaux, à l'usine d'Inglewood en Californie (P-51 B) et de Dallas dans le Texas (P-51 C) : au total 14 500 seront produits à la fin de la guerre. La visibilité est toutefois réduite par la forme de l'appareil, comme sur le P-47 ; le cockpit de type *bird-cage* ne la facilite pas, poussant parfois à le remplacer par le *Malcolm hood* du Spitfire, en forme de bulle, offrant une meilleure visibilité vers l'arrière. Durant les neuf premiers mois de 1944, les versions identiques B et C du Mustang conquièrent la suprématie aérienne sur l'Europe, et non le plus célèbre P-51 D doté de son cockpit *Bubble* autorisant une vision à 360 degrés, arrivé tardivement à l'été – et le plus produit des versions (8 000).

L'ajout initial de deux petits bidons de 283 litres (75-gallon) permet au Mustang de dépasser Berlin en mars 1944, et d'atteindre un rayon d'action de plus de 1 000 kilomètres. L'installation de deux réservoirs de 408 litres propulse au printemps celui-ci à un total historique de 1 368 kilomètres, une prouesse aéronautique suffisante pour aller chasser l'ennemi jusqu'en Pologne occidentale. Toutefois, même s'il reste excellent dans l'appui au sol, le moteur sophistiqué du Mustang peut être mis hors d'état par une seule balle, limitant l'intérêt de ce type d'attaque, au demeurant efficacement assuré par le plus robuste P-47, par la suite au printemps 1944 en partie libéré de son rôle de chasse. Tout juste parvenus au Royaume-Uni, les nouveaux Mustang sont aussitôt poussés au combat.

Les revers subis sur l'Allemagne en octobre 1943 n'ont pas pour autant signé la fin des opérations des USAAF sur le Reich occidental. Les sorties se poursuivent au cours de l'hiver, de plus en plus massives, à portée toutefois des chasseurs d'escorte alliés. La 8e US Air Force développe ses attaques en novembre et décembre, lorsque la météo hivernale le permet, protégée par les P-47 et des P-38 dotés de réservoirs supplémentaires. Le P-51B mène sa première mission opérationnelle sur la France le 1er décembre 1943, au sein du 354e Group de la 9e US Air Force tactique, puis accompagne 649 B-17 et B-24 sur le port de Kiel le 13 décembre, raid au cours duquel seulement cinq bombardiers sont perdus. Le nouvel appareil prouve clairement sa supériorité sur les autres chasseurs alliés lors d'une mission sur Oschersleben le 11 janvier 1944, où 633 bombardiers sont escortés par 44 P-51 et 177 autres chasseurs P-47 et P-38. Malgré leur infériorité numérique, les P-51 revendiquent la majorité des trente-neuf appareils ennemis abattus.

La chute des pertes de bombardiers américains indique toute l'efficacité des chasseurs d'escorte, et l'incapacité de la Luftwaffe à s'opposer à ces raids. En janvier 1944, l'aviation américaine possède ainsi l'antidote pour régler le problème des grandes distances : un chasseur à long rayon d'action capable d'assurer la couverture jusqu'au cœur du Reich. Un avantage qui, certes, ne prodigue pas l'économie des batailles aériennes à venir, l'ennemi disposant pour l'heure de ressources toujours considérables en matière de chasse, bien qu'à la limite du point de rupture.

La supériorité aérienne reste pour l'heure à obtenir sur l'ensemble du Reich. Par ailleurs, les questions matérielles ne suffisent pas : il faut aussi un plan résolument pragmatique pour vaincre la Luftwaffe sur une période très courte, et changer les hommes aux commandes.

Les moyens : quatre armées aériennes

Du 28 novembre au 1er décembre 1943 se déroule la conférence « Eureka » à Téhéran, réunissant pour la première fois les « Trois Grands », Franklin Roosevelt, Winston Churchill et Joseph Staline. L'occasion de commencer à s'entendre sur l'après-Hitler et d'évoquer aussi bien les partages de zones d'occupation et d'influence en Europe, que, dans l'ordre des priorités, le débarquement allié en France. L'opération *Overlord* est définitivement validée pour le mois de mai 1944, en corrélation idéale avec un autre débarquement dans le sud de la France et une grande offensive soviétique sur le front Est.

Pour armer le commandement du nouveau dispositif interallié installé au Royaume-Uni, les chefs d'état-major combinés à Washington procèdent à un vaste basculement du centre de gravité des opérations. Le théâtre méditerranéen, prépondérant depuis l'automne 1942, devient secondaire au profit du Débarquement, qui draine avec lui la majeure partie des commandants en chefs expérimentés des campagnes de Tunisie, de Sicile et d'Italie. Dwight Eisenhower est ainsi nommé le 14 janvier 1944 à la tête de l'« état-major suprême des Forces expéditionnaires alliées » (Supreme Headquarters Allied Expeditionary Force, SHAEF). Le général britannique Montgomery, quant à lui, abandonne sa 8e armée rendue célèbre depuis la bataille d'El-Alamein pour superviser les forces terrestres d'*Overlord*, un choix *a minima* « acceptable » pour Eisenhower, augurant les rapports à venir parfois houleux entre les deux hommes. Ce dernier se montre en revanche sincèrement satisfait de la nomination de son adjoint Arthur Tedder en tant que vice-commandant suprême du SHAEF, par ailleurs amené à superviser les épineuses questions aériennes pour le Débarquement. En parallèle, les chefs d'état-major combinés autorisent la création des US Strategic Air Forces in Europe (USSTAF), organisme de contrôle de l'ensemble des forces aériennes américaines en Europe, sanctionnant la montée en puissance des USAAF. Il s'agit là de l'œuvre d'Arnold, longuement maturée à Washington en obtenant l'accord de Marshall et de Roosevelt. Les Britanniques, Harris et Portal en tête, avaient jusqu'ici tenté avec succès de retarder cette activation, conscients qu'ils seraient dépassés un jour ou l'autre par la machine de guerre américaine. De fait, passé le temps d'adaptation de l'industrie outre-Atlantique, les appareils commencent seulement à affluer en masse au Royaume-Uni à la fin de l'année 1943. Grâce à 67 030 appareils disponibles en janvier 1944, les USSTAF surpassent de loin toutes les autres armées aériennes du monde, alliées ou ennemies. Carl Spaatz est nommé à la tête de ce vaste ensemble, accompagnant le mouvement de bascule de théâtres d'opérations. Ira Eaker suit la trajectoire inverse, abandonnant la 8e US Air Force pour prendre la tête des forces aériennes alliées en Méditerranée. Une promotion apparente, mais l'intéressé n'est pas dupe : il paie le prix de l'échec de l'offensive aérienne américaine en 1943, ce qui lui vaut d'être relégué sur un théâtre secondaire – « Je me sens comme un joueur de baseball qui a été envoyé à la douche pendant un match de la série mondiale[4] », écrit-il, dépité.

Le commandement de la 8e US Air Force échoit à un autre arrivant de Méditerranée, probablement l'aviateur américain le plus célèbre à cette date, le général James « Jimmy » Doolittle. Homme énergique et de caractère affirmé, il est une figure médiatique internationale depuis le 18 avril 1942, date du « raid de Doolittle » qui a permis de réaliser la prouesse technique de faire décoller seize bombardiers moyens B-25 d'un porte-avions dans le Pacifique, et de mener un raid surprise sans espoir de retour sur Tokyo. Un succès retentissant de propagande quatre mois après Pearl Harbor, surtout, masquant l'absence d'impact économique de l'attaque et la perte de quasiment tous les appareils engagés… L'arrivée de Doolittle à la tête de la 8e US Air Force coïncide à la fois avec l'arrivée massive des bombardiers et l'entrée en service des Mustang. Partisan jadis isolé de l'usage des chasseurs à long rayon d'action, le général s'empresse de corriger une erreur commise par son prédécesseur. Eaker avait en effet insisté pour maintenir les chasseurs auprès des bombardiers jusqu'à la limite de leur rayon d'action, afin de protéger ceux-ci le plus longtemps possible, ce qui rendait inutiles leur rapidité et leur manœuvrabilité – un procédé identique à celui de la Luftwaffe durant la bataille d'Angleterre en 1940, avec les mêmes (mauvais) résultats. Son entêtement dans ce sens le conduisit jusqu'à limoger le chef de la chasse américaine en 1943, le général Frank Hunter. Son successeur, William E. Kepner, contraint de suivre la même logique, n'avait pas obtenu de meilleurs résultats. Désireux de profiter du formidable potentiel du P-51, Doolittle pour sa part ordonne le 21 janvier à Kepner de laisser une partie de l'escorte se détacher des bombardiers : « Le premier devoir de la 8e US Air Force est de détruire les chasseurs ennemis. Nous fournirons une escorte raisonnable pour les bombardiers, mais le gros des chasseurs s'en ira chasser l'Allemand. Éliminez-les du ciel, et écrasez-les au sol. Votre priorité première est de prendre l'offensive[5]. » Désormais, pour chaque mission, au moins une formation (*bouncing squadron*) sera libre d'aller chasser l'ennemi partout où il se trouve, à haute altitude ou au ras du sol sur ses aérodromes, avant même qu'il ne décolle à la rencontre des bombardiers. La flexibilité et l'adaptation de Doolittle, des vertus pas toujours courantes, sont saluées dans ses Mémoires par Eisenhower : « C'était une personnalité dynamique qui ne tarissait pas d'énergie. Un certain temps lui a été nécessaire pour accepter sa responsabilité de chef majeur des forces aériennes militaires américaines, ce qui excluait de piloter un chasseur face à l'ennemi. Mais il possédait la qualité sans prix d'apprendre de son expérience. Il devint l'un de nos meilleurs commandants[6]. »

L'organisme directionnel de Spaatz compte également la nouvelle 15e US Air Force stratégique installée sur les vastes aérodromes italiens de Foggia et Bari. Majoritairement composée de bombardiers lourds B-24, cette formation a été créée dans le but de cibler des zones initialement trop éloignées de la 8e US Air Force telles que le sud de l'Allemagne, l'Autriche, la Pologne et les Balkans. Elle offre également l'avantage de diviser la défense ennemie en attaquant de manière simultanée avec ladite 8e USAF, ou à tout le moins de suppléer cette dernière lors des longues périodes de mauvais temps sur l'Europe du Nord-Ouest. La 15e US Air Force est intégrée aux Mediterranean

Allied Air Forces (MAAF) commandées par Eaker, fraîchement muté – remercié – sur ce théâtre d'opérations.

La suite de l'organigramme de l'USSTAF se complique, et porte en germe les sérieuses discordes à venir entre Alliés. En vue de l'opération *Overlord*, le SHAEF d'Eisenhower dispose d'une « Force aérienne alliée expéditionnaire » (Allied Expeditionary Air Force, AEAF) créée spécifiquement pour l'occasion, et réunissant deux armées aériennes tactiques : la 9ᵉ US Air Force américaine du lieutenant général Lewis Brereton et la Second Tactical Air Force (2TAF) britannique du maréchal de l'Air Arthur Coningham. Ces formations, composées de chasseurs, chasseurs-bombardiers et bombardiers moyens, sont destinées à l'appui direct et indirect pour le débarquement de Normandie. La 9ᵉ US Air Force est rattachée administrativement à l'USSTAF de Spaatz, mais dépend opérationnellement de l'AEAF. Au 1ᵉʳ avril 1944, l'opération *Pointblank* dit en principe laisser place à la préparation directe du débarquement de Normandie. L'ensemble des armées aériennes alliées sera à cette date placé sous le contrôle du chef suprême Eisenhower et de son adjoint Arthur Tedder, également en charge de l'aviation alliée. La perte d'autonomie des armées aériennes, déjà difficile à admettre pour Spaatz, l'est encore davantage pour Harris. Mais il y a pire : en plus de devoir abdiquer provisoirement une partie de leur pouvoir, les chefs de l'air alliés vont devoir renoncer pendant tout le printemps à leur leitmotiv, bombarder le Reich, pour se concentrer sur l'Europe de l'Ouest, principalement la France et la Belgique. De quoi déclencher une crise sans précédent, voire une quasi-révolte, la fameuse « guerre des seigneurs ». Pour l'heure, en dépit de son rayon d'action limité au nord de la France, la Belgique et les Pays-Bas, la 9e US Air Force est susceptible de créer d'utiles diversions au profit de la 8e USAF.

Aux armées aériennes de l'USSTAF s'ajoute, de manière indépendante bien qu'en théorie intégrée selon le principe de la *Combined Bombing Offensive*, le Bomber Command britannique d'Arthur Harris. Dans les faits, ce dernier se désintéresse puissamment des cibles précises, censées constituer les « goulets d'étranglement » économiques poursuivis par les Américains, qu'il nomme ironiquement les « cibles panacées » (*panacea targets*). Dans sa perception de la guerre, seule l'*area bombing* des cités allemandes prodiguera la victoire finale. Près de deux ans après sa prise de commandement, il se sent suffisamment confiant pour lancer le 18 novembre 1943 la bataille aérienne de Berlin. Même si celle-ci s'étend à d'autres grandes villes allemandes (Mannheim, Stuttgart, Francfort, Nuremberg, Leipzig, Brunswick et notamment Schweinfurt), la capitale demeure l'objectif primordial, symbole du IIIe Reich, dont la destruction provoquera la chute du moral des civils puis celle du régime nazi. Très vite toutefois, les opérations sont gênées par la météorologie hivernale dantesque, les cibles étant constamment obstruées par le brouillard et la neige. Sur les 2 650 avions lancés sur Berlin durant l'hiver, seuls 400 distinguent les marqueurs lumineux lancés par les *Pathfinder*. Même de jour la vision est désastreuse : sur trente-sept sorties pour tenter de photographier les résultats de l'attaque, les Spitfire ne parviennent qu'à deux reprises à prendre des clichés à travers la couche nuageuse, lesquels ne font pas apparaître de dégâts comparables au bûcher d'Hambourg en juillet 1943. Mais les services de renseignement britanniques se sont mépris. Berlin n'est pas Hambourg : l'organisation urbaine de la capitale se révèle de nature bien différente, comptant de vastes artères espacées empêchant la formation de tempêtes de feu auto-alimentées, comme celles qui ont ravagé la grande cité portuaire. Pour autant, même si la ville n'est pas entièrement ravagée en quelques jours, les dégâts demeurent très lourds : 2 600 hectares sont pulvérisés à la fin de la bataille, et au moins 10 000 civils sont tués. Albert Speer, peu inquiété par l'objectif de ces frappes – assurément davantage moral qu'économique –, observe le drame tel Néron :

> Du haut de la tour de la Flak les raids sur Berlin offraient un spectacle dont le souvenir ne peut s'effacer et il fallait se rappeler le visage atroce de la réalité pour ne pas se laisser fasciner par cette vision […]. Dès que les avions faisaient demi-tour, je me rendais en auto dans les quartiers qui avaient été touchés et où se trouvaient d'importantes usines. Nous roulions dans des rues défoncées, remplies de décombres ; des maisons brûlaient, des sans-abri se tenaient, les uns assis, les autres debout, devant les décombres ; ici et là, des meubles et des effets, qu'ils avaient pu sauver, jonchaient les trottoirs ; la fumée, la suie, les flammes créaient une atmosphère sombre, irrespirable. Par moments, les gens étaient saisis de cette hilarité étrange, hystérique, qui s'observe souvent dans les catastrophes. Au-dessus de la ville, les fumées d'incendies formaient un énorme nuage qui avait bien 6 000 mètres d'épaisseur, de sorte qu'au beau milieu de la journée, ce lugubre spectacle était plongé dans l'obscurité […]. C'était une grandiose vision d'Apocalypse[7].

Les pertes britanniques, légères la première nuit du 18 au 19 novembre 1943 (2 %, soit neuf appareils sur 444), ne font qu'augmenter au cours des plus importants raids : 3,2 % (vingt-six sur 764) la nuit du 22 au 23 novembre, 5,2 % (vingt sur 383) la nuit du 23 au 24, 6,2 % (vingt-huit sur 443) la nuit du 26 au 27 et 8,7 % (quarante sur 458) la nuit du 2 au 3 décembre. La bataille de Berlin dégénère en guerre d'usure, laminant le Bomber Command, sans résultat probant. À son grand dépit, Harris sera rapidement forcé de collaborer avec l'aviation américaine pour espérer obtenir des résultats.

À la tête de son USSTAF, Spaatz est largement indépendant sur le théâtre européen, n'ayant de comptes à rendre qu'aux chefs d'état-major combinés à Washington, où figurent ses supérieurs directs Henry Arnold, chef des USAAF, et George Marshall, chef d'état-major de l'armée américaine. Outre la création des *bouncing squadrons* avec Doolittle, il s'emploie à corriger une autre erreur d'Eaker, qui s'évertuait à confier les rares et précieux P-51 à la 9e US Air Force tactique n'intervenant pas sur l'Allemagne. Afin de maximiser le potentiel du rayon d'action offert par le Mustang, Spaatz ordonne le 24 janvier 1944 de les attribuer principalement à la 8e US Air Force stratégique, afin d'assurer la couverture aérienne et la traque de la chasse ennemie. La 9e USAF reçoit en compensation des groupes de P-47, en partie libérés de leur rôle de chasseurs d'escorte et désormais dédiés à celui, initial, de chasseurs-bombardiers. Spaatz dirige aussi l'administration de la 9e US Air Force, mais, pour peut-être ménager la susceptibilité d'Eaker, fait passer tous les ordres pour la 15e US Air Force par le QG de ce dernier. Pour faire face à l'énorme tâche de gestion de ses trois armées, il opte pour un système de double adjoint, délégant la gestion administrative au major général Hugh Knerr et de manière moindre les opérations au major général Frederick Anderson, un proche camarade.

En février 1944, l'USSTAF dispose ainsi de moyens sans commune mesure avec l'année écoulée pour relancer son offensive sur le Reich, et prendre sa revanche. Seize escadres de bombardiers lourds sont immédiatement disponibles, totalisant plus de 1 000 quadrimoteurs B-17 et B-24. Ceux-ci sont protégés par dix-sept groupes de plus de 800 chasseurs, dont treize groupes de P-47, deux de P-51 et deux de P-38. La RAF est en mesure d'appuyer l'effort américain en faisant décoller chaque nuit plus de 800 bombardiers lourds Lancaster et Halifax. La chasse britannique, toujours principalement équipée de Spitfire au rayon d'action très limité, peut toutefois fournir quotidiennement plus de 300 appareils pour accompagner les bombardiers sur la Manche et le nord-ouest de l'Europe à l'aller et au retour. Face à ce total écrasant de près de 3 000 bombardiers et chasseurs alliés, la Luftwaffe aligne moins de 2 000 chasseurs. Ces chiffres sans précendent dans l'histoire de l'aviation s'illustrent encore par les 200 000 hommes engagés par la seule 8e US Air Force – plus que le total des soldats amenés à débarquer le 6 juin 1944. En somme, avec la création de l'USSTAF, Arnold et Spaatz disposent d'un organisme à la puissance sans rivale, à la mesure de leurs ambitions d'autonomie pour les forces aériennes américaines.

Le plan : assassiner la chasse allemande

Au début de l'année 1944, malgré les raids répétés des USAAF sur les marges occidentales du Reich, la Luftwaffe contrôle toujours son espace aérien. Le 14 janvier, Arnold tape une nouvelle fois du poing sur la table en écrivant à Spaatz :

> Nous possédons une supériorité d'au moins cinq pour un face aux Allemands et pourtant, contrairement à tous nos espoirs, anticipations, rêves et plans, nous n'avons toujours pas été en mesure de capitaliser dessus. Il se pourrait fort bien que nous ne puissions pas obtenir la capitulation ennemie par les airs, mais malgré tout, avec cette énorme puissance de frappe, il me semble que nous devrions obtenir bien plus de résultats décisifs que ce que nous avons maintenant[8].

Les plans pour obtenir les résultats tant attendus sont pourtant en cours de finition. Les premières études pour vaincre la Luftwaffe au sol et dans les airs dans une grande opération concentrée dans le temps remontent à novembre 1943, peu après l'arrêt des raids sur le Reich. L'ambition est de concrétiser la directive vaguement définie à Casablanca en début d'année puis par *Pointblank* à l'été : coordonner les quatre armées aériennes alliées sur des objectifs précis, et dans une période définie. Il ne s'agit plus, au moins pour le bref temps de cette nouvelle opération nommée *Argument*, de frapper le Reich et l'Europe occupée à volonté, avec l'illusion d'une synchronisation par le seul fait de bombarder de jour pour les Américains et de nuit pour les Britanniques. *Argument* est une opération combinée, intégrant réellement pour la première fois les deux alliés. En effet, le chef du Bomber Command a fini par donner son accord pour participer – un peu – à l'opération. S'il s'est initialement offusqué de l'audace de son supérieur direct (le chef de la Royal Air Force, Charles Portal) qui lui a donné un ordre, en l'occurrence de bombarder avec les Américains conformément à la directive *Pointblank*, Harris entend profiter des cibles d'*Argument* pour ménager ses hommes, malmenés sur la région berlinoise fortement défendue. Le chef du Bomber Command, pour une fois, rentre dans le rang – il retrouvera vite le goût du sang allemand, *ad nauseam*, sur la route infernale conduisant à Dresde.

L'opération est préparée par le comité interallié (le Combined Operational Planning Committee, COPC), auteur de la directive *Pointblank* en juin 1943. Son nouveau plan propose de neutraliser au plus vite la Luftwaffe en s'attaquant aux usines d'assemblage des chasseurs légers Me-109 et Fw-190, adversaires principaux de la 8e US Air Force de jour, et des chasseurs lourds Me-110, Ju-88 et Ju-188, opposants du Bomber Command de nuit. Ces types d'appareils sont les responsables directs des défaites aériennes américaines et britanniques. Les usines de roulements à billes, de fraîche et sinistre mémoire, font également partie du plan, de même que les centres de production de caoutchouc synthétique. Ces derniers sont cependant écartés à l'arrivée de Spaatz et de son USSTAF en décembre, afin de ne pas renouveler l'erreur précédente en dispersant les moyens sur des cibles trop nombreuses. Au total, douze sites industriels majeurs sont identifiés, principalement entre Leipzig et Brunswick dans le centre et le sud de l'Allemagne, et trois autres dans le nord.

La 8e US Air Force supporte la majeure partie des cibles d'*Argument* en raison de son rayon d'action : elle est donc appelée à intervenir au nord sur les côtes de l'Allemagne, au centre entre la Basse-Saxe et la Thuringe, enfin au sud de la Bavière occidentale. La 15e US Air Force, depuis ses bases italiennes et à l'issue du périlleux survol des Alpes, est quant à elle en mesure de couvrir l'est de la Bavière. La 9e US Air Force tactique, au rayon d'action par nature limité, fournit d'une part ses chasseurs pour la couverture des bombardiers, et d'autre part engage ses bombardiers moyens et légers dans des actions de diversion sur les Pays-Bas et la France, afin de détourner l'attention des contrôleurs radars de la Luftflotte Reich. Enfin, la Royal Air Force contribue à l'opération *Argument* à la fois avec les bombardiers du Bomber Command, susceptibles d'atteindre de nuit toutes les régions prévues par le plan, et avec ses chasseurs Spitfire pour la couverture immédiate des bases et de la Manche, à l'aller et au retour des bombardiers.

Le deuxième objectif de l'opération est directement lié au premier : obliger la chasse ennemie à décoller pour défendre les usines, avec pour bénéfice d'éliminer un maximum de pilotes expérimentés ennemis, qu'ils soient tués ou mis hors d'état de combattre, en misant sur l'impossibilité allemande de former efficacement de nouveaux pilotes. Il s'agit là d'une caractéristique importante dans la compréhension d'*Argument* : l'objectif allié n'est pas de s'attaquer à l'ensemble de la Luftwaffe mais de se concentrer sur la chasse, la Jagdwaffe, pour dégager la voie au double objectif officiel recherché : acquérir la maîtrise du ciel comme prérequis nécessaire au débarquement allié et permettre à la 8e US Air Force de reprendre ses raids sur le Reich dans le cadre de *Pointblank.*

Le 26 janvier 1944, Spaatz écrit à Eaker : « J'ai reconsidéré le problème du bombardement stratégique ; ce qui me frappe le plus, c'est le facteur critique du temps. Nous avons vraiment très peu de temps pour finir notre travail[9]. » En effet, l'urgence affleure à tous les niveaux. Dès novembre 1943, le COPC prévoyait si nécessaire de se passer de l'aide des chasseurs à long rayon d'action pour lancer l'attaque. Même avec l'arrivée en opération du Mustang en décembre et janvier, cette possibilité est retenue par Spaatz, pour qui le prix du sang n'apparaît pas comme un obstacle : « L'affaire est tellement importante, écrit-il à Arnold, que je suis prêt à risquer la perte de 200 appareils, rien que pour le premier jour[10]. »

Le mauvais temps hivernal sur l'Europe pose problème pour la réalisation d'*Argument*, prévue sur une semaine d'engagement à haute intensité. Même pour une durée aussi courte, la perspective météorologique d'enchaîner plusieurs journées dégagées sur le Reich reporte l'opération jusqu'à fin février. Un impondérable hautement préjudiciable pour les chefs de l'aviation américaine, désormais soumis à un compte à rebours imposé par la subordination de l'aviation stratégique alliée au commandant en chef Eisenhower en avril. À ces désagréments s'en ajoute un autre, cette fois-ci du fait de l'ennemi. En novembre 1943, l'aviation de reconnaissance a photographié la construction de « sites en skis » dans le nord de la France, ainsi surnommés en raison de leurs longues pistes bétonnées parallèles. Les Alliés sont à ce stade de la guerre bien renseignés sur l'existence des bombes volantes V1 et missiles V2, notamment grâce aux résistances françaises, polonaises et autrichiennes. La menace est donc prise très au sérieux, à commencer par Churchill, autant pour le risque de subir un nouveau *Blitz* sur le Royaume-Uni que d'essuyer des retards dans les préparatifs en cours d'*Overlord*. De fait, peu après le débarquement, les cibles de l'opération *Crossbow*, commencée officiellement en décembre 1943, passeront au premier niveau de priorité à la suite du déclenchement par Hitler des premiers tirs de V1 le 13 juin 1944.

Du fait de ces contraintes, l'opération *Argument* subit de fortes pressions, entre urgence et fenêtre de tir réduite. Il faut ainsi battre rapidement la Jagdwaffe et s'assurer de la supériorité aérienne, dans une triple finalité, opérative, stratégique et symbolique :

– sécuriser la protection et l'appui aérien à l'opération *Overlord* sur l'Europe de l'Ouest ;

– reprendre les bombardements sur l'Allemagne (*Pointblank*) une fois la priorité d'*Overlord* levée ;

– affirmer la puissance inédite de l'aviation américaine, dont les velléités d'indépendance ont été malmenées en 1943.

Si les deux premiers objectifs s'insèrent idéalement dans les plans alliés, ils servent aussi officieusement les intérêts du troisième. *Argument* soulève toutefois deux questions majeures. Une semaine, aussi spectaculaire soit-elle, sera-t-elle suffisante pour briser la chasse allemande ? La réponse ne fait guère de doute, eu égard aux effectifs encore conséquents de la Luftwaffe. Spaatz en est le premier conscient. Il écrit à Arnold le 21 janvier 1944 qu'il a « seulement besoin de quelques jours de visibilité pour détruire les usines de chasseurs et de roulements à billes », au cours de la semaine d'engagements prévus, qui n'a toutefois pas vocation à se suffire à elle-même :

> L'ensemble des autres attaques seront réalisées avec la volonté de détruire l'ennemi dans les airs et au sol. De telles opérations seront réalisées aussi loin que possible, dans les conditions les plus favorables pour nous, et contre des objectifs qui obligeront les chasseurs allemands à venir au combat, dans le rayon d'action de nos chasseurs[11].

Ainsi l'opération ne se limitera pas à une seule semaine en février 1944, aussi symbolique soit-elle dans ses enjeux : elle est amenée à se poursuivre, contre des cibles cruciales aux yeux de l'ennemi. Ce qui se déroulera effectivement au mois de mars, avec Berlin comme objectif.

L'autre question concerne la cible d'*Argument* : la Jagdwaffe. Sa neutralisation offrira assurément un avantage majeur pour *Overlord* et *Pointblank*, mais qu'en est-il de l'aviation de bombardement ? Certes, au début de l'année 1944, la priorité de la production aéronautique allemande se concentre sur les chasseurs du fait de la situation défensive sur l'ensemble des fronts, et l'heure n'est plus aux vastes formations de bombardiers accompagnant les grandes offensives terrestres. Toutefois, la Luftwaffe possède encore des escadres entières de bombardement moyen (*Kampfgeschwader*) et d'appui feu (*Schlachtgeschwader*), dont l'efficacité vient d'être prouvée, si besoin était, à Koursk et sur le Dniepr durant l'été et l'automne 1943, ainsi que dans la mer Égée où fut écrasée la tentative britannique d'occuper les îles grecques. Épargnées par *Argument*, et à défaut d'être suffisamment amoindries sur les fronts de l'Est et d'Italie, ces formations seraient susceptibles de représenter au printemps 1944 une menace pour les concentrations alliées sur la côte sud-est de l'Angleterre et la tête de pont en Normandie, surtout dans le cadre d'attaques nocturnes moins favorables à la défense.

Pour l'heure, le début de l'opération est toujours prévu la dernière semaine de février 1944, quoi qu'il en coûte, et quelle que soit la météo. Celle-ci est justement toujours aussi mauvaise le matin du 19 février 1944, les cibles étant obstruées par les nuages sur l'Allemagne. Près de 1 600 bombardiers et chasseurs sont armés, prêts à attaquer les six usines prioritaires pour la première journée. Les généraux Doolittle (8e US Air Force) et Brereton (9e US Air Force), conscients de la résolution de Spaatz, le pressent tout au long de la journée de reporter l'attaque, afin de ne pas envoyer leurs hommes se faire tuer inutilement. Après avoir consulté les dernières prévisions météorologiques, augurant des jours à venir un peu moins nuageux, le chef des forces aériennes américaines en Europe donne toutefois ses ordres à Doolittle et Brereton, ainsi qu'à Eaker (15e US Air Force) en Italie : l'opération *Argument* démarre comme prévu dans la nuit du 19 au 20 février 1944.

TROISIÈME PARTIE

LA DÉFAITE DE LA LUFTWAFFE

« Je ne voyais qu'un moyen pour nous de dominer la situation et de vaincre finalement le Boche : le bombardement aérien[1]. »

Maréchal de la RAF Arthur Harris

5

Bloody Week

Février 1944. Après huit mois passés comme instructeur de chasse, le Feldwebel Otto Schmid revient en opérations au sein de son unité d'élite, la Jagdeschwader 1. Vétéran des grandes heures de la Luftwaffe, il trouve une situation radicalement changée. À peine engagé face aux raids de la 8e US Air Force, il est assailli par une nuée de P-47 et aussitôt abattu, sans dommage corporel. Le constat est pour lui implacable :

> Entre les missions de 1943 et celles de 1944, il y avait une très grande différence. Il était difficile de tenter de réaliser une attaque précise, car la couverture des chasseurs ennemis était trop importante. Ces missions étaient purement des « allers directs vers le paradis » (*Himmelfahrtkommando*) ; nous finissions régulièrement en flammes. Des anciens pilotes, la plupart avaient été tués. Des nouveaux pilotes inexpérimentés, il était impossible d'attendre quelconque efficacité. Ils étaient déjà très contents de réussir à poser leur appareil. [...]
> Les bombardiers n'étaient pas si dangereux lorsqu'ils volaient sans escorte. La menace venait des chasseurs, et ils étaient meurtriers. Lorsque l'on parvenait à se concentrer péniblement sur un bombardier, c'est alors que

surgissaient deux, trois ou quatre Thunderbolt ou Mustang. Après être parvenu à se débarrasser d'eux, il fallait tenter à nouveau d'attaquer les bombardiers. Et cela recommençait de nouveau avec l'escorte[1]...

Ces conditions d'engagement forment le plus souvent la norme au début de l'année 1944 pour la Luftwaffe. Malgré le déséquilibre déjà flagrant avant le lancement de l'opération *Argument*, les combats vont se révéler acharnés et sanglants pour les belligérants toute la dernière semaine de février, au cours du plus grand affrontement aérien de l'histoire militaire.

19-21 février : promesses de succès

Après un mois de janvier 1944 catastrophique dans le ciel de Berlin, le Bomber Command d'Arthur Harris avait besoin d'une pause pour panser ses plaies. Mais sans même attendre le déclenchement de l'opération *Argument*, les bombardiers britanniques ont déjà repris leurs attaques sur la capitale, lançant un assaut inédit dans la nuit du 16 février, grâce à 891 appareils et un record historique de 2 642 bombes larguées. Rapidement détectés au-dessus de la Manche par les radars de la ligne Kammhuber, les assaillants ont été interceptés par la chasse de nuit et la Flak sur Berlin : ils ont perdu quarante-trois avions (4,8 % de la force d'attaque), avec pour résultat de remuer un peu plus les ruines et occasionner au moins 320 morts civils – bien moins que les précédents raids, du fait des évacuations. Des résultats peu encourageants pour la première sortie d'*Argument*, trois jours plus tard – qui engage cette fois-ci 823 appareils dans la nuit du 19 au 20 février sur Leipzig.

L'affaire s'engage mal dès le début. Les Britanniques sont une nouvelle fois rapidement repérés peu après avoir quitté l'Angleterre. Et si les contrôleurs allemands se laissent en partie abuser par un raid de diversion sur le port de Kiel, ils rappellent rapidement leurs chasseurs une fois la supercherie éventée. La plupart des défenseurs sont dirigés directement contre la masse principale des bombardiers britanniques, attaquée sans relâche dès la côte néerlandaise franchie et semant des dizaines d'épaves enflammées sur sa route vers Leipzig. Une partie des assaillants parviennent trop tôt sur la cible et sont contraints de décrire des cercles en attendant l'arrivée des *Pathfinders*, s'offrant aux coups de la Flak qui prélève encore vingt appareils. Le mauvais temps impose le bombardement au radar H2S sans visibilité, assez aléatoire. Lorsque le raid s'achève à l'aurore, soixante-dix-neuf avions britanniques sont définitivement perdus, et près de 550 aviateurs. Avec 8,6 % de pertes, le seuil symbolique des 5 % est largement dépassé : il s'agit à ce jour des pires pertes de l'histoire du Bomber Command. La défense de nuit allemande, renforcée par ses nouveaux radars embarqués et le système *Schräge Musik*, fait toujours la loi dans le ciel du Reich. *Argument* ne pouvait pas plus mal commencer.

Les Américains prennent le relais dès l'aube pour la deuxième attaque, cette fois-ci de jour. La 15ᵉ US Air Force n'est pas en mesure d'intervenir depuis l'Italie, gênée par le mauvais temps. La 9ᵉ USAF fournit comme prévu ses chasseurs en renfort d'escorte pour la 8ᵉ, mais se contente d'envoyer trente-cinq bombardiers moyens B-26 sur Haamstede aux Pays-Bas, les conditions météorologiques interdisant d'autres missions de diversion. Même contrainte d'agir pratiquement seule, la 8e US Air Force engage ses trois divisions aériennes, composées d'un total aussi écrasant qu'inédit de 1 003 bombardiers. Les B-17 de la 1re *Bomb Division* se concentrent de nouveau sur Leipzig, en particulier ses usines d'assemblage de chasseurs Me-109 et de bombardiers moyen Ju-88, utilisés comme chasseurs lourds nocturnes. Les B-24 de la 2e *Bomb Division* s'attaquent aux complexes industriels saxons de Gotha, Brunswick, Bernburg, Heiterblick, Helmstedt et Oschersleben, ciblant la production des monomoteurs Fw-190 et bimoteurs Me-110. La 3e *Bomb Division* et ses B-17 font principalement office de diversion, en survolant la mer du Nord sans escorte et franchissant la côte à hauteur du Danemark, afin d'attirer le gros des défenseurs de la Luftflotte Reich. Les « forteresses volantes » ont aussi pour cible principale Poznan en Pologne, et comme cibles secondaires les ports allemands de Stettin et Rostock. Les 700 appareils des 1re et 2e *Bomb Divisions* sont protégés par plus d'un millier de Spitfire, P-47, P-38 et P-51, équipés des nouveaux réservoirs jetables de 283 et 408 litres, et pour les chasseurs américains composés de *bouncing squadrons* autorisés à aller chasser la Luftwaffe avant même le décollage des chasseurs.

La multitude d'objectifs du millier de bombardiers engagé sème la confusion dans les rangs des contrôleurs allemands de la Luftflotte Reich, comme en témoigne le colonel Dale O. Smith, chef du 384e *Bomb Group* de la 1re *Bomb Division* :

> Les contrôleurs allemands repérèrent notre première force d'attaque, une diversion de 300 appareils en route pour la Pologne, traversant la mer du Nord en direction du Danemark. [...] Estimant la menace portant sur Ber-

lin, la Luftwaffe n'a pas seulement gardé au sol ses chasseurs dans le nord de l'Allemagne, mais en a détourné soixante-dix du sud pour l'intercepter. Une heure et vingt minutes plus tard, notre force principale de 700 bombardiers passait la Hollande en direction de ses cibles. [...] Les stations radars allemandes nous détectèrent aussitôt, et avant que les soixante-dix chasseurs ennemis n'interceptent notre force au nord, les contrôleurs les rappelèrent. Quelque quatre-vingt-dix défenseurs attaquèrent notre force principale en direction de Leipzig, mais furent rapidement contraints de rompre le combat pour se réapprovisionner. Les soixante-dix chasseurs rappelés du nord eurent à peine le temps de combattre avant d'être à leur tour à court d'essence[2].

Les B-17 de la 1re *Bomb Division*, engagés sur Leipzig, sont escortés par les P-47 poussant de manière inédite jusqu'à dépasser Francfort-sur-le-Main. Au moment de laisser place aux P-51, les chasseurs-bombardiers repèrent une unité de *Zertstörer*, des chasseurs-lourds Me-110 équipés de roquettes air-air, les meurtriers de Schweinfurt. Le 56e *Fighter Group* se porte immédiatement à l'attaque, mené par le meilleur as américain de la chasse, Francis Gabreski (vingt-huit victoires homologuées) : « Nous avons vraiment fait du mal à ces Me-110. [L'un d'eux] a explosé alors que je me trouvais à environ 50 mètres derrière lui. Sa queue et ses ailes se sont séparées du reste de l'avion, et sont tombées en spirale[3]. » La différence avec les raids solitaires de 1943 est flagrante. Les lourds Me-110, déjà dépassés dans les combats de jour depuis 1940, ne peuvent rien face à l'excellente manœuvrabilité des P-47, et à ses huit mitrailleuses de 12,7 mm. Au total, quatorze appareils à croix gammées plongent en flammes, sans aucune perte pour les hommes de Gabreski.

Le reste du parcours de la 1re *Bomb Division* est pris en relais par les Mustang du 357e *Fighter Group*, aussitôt engagés par les redoutables Fw-190 de la Jagdgeschwader 26. Malgré la présence dans leurs rangs d'un grand nombre d'hommes expérimentés, les pilotes allemands sont pourchassés et embarqués dans des combats tournoyants (*dogfight*) où excellent les P-51, qui ne leur laissent que peu de possibilités de placer quelques rafales d'obus sur les B-17. La 1re *Bomb Division* parvient ainsi sans être écharpée sur Leipzig, où la Flak allemande, peu opérationnelle après l'intense nuit imposée par les Britanniques, ne gêne guère la précision des largages. La 3e *Bomb Division* atteint quant à elle la Pologne, considérée comme un pays allié occupé par l'ennemi, et pour cette raison ne bombarde pas Poznan, recouvert de nuages, se détournant vers ses cibles secondaires de Rostock et Stettin en Poméranie.

La journée s'achève par un succès retentissant pour les USAAF. La Jagdwaffe n'a mené que 362 sorties aériennes – la moitié de ce que craignaient les Alliés – contre 943 pour les seuls bombardiers américains. Les pertes des belligérants se révèlent hautement révélatrices de l'efficacité nouvelle des USAAF et de l'incapacité de la Luftwaffe d'y faire face : seulement vingt et un bombardiers et quatre chasseurs ont été perdus par l'assaillant, contre soixante-dix-huit appareils pour les défenseurs. Les industries aéronautiques ont été durement touchées, notamment les usines Junkers de l'ATG Maschinenbau GmbH dans la région de Leipzig, et l'énorme complexe Erla Mashinenwerke GmbH, produisant à lui seul un tiers des Me-109.

L'opération *Argument* se poursuit le soir même sans répit, conformément à l'intensité extrême recherchée – une sortie en force du Bomber Command sur Stuttgart engage 598 appareils. Contrairement à la veille, les raids de diversion atteignent leur but grâce à 156 avions effectuant un vol d'entraînement au-dessus de la mer du Nord et trente et un Mosquito[4] attaquant des aéroports aux Pays-Bas et survolant Munich. La masse principale des bombardiers britanniques atteint sans difficultés Stuttgart et bombarde méthodiquement les quartiers nord de la cité. L'usine Bosch, l'un des plus importants complexes industriels d'Allemagne produisant des moteurs Daimler-Benz notamment pour la chasse, est fortement touchée, de même que les banlieues de Feuerbach et Bad Canstatt situées dans la zone de l'*area bombing*. Le parlement régional, les archives, le théâtre et le palais baroque Neues Schloss du XVIIIe siècle partent en fumée ; 125 civils sont tués et 510 autres blessés. Mystifiée par les diversions, la défense allemande ne prélève que dix appareils sur les assaillants, soit un taux de pertes pour ceux-ci de 1,2 % autrement plus tolérable qu'à Leipzig.

Contrairement aux opérations menées le dimanche 20 février, le succès prometteur du Bomber Command ne se traduit pas le lendemain par une franche réussite de la part des Américains, largement gênés par le mauvais temps. La 15e US Air Force est de nouveau clouée au sol, pas même en mesure de décoller pour intervenir dans la bataille d'Anzio, où la situation devient dramatique pour les Alliés[5]. La 9e US Air Force parvient seulement à faire décoller dix-huit B-26 du 322e *Bomb Group* en diversion sur l'aérodrome de Coxyde, aux Pays-Bas. La 8e US Air Force est elle-même contrainte d'engager des effectifs beaucoup plus réduits. À l'inverse de sa mission de la veille, la 3e *Bomb Division* porte l'effort principal grâce à 281 B-17 attaquant de nouveau les usines aéronautiques de Brunswick. La cible, totalement masquée par les nuages, est bombardée en utilisant le radar H2X, mais sans résultats. Les 1re et

2e *Bomb Divisions* font office de diversion en visant un grand nombre d'aérodromes dans l'ouest de l'Allemagne, notamment Gütersloh, Lippstadt, Werl, Bramsche, Hopsten, Quakenbrück et Rheine pour la 1re ; Lingen, Hesepe, Verden, Achmer et Diepholz pour la 2e *Bomb Division*. L'escorte finale de la 1re *Bomb Division*, composée de soixante-neuf Mustang, a fort à faire avec les défenseurs, cette fois-ci non dupés par les diversions, et qui attaquent avec les Jagdgeschwader 1, 26 et 27. L'avantage tourne cependant en faveur des Américains, qui abattent trente-cinq appareils ennemis, déplorant la perte de seulement seize bombardiers et six chasseurs. La chasse allemande est pour l'heure nettement battue de jour, incapable de s'opposer à la 8e US Air Force, alors même que les 15e et 9e armées ne sont pas encore entrées en lice. La Jagdwaffe est surprise à la fois par le rayon d'action décuplé des chasseurs américains et par l'efficacité remarquable du Mustang, sans égal en termes de performances, et qui se distingue déjà. Le deuxième jour de l'attaque, les soixante-huit P-51 engagés revendiquent quatorze chasseurs ennemis abattus, contre seulement dix pour les 542 P-47. Un ratio écrasant, pour le moins prometteur avec la vocation à très court terme des Mustang de remplacer les autres chasseurs alliés, sans pour autant estomper l'importance des P-47 et P-38, puisque sur le millier de chasseurs engagés durant l'opération, seule une centaine seront des Mustang. Moins maniables, les Me-109 et Fw-190 ne sont par ailleurs pas conçus pour opérer aux très hautes altitudes des combats, comme le relève l'un des chefs de *Gruppe* de la Jagdgeschwader 26, l'Hauptmann Johannes Naumann :

> Nous perdions notre supériorité technique de plus en plus vite. Le combat contre les quadrimoteurs américains s'engageait dans les pires condi-

tions pour nous. [...] Rien que le nombre des mitrailleuses défensives des formations de Boeing et de Liberator modifiait drastiquement le tableau. À cela s'ajoutait leur très haute altitude opérationnelle, 7 000 à 9 000 mètres, et sur de très longues distances. [Pour nos chasseurs], au-dessus de 4 800 mètres, les moteurs perdaient rapidement de la puissance. Au-dessus de 8 000 mètres, il ne leur restait plus de performances. Les chances de réussir un combat contre un bombardier ou un chasseur d'escorte étaient réduites au minimum. En fait, il s'agissait d'une exception heureuse. [...] Les pilotes de Thunderbolt et de Mustang au-dessus de nous devaient certainement être pliés de rire lorsque nous ne pouvions pas les poursuivre[6].

Les *Zertstörer*, létaux encore en octobre 1943 à défaut de chasseurs alliés, ne peuvent plus espérer renouveler leurs vastes succès, à moins d'être protégés par d'autres unités de monomoteurs. Une nécessité qui entraîne l'engagement d'unités beaucoup plus vastes que la formation jusqu'ici standard du *Gruppe*, avec des *Geschwader* entières lancées au combat, entraînant de gigantesques batailles aériennes – le but ultime recherché par *Argument*. Très lourdement armées pour tenter de briser les boxes de bombardiers, ces escadres se heurtent à l'agilité des P-47 et des P-51, et sont pourchassées avant même d'engager le combat par les *bouncing squadrons*.

Au soir du 21 février 1944, le bilan des deux premières journées d'engagement se révèle hautement positif pour les Alliés, en dépit du mauvais temps et des lourdes pertes essuyées par le Bomber Command la première nuit. L'atmosphère se détend quelque peu pour les chefs alliés, dès lors que le spectre des 200 bombardiers perdus chaque jour commence à se dissiper. Dans son rapport pour Arnold, Spaatz évoque ce lundi écoulé comme sa « meilleure » journée de la guerre, jusqu'à présent.

22-23 février : revers et frustrations

Les 22 et 23 février 1944, le Bomber Command s'offre un bref répit après ses trois grandes missions sur Berlin, Leipzig et Stuttgart – et pas moins de 134 bombardiers lourds rayés des effectifs. Si la 9e US Air Force demeure largement clouée au sol en Angleterre par le mauvais temps, la 15e peut enfin intervenir à partir de ses bases de Foggia en Italie du Sud, après deux jours de retard. La raison provient en partie, là aussi, des conditions météorologiques, mais surtout de l'offensive lancée le 16 février par la 14e armée du général Eberhard von Mackensen contre la tête de pont alliée d'Anzio. Les Allemands engagent d'importants moyens blindés, incluant des chars lourds Tiger, soutenus par des bombardiers en piqué Stuka. Après quarante-huit heures de combats à l'intensité encore inédite dans la campagne d'Italie, les Alliés sont rejetés sur leur dernière ligne de défense, devant les plages. Priorité aux opérations terrestres oblige, Ira Eaker est contraint alors de jeter ses forces tactiques et stratégiques en catastrophe dans la bataille. Le 17 février, la ligne de front est écrasée de 1 000 tonnes de bombes lancées par 813 appareils de tous types, dont un tiers de bombardiers lourds de la 15e US Air Force, nullement préparée à l'appui au sol direct. Le 19 février, les blindés allemands, également matraqués à vue par l'artillerie terrestre et navale, marquent le pas. La situation demeure incertaine les 20 et 21 février : les yeux des chefs alliés sont tournés vers Anzio et Nettuno, au sud de Rome, bien plus que sur l'Allemagne et les débuts d'*Argument.* Malgré l'impatience de Spaatz de voir la 15e attaquer avec la 8e US Air Force, Churchill, désormais beaucoup moins intéressé par le bombardement stratégique que par la campagne d'Italie, refuse de laisser les « forteresses volantes » américaines s'aventurer sur le Reich.

Le 22 février 1944, le point critique de la bataille semble passé, même si les Allemands maintiennent la pression sur la tête de pont alliée. Eaker est toutefois en mesure de satisfaire à la fois les désirs de Wilson et de Spaatz en engageant 105 bombardiers stratégiques devant Anzio, et 126 sur Ratisbonne en Allemagne. Les planificateurs du COPC, en premier lieu Richard Hughes de l'EOU, ont effectivement profité dans la nuit d'améliorations climatiques sur la Saxe pour valider sur la liste de leurs cibles Schweinfurt et Ratisbonne, de sinistre mémoire. Contrairement à la 8e US Air Force, la 15e ne dispose que de très peu de Mustang en février 1944, affectés en priorité à l'Europe du Nord-Ouest sur l'ordre de Spaatz – pour corriger l'ordre précédent d'Eaker. Non sans ironie, ce dernier est ainsi amené à participer à l'opération *Argument* dans des conditions similaires à ses revers de 1943, sans escorte de chasse lointaine. Les choses s'aggravent encore lorsque le raid sur Schweinfurt, confié à la 8e USAF et qui aurait pu faire office de diversion, est annulé du fait du mauvais temps. La 15e USAF se présente ainsi seule sur les usines Messerschmitt de Ratisbonne, effectivement bombardée, mais dans un ciel saturé de Flak, et face à la Jagdgeschwader 53 basée à Vienne, jusqu'ici non sollicitée. Les chasseurs lourds sont à la fête, les Liberators beaucoup moins, comme évoqué par John T. Upton, navigant du 301e *Bomb Group* :

> Notre formation était à ce point serrée qu'il semblait possible de pouvoir marcher d'une aile d'avion à celle d'un autre – ou qu'un mitrailleur latéral pouvait sauter de son ouverture et tomber sur l'aile de l'avion évoluant à ses côtés. Je n'oublierai jamais le chemin du retour de Ratisbonne, avec tous ces bûchers funéraires au sol marquant l'emplacement d'appareils abattus. Mon bombardier fut le seul survivant de mon escadron[7].

Au total, la 15e US Air Force sème sur son chemin quatorze B-24, soit 12 % de son effectif initial ; des pertes trop lourdes à supporter. Parmi les vainqueurs, l'Oberfeldwebel Herbert Rollwage abat son cinquantième adversaire, en route vers un palmarès amené à dépasser les 100 victimes. Le noyau des as de la Luftwaffe, s'il fond rapidement, conserve, et conservera jusqu'à la fin de la guerre, plusieurs dizaines d'irréductibles dépassant allègrement les totaux exorbitants de 200 victoires, sans pour autant peser dans les opérations.

Sur le front de la 8e US Air Force, la journée du 22 février 1944 ne se révèle pas meilleure. La 9e US Air Force parvient à faire décoller soixante-six B-26 pour bombarder l'aérodrome de Gilze-Rijen aux Pays-Bas, mais une centaine d'autres doivent abandonner face au manque de visibilité. Malgré le mauvais temps recouvrant l'Angleterre, les trois divisions aériennes reçoivent l'ordre de décoller, déconcertant les équipages prêts à regagner leurs chambrées. La 3e *Bomb Division*, censée attaquer Schweinfurt, ne parvient pas même à s'assembler après avoir pris l'air, perdant plusieurs appareils dans des collisions. Son chef, le général LeMay, ordonne de faire demi-tour, laissant la 15e US Air Force à son sort lugubre sur Ratisbonne. La 2e *Bomb Division*, réglée sur Gotha, ne parvient pas non plus à s'assembler sur la mer du Nord, et se contente de bombarder des cibles d'opportunité sur la Hollande, notamment à Eindhoven et Nimègue. La 1re *Bomb Division* reste seule avec cinq *Wings* parvenant effectivement sur cibles, soit 99 appareils sur 466. Un raid de diversion sur la base aérienne d'Aalborg au Danemark ne trompe pas les contrôleurs de la Luftflotte Reich, qui n'ont pas de mal à concentrer les défenseurs sur les assaillants autrement moins nombreux que les deux jours précédents. Les trois *Gruppen* de la Jagdeschwader 26 fondent ainsi sur la 1re *Bomb Division* peu ordonnée, et mal protégée par l'escorte des P-47, elle aussi désorganisée. Les combats acharnés laissent quarante et un quadrimoteurs abattus (10 %). L'Oberfeldwehbel Addi Glunz se distingue, revendiquant pas moins de cinq B-17 et un P-47, pour un total de cinquante-huit victoires personnelles. Les résultats sont peu probants pour les bombardiers américains, exceptés sur les usines Junkers d'Aschersleben et Bernburg, considérées sur les photos aériennes comme détruites à 50 et 70 %. En parallèle, le massacre des *Zerstörer* (« destructeur », surnom des chasseurs lourds bimoteurs) se poursuit. Même les nouveaux Me-410, plus rapides et maniables que leurs prédécesseurs Me-110, ne font nullement le poids face aux monomoteurs américains. L'Hauptmann Eduard Tratt, le grand as des *Zerstörer* aux trente-huit victoires, est tué ce 22 février 1944 lors d'une attaque frontale contre un B-17. Les meilleurs pilotes de chasse allemande disparaissent jour après jour.

Le mercredi 23 février 1944, la 8e US Air Force ne décolle pas. Les conditions météorologiques sont toujours aussi mauvaises, et les hommes épuisés après trois journées de raids. Le général Doolittle décrit ses hommes comme tenant debout uniquement par l'ingestion de pilules de benzédrine, une puissante amphétamine destinée à combattre le manque de sommeil, et aussi de manière encore officieuse la peur et l'anxiété. Même si l'effondrement nerveux, ou plus pudiquement « fatigue du combat » (*combat fatigue*), est connue dans l'armée américaine au moins depuis la Première Guerre mondiale, cette blessure invisible reste largement considérée jusqu'en 1943 comme provenant d'une faible constitution mentale préexistante chez le soldat. Le choc de la bataille de Guadalcanal dans le Pacifique, lorsque des divisions d'élite de Marines combattent sans interruption pendant plusieurs semaines et sortent décimées physiquement et mentalement du combat, commence à faire lentement évoluer la médecine de guerre – le *Guadalcanal disorder* est un lointain précurseur du « trouble de stress post-traumatique » (*post-traumatic stress disorder*). La bataille de Normandie en 1944 permet d'évaluer la durée maximale d'engagement pour un soldat à trente jours, avant de voir les risques de pertes psychologiques exploser. Le scepticisme demeure toutefois largement courant dans les forces armées jusqu'à la fin de la guerre, notamment au sein de la Royal Air Force, où tout refus de retourner en opération est perçu comme un « manque de fibre morale » (*Lack of Moral Fibre*), susceptible d'entraîner des mesures coercitives.

Alors que la 8e USAF profite de son répit pour remettre en condition hommes et machines, la journée du 23 février n'est pas totalement perdue pour *Argument*, grâce à une sortie en force de 102 bombardiers lourds de la 15e USAF sur Steyr, en Autriche. À défaut pour l'instant de revenir cibler les usines de roulements à billes de Schweinfurt, celles de la Steyr Walzlagerwerke sont détruites à 20 %. Mais les mêmes causes (absence d'escorte et de diversion) produisent les mêmes effets :

la Jagdgeschwader 53 prélève huit B-24 sur les formations démunies de chasseurs d'escorte.

Le bilan des trois premiers jours d'*Argument* peut donc sembler nuancé, bien que sur le fond hautement favorable pour les Alliés. Certes, la Luftwaffe a su profiter habilement des erreurs adverses et du mauvais temps, se montrant toujours aussi redoutable face aux bombardiers sans escorte. Mais lorsque les chasseurs américains ont été en mesure d'accompagner les raids sur l'ensemble du trajet, les engagements se sont révélés le plus souvent à sens unique, se traduisant par un taux d'attrition absolument insupportable pour la chasse allemande. Le véritable succès se dessine déjà dans les airs, avec des résultats immédiats, beaucoup plus que dans les bombardements au sol, à l'efficacité moins évidente. Par ailleurs, les attaques allemandes tentent d'éviter les escortes et laissent souvent des centaines de chasseurs alliés inoccupés ; l'occasion de généraliser le procédé des *bouncing squadrons*, poussé en avant par Doolittle à sa prise de commandement à la 8e US Air Force, et validé par Spaatz. Le modèle s'étend désormais sur une très vaste surface, allant de 40 à 50 kilomètres autour des formations. Un ou deux *squadrons* se détachent immédiatement de la force assaillante dès la mer du Nord survolée, pour aller intercepter l'ennemi plutôt que d'attendre son arrivée. Si aucun adversaire ne se présente durant le raid, deux tiers des chasseurs (soit 500 à 750 avions) sont autorisés à opérer en chasse libre, comme les *squadrons* précurseurs, sur les flancs de la formation, dessus et en dessous. Lors du retour, ces appareils peuvent également descendre pour vider leurs munitions restantes sur les aérodromes et toutes cibles d'opportunités. Une possibilité de détruire au sol beaucoup plus facilement les avions ennemis, et éventuellement leurs pilotes surpris à l'atterrissage ou au décollage, et surtout de maintenir une pression constante sur la Luftwaffe. Francis Gabreski l'expérimente le 22 février avec son 56e *Fighter Group* escortant la 2e *Bomb Division*. Sur le chemin de l'aller, l'as américain délaisse son escorte pour attaquer un groupe de Fw-190 et en abattre un, avant de retrouver les bombardiers. Au retour, sur les Pays-Bas, ses P-47 plongent au ras du sol pour dépenser leurs dernières cartouches de 12,7 mm sur un aérodrome près d'Eindhoven, sans s'attarder face à la Flak : « Le mitraillage au sol était un moyen sûr de se défouler et c'était amusant, même si je ne voyais pas d'intérêt à provoquer ma chance trop longtemps[8]. »

Le principe des *bouncing squadrons* impose une contrainte énorme sur la Luftwaffe, forcée de se battre depuis ses aérodromes jusqu'à 10 000 mètres de hauteur, en étant défavorisée dans ces deux extrêmes. Si les chefs alliés commencent seulement à réaliser tout le potentiel de cette technique de combat, qui sera généralisée à partir du printemps 1944 jusqu'à la fin de la guerre, pour les chefs de la Luftwaffe le constat est aussitôt accablant. Dans ses Mémoires, Galland pointe l'efficacité des *bouncing squadrons* comme le premier facteur d'impact sur l'incapacité des pilotes allemands à faire face :

> [Les Américains] se mirent à attaquer nos aérodromes à basse altitude. Avec eux nous n'étions plus en sécurité nulle part et, sur nos propres bases, nous étions obligés à nous terrer. Pendant le décollage de nos chasseurs, pendant qu'ils se rassemblaient, qu'ils montaient et qu'ils approchaient de leur objectif, près de la formation de bombardiers, lors du vol de retour,

pendant l'atterrissage et même après, le chasseur américain passa à l'attaque avec une supériorité écrasante. Notre chasse devint maintenant la chassée[9].

Malgré les relatifs revers et la frustration éprouvés par les USAAF les 22 et 23 février 1944, dus au mauvais temps et aux bases éloignées de la 15ᵉ US Air Force, la dynamique de l'attrition demeure nettement favorable aux Alliés. *A contrario* les deux journées à venir s'annoncent enfin dégagées sur le ciel du Reich, et seront de fait les plus sanglantes.

24-25 février : « la Mort blanche »

« Pour nous, c'était le point de départ ou d'arrivée de toute la guerre aérienne », écrit Richard Hughes dans ses Mémoires. « Nous étions déterminés à ne pas laisser au sol un seul bombardier de la 8ᵉ US Air Force aussi longtemps que durerait cette météo fantastique[10]. » De fait, le 24 février 1944, les 8ᵉ, 9ᵉ et 15ᵉ USAF décollent de concert pour un gigantesque affrontement sur le ciel du Reich et des pays occupés. Les planificateurs de l'EOU et du COA l'attendaient depuis octobre 1943 : il y aura bel et bien un règlement de comptes sur les usines de roulements à billes de Schweinfurt, objectif de 231 Boeing B-17 de la 1ʳᵉ *Bomb Division* de la 8ᵉ US Air Force. Les 238 Consolidated B-24 de la 2ᵉ *Bomb Division* sont de nouveau envoyés sur l'énorme usine Gothaer Waggonfabrik AG de Gotha, d'où sortent les nouveaux chasseurs lourds Me-410. Pour les 236 B-17 de la 3ᵉ *Bomb Division*, l'objectif est à la fois de faire office de force de diversion, sans escorte, en attirant la chasse ennemie loin au nord, tout en allant bombarder les usines de chasseurs Fw-190 à Tutow en Poméranie occidentale, ainsi que Kreising et Posen (Poznan) dans l'ouest de la Pologne. En parallèle, dans le sud, la 15e US Air Force effectue leur retour à Steyr en Autriche, où fument encore les ruines d'une partie des usines de la Steyr Walzlagerwerke ; l'objectif est désormais le vaste complexe Steyr Daimler Puch, producteur en vrac d'armements, de véhicules militaires et aussi de composants aéronautiques justifiant sa place dans *Argument*. Enfin, si les radars et les Allemands n'étaient pas tout à fait désorientés, la 9e US Air Force doit poursuivre ses diversions dans le nord-ouest de l'Europe en attaquant une dizaine d'aérodromes aux Pays-Bas (Leeuwarden, Gilze-Rijen et Deelen) et des sites d'armes V France entre Saint-Omer et Abbeville.

Remarquable sur le papier, le plan d'opération défini par Hughes n'abuse toutefois pas les contrôleurs de la Luftflotte Reich, désormais rompus aux ruses adverses. Au nord, la 3e *Bomb Division* n'attire que très peu d'opposition, s'en allant sans encombre survoler ses cibles de Tutow, Kreising et Posen, totalement recouvertes de nuages. Face à la volonté d'éviter les pertes polonaises dans ces deux dernières villes, l'ensemble des B-17 est détourné vers une cible alternative prévue à l'avance, les usines Heinkel de Rostock. Les combats se concentrent sur le centre de l'Allemagne, où les 1re et 2e *Bomb Division* sont prises à partie par quelques-uns des meilleurs pilotes de la Jagdgeschwader 26, à peine la côte hollandaise franchie. Profitant des espaces laissés par les essaims de P-51, P-38 et P-47, les chasseurs allemands attaquent de front les formations de tête, semant le chaos, notamment dans le 445e *Bomb Group*, comme en témoigne le navigateur Wright Lee :

Nous avons traversé la ville de Gotha et avons tourné brusquement à droite. Les combats ont repris de plus belle à la sortie. Alors que je regardais par le hublot notre avion de tête, j'ai vu son nez s'illuminer soudainement d'un flash aveuglant. Puis plus rien, plus d'explosion. Les portes de la soute à bombes de l'avion se sont ouvertes, et le train d'atterrissage s'est abaissé, tandis que l'avion poursuivait sa formation. Au bout de quelques secondes, l'aile de l'avion s'est mise à remuer, signalant à l'avion suivant de prendre la tête de file. [...] Les équipages évacuaient les bombardiers par toutes les ouvertures, bras et jambes pendant dans le ciel. Certains sont passés très près de nos avions, à une trentaine de mètres. À l'avant, j'ai vu soudain dix Bf 109 s'aligner pour attaquer. Ils sont descendus en trombe, se dirigeant droit sur nous, et je pouvais presque sentir les balles me toucher, même si, par miracle, elles ont raté leur cible. Les chasseurs sont passés à toute vitesse à côté et en dessous de nous, si près que je pouvais voir clairement les croix noires et les visages des pilotes qui regardaient à l'extérieur des cockpits[11].

Le 445e *Bomb Group* laisse seize appareils sur vingt-cinq autour de Gotha. Au total, la 2e *Bomb Division* perd trente-trois bombardiers dans son attaque ; la 1re essuie moins de difficultés et signe la revanche de la 8e US Air Force sur Schweinfurt, avec seulement onze « forteresses volantes » abattues, loin des désastres des deux précédents raids (120 bombardiers perdus). Au sud, la 15e US Air Force rencontre des conditions météorologiques moins favorables en survolant le nord de l'Italie. Sur les 114 bombardiers détachés pour *Argument*, vingt-sept sont détournés sur des cibles secondaires en Croatie. Le restant de la force d'attaque se présente seul sur l'Autriche après avoir laissé son escorte, toujours dépourvu de Mustang à long rayon d'action.

Sans surprise, les contrôleurs allemands, désormais habitués à ce type de scénario idéal, envoient tous les intercepteurs en état de voler, y compris ses chasseurs lourds surchargés d'armements. Ces derniers se concentrent sur l'unité fermant la marche, le 2e *Bomb Group*. Dans une réminiscence des jours glorieux de 1943, un déluge de roquettes, bombes aériennes et obus de 20 à 30 mm vient semer la mort dans les rangs serrés des B-24. En quelques minutes, dix appareils tombent en flammes : le 2e *Bomb Group* est exterminé. Le temps de parvenir sur Steyr, sept autres bombardiers sont détruits, soit 20 % de la force d'attaque. Si le besoin s'en ressentait encore, la 15e US Air Force prouve dans le sang la nécessité des chasseurs d'escorte.

Au soir du 24 février 1944, malgré un engagement concentré et de spectaculaires succès isolés, la Luftwaffe ne peut cependant clamer victoire en termes de données brutes. Les USAAF n'ont en effet perdu que 5,4 % de leurs bombardiers, et seulement 1,3 % de leurs chasseurs (dix appareils) contre 15,7 % pour la Jagdwaffe, soit trente-neuf monomoteurs et quatorze bimoteurs. Le constat déjà observé les jours précédents se poursuit et s'aggrave : l'attrition est en défaveur des Allemands. Au sol, les dégâts sont importants : l'usine Gothaer Waggonfabrik AG de Gotha est directement touchée par près d'une centaine de bombes. Les analyses américaines d'après-guerre estiment au moins à six semaines de production perdues, soit 140 avions non produits. La précision est également remarquable sur Schweinfurt, où trois des quatre usines de roulements à billes sont touchées. L'impact réel, difficile à évaluer même après guerre, de même que sur Steyr, apparaît toutefois moindre que lors du raid d'octobre, du fait de la dispersion du système productif décidée après la première attaque.

Pour la dernière journée opérationnelle du 25 février, *Argument* atteint son paroxysme d'intensité : les quatre forces armées aériennes sont engagées de concert, et en majeure partie sur les mêmes objectifs. À l'issue de sa brève pause, le Bomber Command attaque Schweinfurt avec 734 appareils dans la nuit du 24 au 25 février. En plus d'une habituelle force de diversion de 179 appareils au-dessus de la mer du Nord et de la baie de Kiel, Harris essaie une nouvelle tactique : diviser la force principale en deux vagues de 392 et 342 appareils, séparées de deux heures. Le stratagème fonctionne : si les pertes sont assez lourdes lors du premier assaut (vingt-deux avions abattus, soit 5,6 %), elles demeurent modérées pour le second avec onze bombardiers perdus (3,2 %), principalement du fait de la Flak. Surprise en train de ravitailler, la chasse de nuit allemande n'a détruit que quatre quadrimoteurs. Les résultats au sol se confondent avec le précédent bombardement américain mené quelques heures auparavant, ne permettant pas d'évaluations séparées.

De manière inédite, les 8e et 15e US Air Force reçoivent quelques heures plus tard un objectif commun pour la journée : les grandes usines Messerschmitt de Ratisbonne. Au total 750 bombardiers de la 8e USAF décollent d'Angleterre le matin, protégés par 687 P-47, 139 P-51 et 73 P-38, ainsi que douze *squadron* de Spitfire pour la traversée de la Manche. Cette force massive demeure groupée jusqu'au-dessus de Schweinfurt, encore fumant, avant de se séparer. Alors 267 B-17 de la 3e *Bomb Division* partent rejoindre les 176 B-24 dépêchés par la 15e USAF depuis l'Italie. La 1re *Bomb Division* se concentre sur Augsbourg et Stuttgart, la 2e sur Fürth. Les contrôleurs de la Luftflotte Reich se laissent en partie abuser par les raids de diversion menés le matin par 191 B-26 de la 9e USAF sur les aérodromes hollandais (Venlo), belges (Saint-Trond) et français (Cambrai-Épinoy). Les Me-109 et Fw-190 de la *Jagdgeschwader* (ou JG) 26 viennent toutefois prélever leur habituel tribut au-dessus de Stuttgart et Fürth, permettant à plusieurs as d'étoffer leur palmarès, tel le Hauptmann Mietush qui abat deux B-17, ses 57e et 58e victoires. L'affaire est tendue au-dessus de Ratisbonne, défendu par les JG 3 et 27. Si les chasseurs d'escorte limitent les pertes pour la 3e *Bomb Division* de la 8e US Air Force (douze appareils), le gros des défenseurs allemands se concentre une nouvelle fois pragmatiquement sur les B-24 non accompagnés de la 15e USAF. Le schéma habituel se répète, encore plus mortel que les jours précédents : trente-neuf bombardiers sont détruits, soit près d'un quart de la force d'attaque, dont une partie sans avoir tiré une seule cartouche de 12,7 mm, hors de portée des chasseurs lourds. Le mitrailleur William Fili du 450e *Bomb Group* évoque dans ses souvenirs « la Mort blanche » au-dessus des Alpes :

> Mon baptême du feu était sur Ratisbonne. La température indiquait au maximum – 60 °C. Je ne portais jamais de parachute, il n'y avait pas assez de place. Sans escorte, nous étions comme des cibles à la fête foraine. Les Alliés ont appelé les combats de la fin de février « Big Week », mais j'ai rencontré des vétérans allemands qui l'avaient surnommée « La Semaine de la Mort blanche » [*Die Woche des weißen Todes*]. Un surnom provenant des nombreux appareils qui étaient abattus, avec énormément d'hommes qui sautaient vers leur tombe dans la neige des Alpes[12].

Cette hécatombe concerne au même titre la Luftwaffe, qui n'en a toutefois pas tout à fait fini avec cette semaine sanglante. Les Britan-

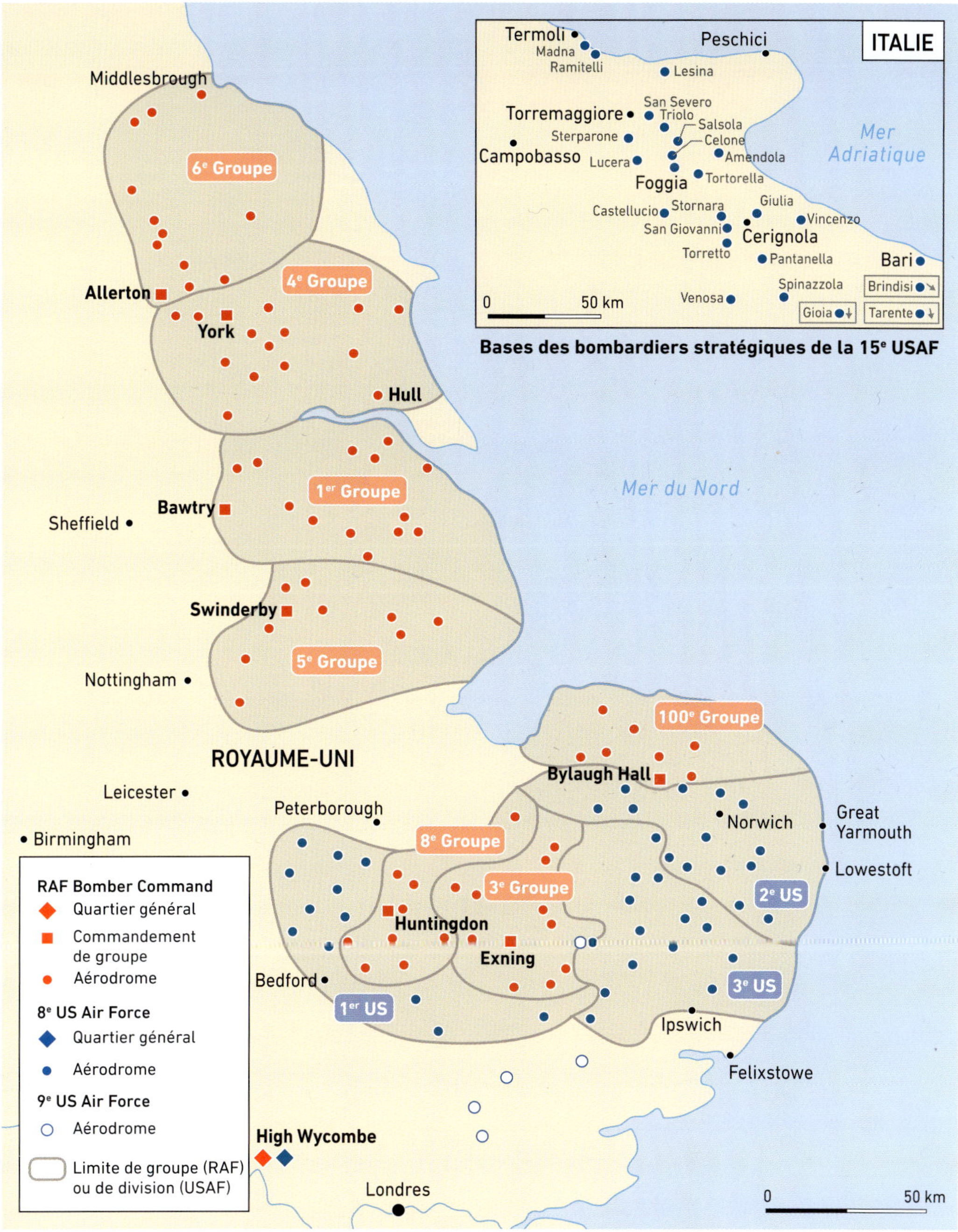

Carte 1. Les bases alliées au Royaume-Uni

La montée en puissance de l'US Army Air Force se traduit, au début de 1944, par la présence de près de 500 000 aviateurs américains sur le sol britannique, répartis sur près de 200 aérodromes, pour la plupart construits en rase campagne. Le nord-est de l'Angleterre, réservé aux bombardiers lourds pour réduire les temps de vol et recueillir les bombardiers endommagés, est saturé par les bases aériennes de la 8e US Air Force et du Bomber Command britannique. En Italie, la rapide conquête du sud de la péninsule, en septembre 1943, permet d'occuper et de développer le vaste complexe aéroportuaire de Foggia, plaçant la 15e US Air Force à bonne portée du sud du Reich et des Balkans.

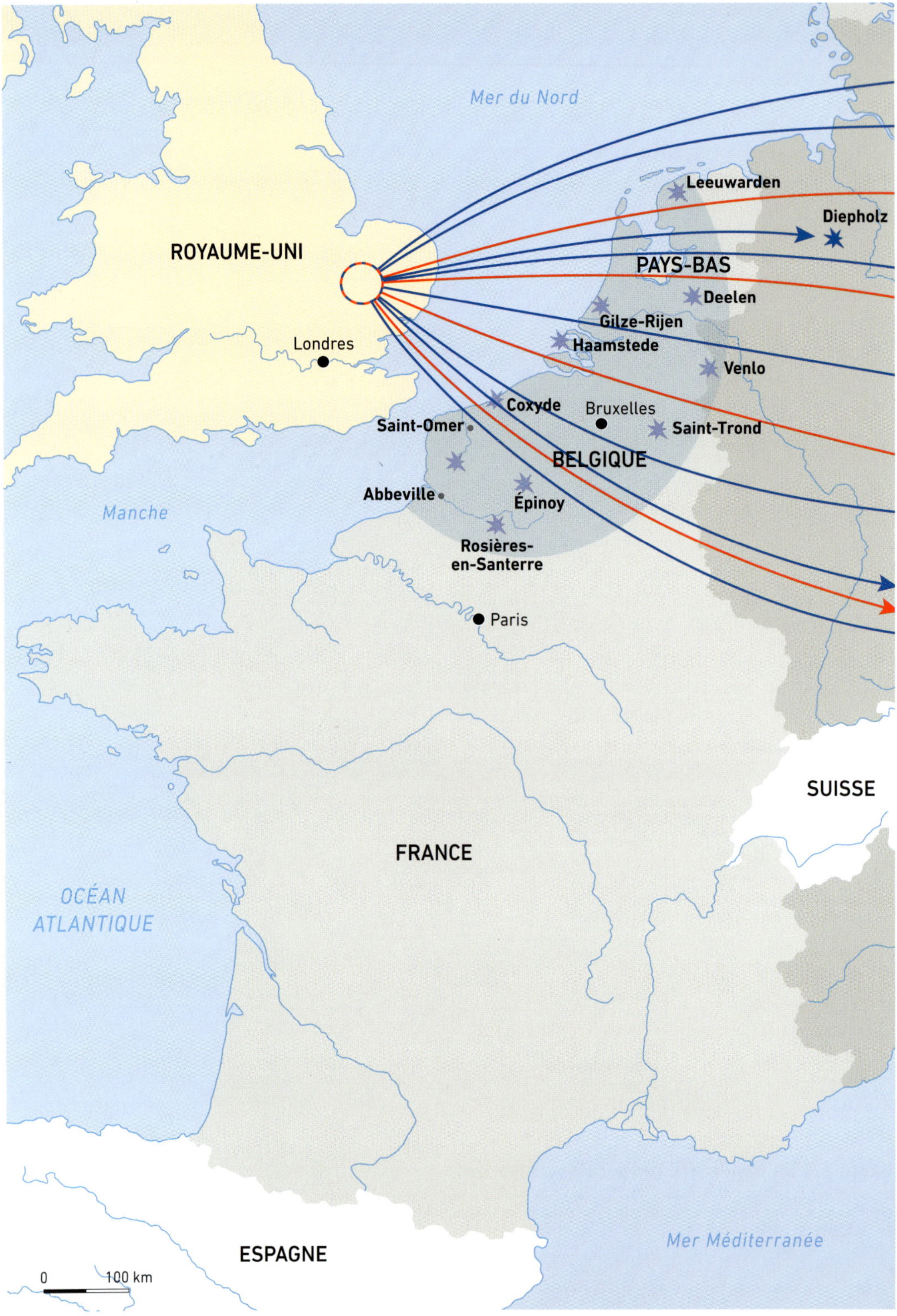
Mer du Nord
ROYAUME-UNI
Londres
Leeuwarden
Diepholz
PAYS-BAS
Deelen
Gilze-Rijen
Haamstede
Venlo
Coxyde
Bruxelles
Saint-Trond
Saint-Omer
BELGIQUE
Abbeville
Épinoy
Manche
Rosières-
en-Santerre
Paris
SUISSE
FRANCE
OCÉAN
ATLANTIQUE
Mer Méditerranée
ESPAGNE
0
100 km

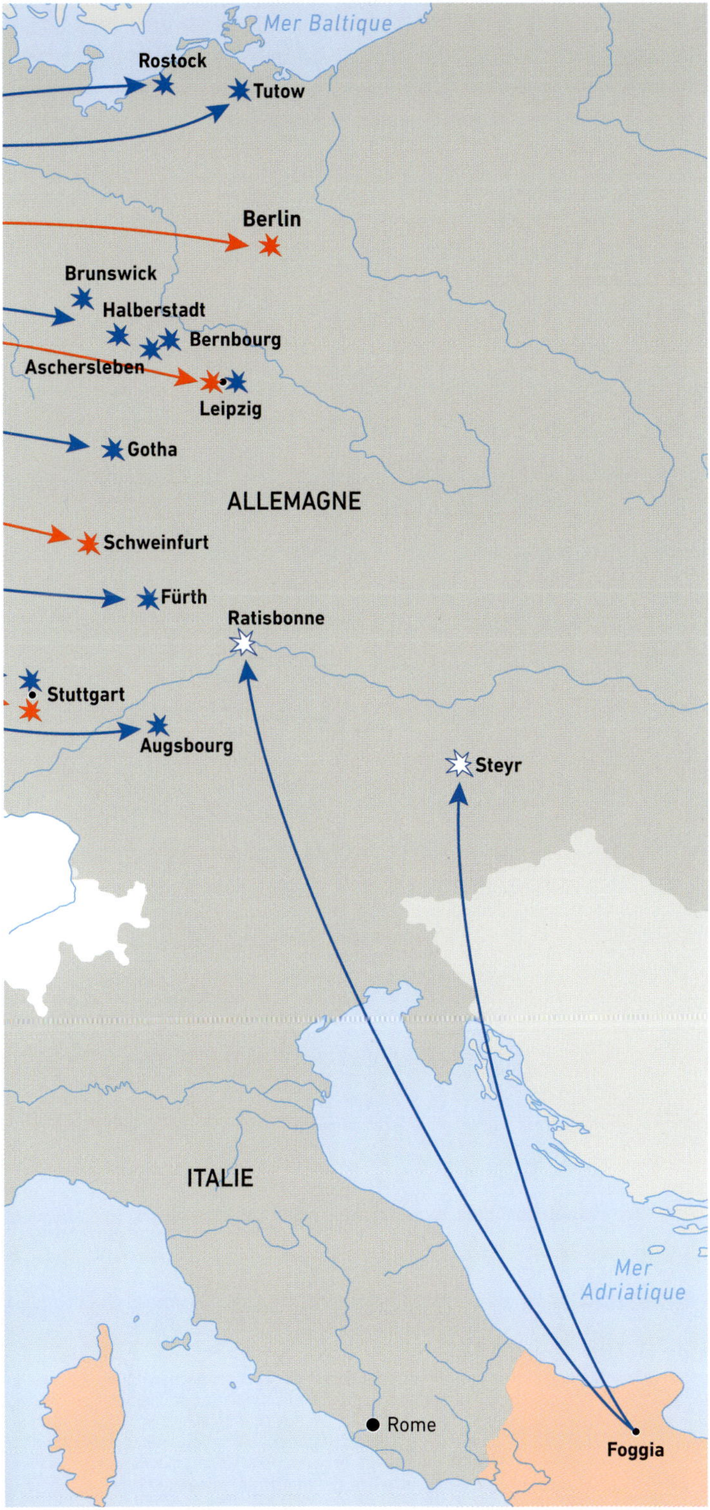

Carte 2. Les raids de l'opération *Argument*, février 1944

L'opération *Argument*, la plus grande offensive aérienne de l'histoire, entend détruire l'aviation de chasse allemande à la fois au sol, en frappant son système productif aéronautique, et dans les airs, en la forçant à combattre. Pas moins de quatre armées aériennes alliées basées au Royaume-Uni et en Italie doivent attaquer en même temps, sur l'Allemagne, l'Autriche, les Pays-Bas et la France, afin de disperser et finalement broyer la Luftwaffe.

Le mauvais temps hivernal et la difficulté de coordonner l'action de près de 3 000 appareils compliquent fortement l'opération, qui s'achève au bout d'une semaine par de très lourdes pertes pour les belligérants. Si les Alliés entendaient s'offrir le luxe de perdre jusqu'à 200 bombardiers lourds par jour, ce n'est pas le cas de la chasse allemande, dont les pilotes expérimentés ne sont pas remplaçables à ce stade de la guerre. Toutefois, au début de mars 1944, bien que sévèrement affaiblie, la Luftwaffe demeure capable de contester la supériorité aérienne alliée sur le Reich. Pour les Alliés, il en faut davantage pour obtenir la décision.

Raid nocturne du Bomber Command

Raid diurne de la 8e USAF

Raid diurne de la 15e USAF

Périmètre des raids de diversion de la 9e USAF

Raid de diversion de la 9e USAF

Territoire libéré par les Alliés (février 1944)

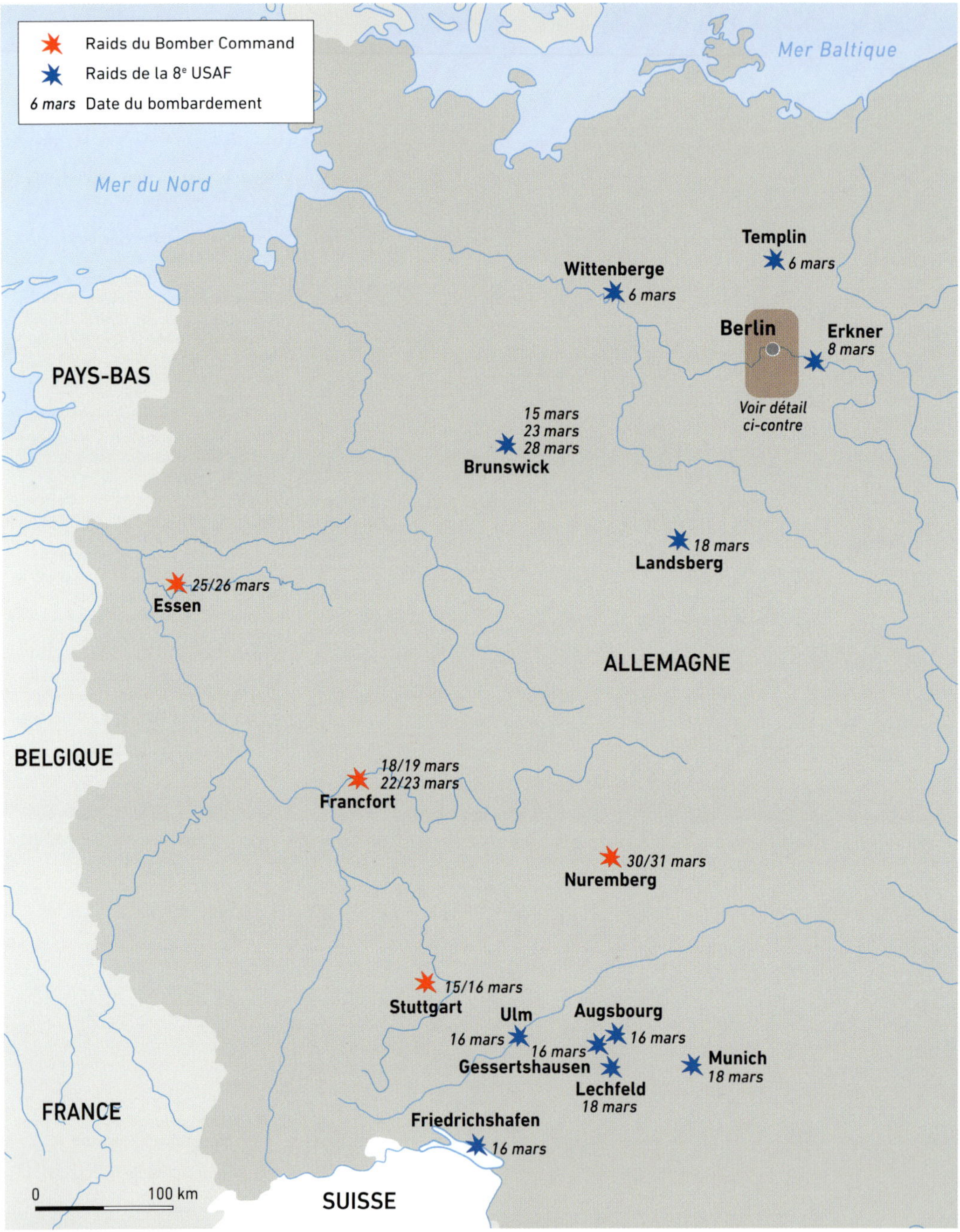

Carte 3. La bataille aérienne de Berlin, mars 1944

Au début de mars 1944, alors que le débarquement de Normandie est prévu dans trois mois, les Alliés ne disposent toujours pas de la supériorité aérienne sur l'Europe. L'opération *Argument* évolue en une série de raids meurtriers, destinés à uniquement provoquer la chasse allemande, sans chercher à créer de diversions. Pour forcer l'ennemi à décoller, un seul objectif symbolique : Berlin. De nuit, les Britanniques sont sévèrement battus, actant leur impuissance à venir à bout de la capitale. Pour leur part, les Américains accomplissent l'exploit historique de déployer en un seul raid plus de 1 500 chasseurs et bombardiers lourds, qui écrasent de leur masse toute opposition. À la fin du mois de mars, la Luftwaffe abdique définitivement la supériorité aérienne aux Alliés.

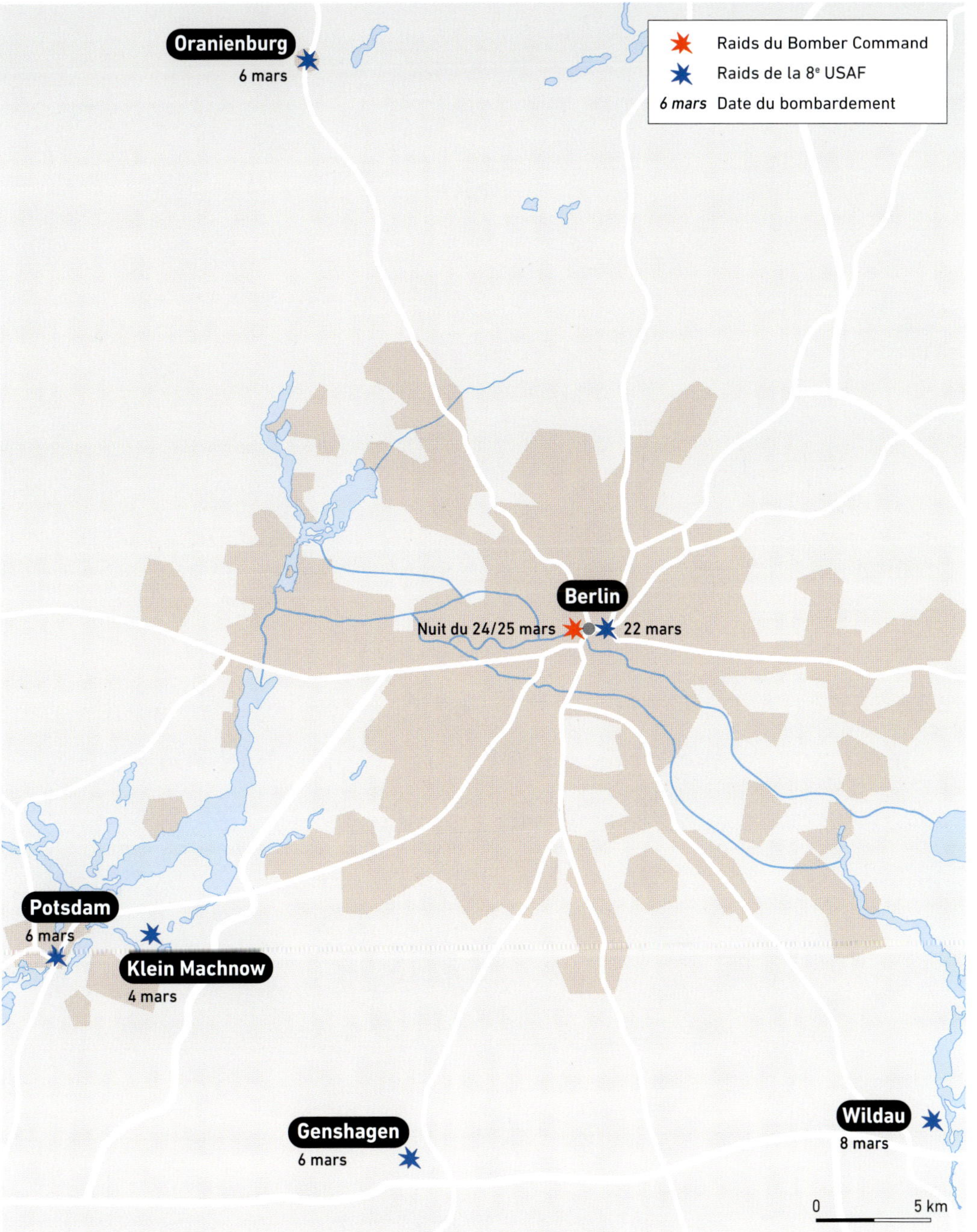

Carte 4. L'écrasement : la Luftwaffe battue sur Berlin

Comme l'espéraient les Alliés, la chasse allemande se bat pour défendre Berlin, jetant ses forces vives dans la bataille. Grâce à leur nouveau modèle de chasseur à long rayon d'action, le P-51 D Mustang, la 8e US Air Force est enfin en mesure d'accompagner ses bombardiers lourds sur la capitale. Broyée par la masse et la qualité des aviateurs américains, limitée par l'inexpérience de ses pilotes et la destruction des usines d'essence synthétique, la Luftwaffe n'est plus en mesure au printemps 1944 de s'opposer décisivement aux raids diurnes sur l'Europe. Elle conserve néanmoins un certain potentiel de nuisance pour des opérations limitées, notamment sur le front de l'Est, jusqu'à la fin de la guerre.

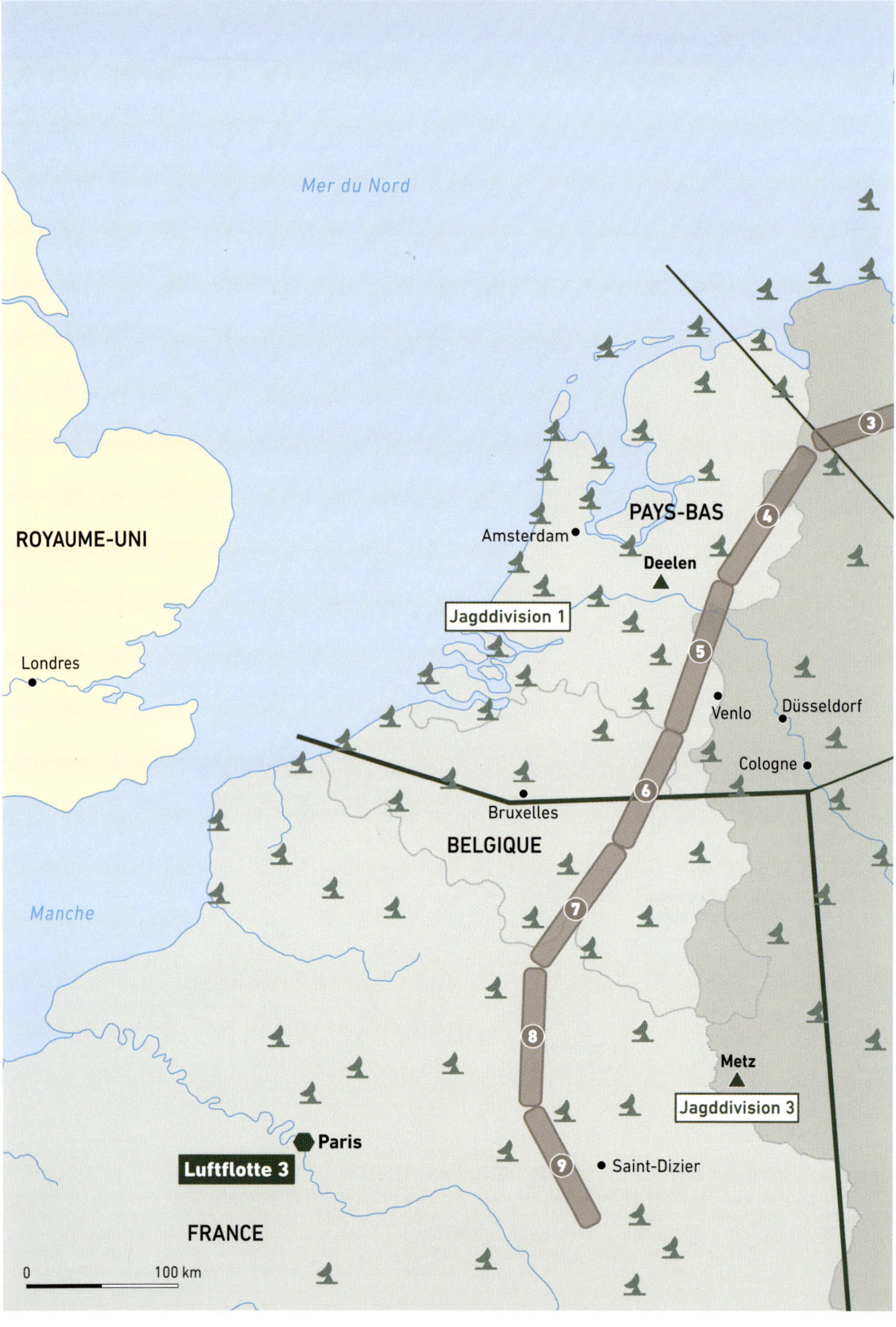
Mer du Nord
ROYAUME-UNI
Londres
Manche
PAYS-BAS
Amsterdam
Deelen
Jagddivision 1
Venlo
Düsseldorf
Cologne
Bruxelles
BELGIQUE
Metz
Jagddivision 3
Paris
Luftflotte 3
Saint-Dizier
FRANCE
3
4
5
6
7
8
9
0
100 km

Carte 5. Le système défensif de la Luftwaffe

La défense aérienne du Reich repose principalement sur la « ligne Kammhuber », du nom du très compétent chef de la chasse de nuit allemande, le général Josef Kammhuber – heureusement pour les Alliés, muté à la suite d'intrigues internes en 1943. Grâce à un vaste maillage de chaînes radars, les assaillants sont rapidement détectés, permettant aux centres de contrôle de coordonner l'action des divisions de chasse.
Le système est particulièrement efficace de nuit face au Bomber Command dépourvu d'escorteurs, et dont les bombardiers sont moins bien défendus que leurs homologues américains. Battue de jour en mars 1944, la chasse allemande est en revanche toujours capable de contrer les Britanniques, qui subissent leurs pires pertes de la guerre le 31 du mois sur Nuremberg.

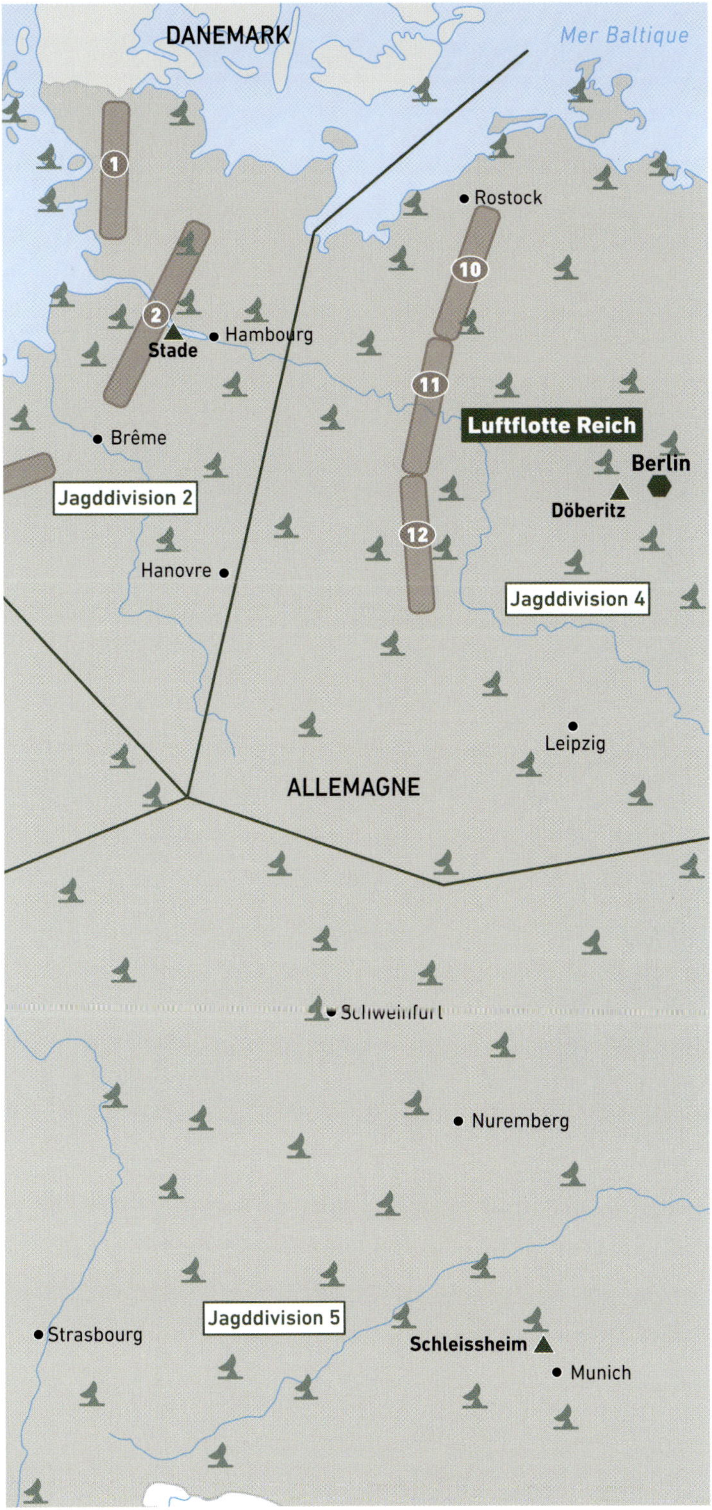

Limite et centre de commandement de Luftflotte

Limite et centre de commandement de Jagddivision

Station radar

Ligne Kammhuber (12 *Himmelbett*), centre de contrôle pour le guidage de la chasse

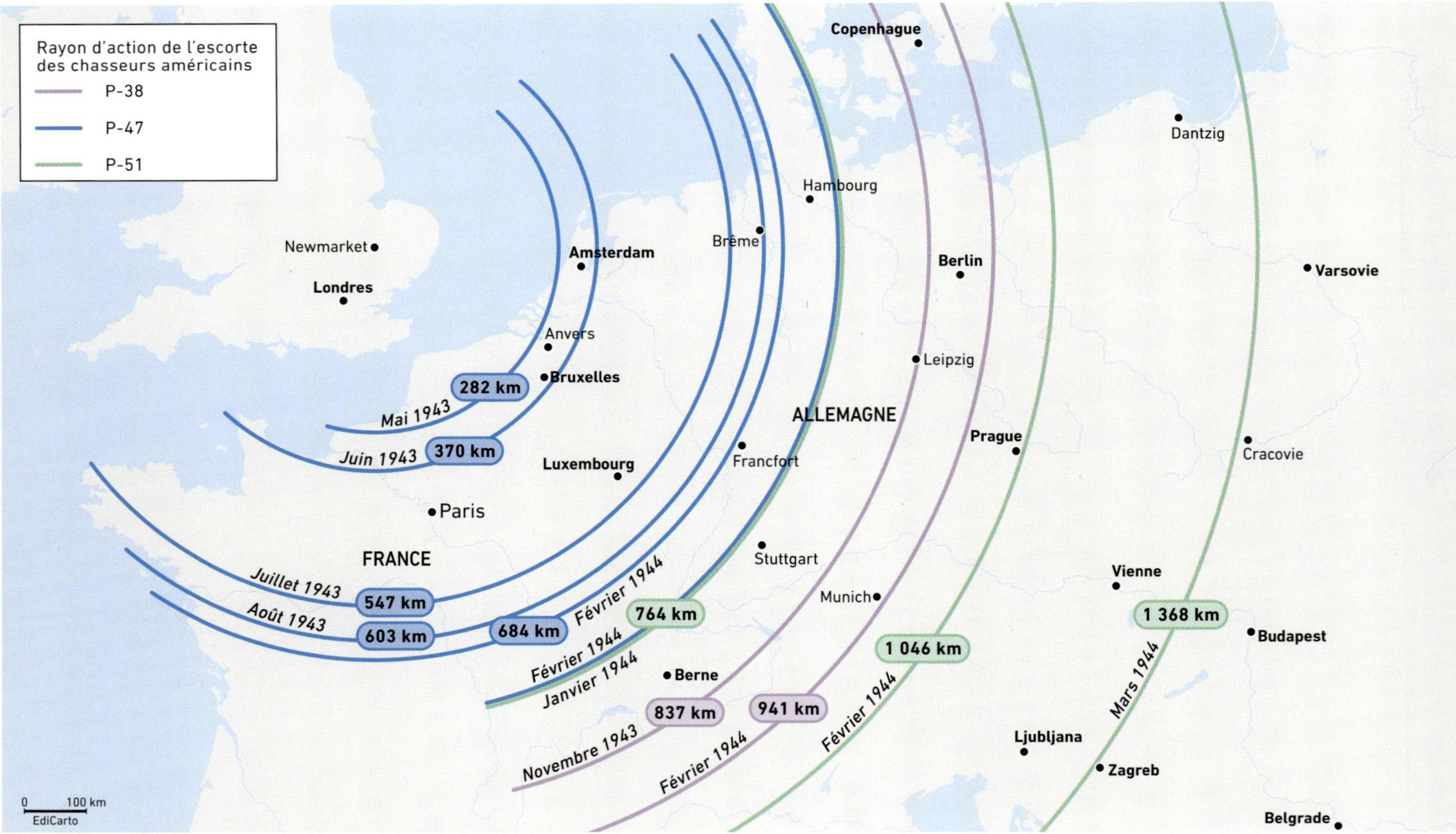

Carte 6. L'évolution des rayons d'action des chasseurs alliés

Durant les années 1930, armées britanniques et américaines ont délaissé le concept de chasseur d'escorte, les bombardiers lourds devant se suffire à eux-mêmes pour effectuer des raids stratégiques. Les sanglants démentis de cette *doxa* entre 1940 et 1943 poussent les Alliés à augmenter progressivement la portée de leurs appareils existants, en particulier grâce à l'adjonction de réservoirs d'essence externes. Les Américains sont les premiers à concevoir un chasseur spécifiquement dédié à l'escorte, le P-51, dont le rayon d'action est encore augmenté grâce à un nouveau modèle de bidon en aluminium développé par les Britanniques. Symbole des progrès technologiques fulgurants de l'aviation pendant la guerre, le « Mustang » est en mesure d'accompagner et de défendre les bombardiers lourds jusqu'aux confins du Reich, et même d'aller attaquer l'ennemi au sol jusqu'en Pologne.

niques avaient entamé l'offensive par un raid sur Leipzig dans la nuit du 19 au 20 février, ils l'achèvent par un raid de 594 bombardiers sur Augsbourg, dont les usines produisant les Messerschmitt 110 viennent d'être durement touchées dans la journée par la 1re *Bomb Division*. La nuit pour une fois sans nuage autorise un *area bombing* précis sur le centre-ville historique, pulvérisé par 2 000 tonnes de bombes. Parmi les bâtiments dévorés par les flammes figurent l'hôtel de ville du XVIIe siècle et seize églises. Un « simple » prélude aux hécatombes à venir en 1945, avec ici « seulement » 650 à 750 civils tués.

La destruction d'Augsbourg symbolise l'extrême intensité de cette semaine d'engagement, qui davantage que le surnom de propagande de « Big Week » mériterait peut-être celui de « Bloody Week ». Les chiffres bruts, sans commune mesure dans l'histoire de la guerre aérienne, sont en effet étourdissants. Les Alliés ont mené 6 200 sorties de bombardiers principalement sur vingt complexes industriels, larguant 19 000 tonnes de bombes en moins d'une semaine, dont 10 000 tonnes par l'aviation américaine. Les pertes s'élèvent à 370 bombardiers lourds alliés, et avec eux près de 5 000 navigants tués, blessés ou prisonniers. Un bilan certes impressionnant sur une aussi courte durée, mais à placer en perspective des 200 pertes quotidiennes qui étaient prêtes à être assumées par Spaatz au début des opérations. Ces pertes relatives constituent justement les deux premiers enseignements majeurs de la *Big Week*. Avec 3 300 sorties aériennes et 137 pertes, la 8e US Air Force a connu un taux d'attrition bien moindre que la 15e USAF, déplorant la perte de 89 appareils sur les 500 sorties. Cette nouvelle leçon sanglante, pourtant bien inutile à ce stade des opérations, ne fait que confirmer ce qu'Eaker avait eu tant de mal à accepter : les bombardiers lourds ne peuvent pas atteindre le Reich seuls sans subir des pertes prohibitives. Malgré les pertes sévères de la 15e US Air Force, le taux d'attrition d'ensemble de l'aviation stratégique américaine (6 %) demeure moindre que celui du Bomber Command britannique (8 %), pourtant relativement épargné par rapport aux raids de la bataille de Berlin, excepté lors du bombardement d'ouverture sur Leipzig. La chasse de nuit allemande, lorsque les contrôleurs n'ont pas été abusés par les mesures de diversion, n'a nullement été battue durant la semaine, demeurant un adversaire mortel avec ses chasseurs lourds munis des nouveaux modèles de radars embarqués et systèmes d'armements, dont le meutrier *Schräge Musik*. Un constat permettant de valider, au moins en partie, les thèses américaines d'avant-guerre sur le bien-fondé du bombardement de jour.

Quels sont les résultats concrets ? L'opération *Argument* visait en premier lieu à détruire les infrastructures aéronautiques allemandes, ainsi que des complexes industriels plus ou moins reliés à ces cibles (usines de roulements à billes). Même si la plupart des sites visés ont été effectivement touchés et photographiés par l'aviation de reconnaissance, il demeure difficile pour les services de renseignement alliés d'en tirer des bilans, au-delà de l'assurance d'avoir au moins supprimé plusieurs journées voire des semaines de production, et donc quelques centaines de nouveaux chasseurs. Cette impossibilité à quantifier les résultats met en lumière les limites des organismes rivaux de renseignement alliés, sous-estimant puissamment leur potentiel d'adaptation. Dans les faits, la production aéronautique du Reich n'a que peu souffert, et va paradoxalement bénéficier d'une réorganisation efficace permettant d'exploser ses résultats d'ici l'été 1944.

Le troisième enseignement de cette semaine d'engagements, celui-ci bien visible, exploitable et à tous égards décisif, concerne les chasses diurnes des belligérants. Malgré plus de 4 000 sorties opérationnelles, les Alliés n'ont perdu que trente-huit chasseurs, dont vingt-huit pour les forces américaines, pourtant engagées de manière inédite jusqu'au centre du Reich. Pour des pertes insignifiantes, les Spitfire, P-38, P-47 et P-51 ont littéralement massacré leurs opposants, principalement des Me-109, Me-110 et Fw-190. Les chiffres alliés évoquent 600 victoires uniquement sur le Reich, les sources allemandes admettent au total 433 navigants tués, 277 blessés et 341 disparus sur tous les fronts en février 1944, soit 2 121 appareils perdus. La Luftwaffe laisse ainsi dans la bataille au moins un tiers de son potentiel, où figuraient encore les survivants des heures glorieuses des premières campagnes. Aux pertes irremplaçables des as s'ajoute l'hécatombe des néophytes, de plus en plus rapidement extraits des écoles de formation et jetés dans la mêlée.

En dehors de l'absence d'escorte sur les cibles de la 15e US Air Force, les victoires obtenues par la Luftwaffe ont été permises en profitant des vides laissés par les escortes, souvent lors de brèves attaques frontales hautement périlleuses. La JG 26, en pointe face à la 8e USAF, a obtenu ainsi sa 2 000e victoire, non sans perdre dix-neuf pilotes et le quart de ses chefs d'unités. Cette manière d'attaquer en masse rapidement les bombardiers et de se retirer aussitôt sans chercher le combat avec l'escorte devient par la suite la tactique normée de la Jagdwaffe pour le restant de la guerre.

Richard Hughes, le chef de l'Enemy Objectives Unit et principal planificateur de l'opération *Argument*, ne verse pas dans la modestie en annonçant considérer « le résultat de cette semaine d'attaque comme les funérailles de l'aviation allemande[13] ». Une déclaration présomptueuse, dans la lignée de l'optimisme des services de renseignement aériens alliés et, dans les faits, simplement erronée. Car la Luftwaffe n'a pas été détruite durant cette semaine sanglante. D'une part, la chasse de nuit en est ressortie plus forte que jamais ; d'autre part, les escadres de bombardement n'ont pas même été concernées par la bataille. Même la chasse de jour, martyrisée, n'est pas brisée. Malgré les coups infligés et leur capacité nouvelle à mener des raids sur le Reich sans pertes excessives, au 26 février 1944 les Alliés ne possèdent pas encore la supériorité aérienne, comme le prouvent les deux derniers jours de combats, les plus meurtriers, avec pas moins de 124 bombardiers lourds américains abattus. Pour en finir et forcer les chasseurs de Göring à continuer à décoller malgré la blessure béante infligée, un seul objectif symbolique s'impose.

6

La bataille de Berlin

31 mars 1944. Les Me-110 volent en formation sous le clair de lune, guidés par les signaux émis par les contrôleurs de la Luftflotte Reich, qui ont repéré l'énorme armada de près de 800 appareils britanniques à peine la côte belge franchie. Dans leur version de chasse nocturne G-4, ces bimoteurs sont lourdement chargés d'armes supplémentaires, dotés d'un affût double de 20 mm du *Schräge Musik* monté à la verticale, et d'un radar FuG 220 *Lichtenstein* fixé à l'avant, les rendant très peu manœuvrables. Ils n'auraient aucune chance de jour, et de fait leurs homologues de la Jagdwaffe ont été pratiquement éradiqués du ciel du Reich par les chasseurs américains. Mais la nuit et face aux Britanniques, les Zerstörer possèdent un vaste potentiel de nuisance.

Alors qu'ils parviennent sur l'axe pointant vers Nuremberg, cible des bombardiers d'Harris, les pilotes des ME 110 voient leur radar embarqué se déclencher. Bientôt le clair de lune confirme l'arrivée des vagues de Lancaster et d'Halifax, dont certains ont leurs moteurs en flammes, déjà victimes de précédents assauts. Plutôt que d'attaquer les quadrimoteurs par l'arrière, et ainsi offrir une chance aux mitrailleurs de faire usage de leurs quatre mitrailleuses jumelées, les chasseurs profitent de leur radar et de la bonne luminosité pour se glisser sous les bombardiers, passant totalement inaperçus. Une fois le Me-110 pratiquement à la verticale, il n'y a plus qu'à déclencher le *Schräge Musik* en toute impunité, faute de mitrailleuses défensives ventrales. Le tir s'effectue dans la partie la plus vulnérable de la cible, sous les ailes remplies de carburant et la soute surchargée de bombes. Jusqu'à la fin de la guerre, les services de renseignement s'interrogeront sur l'origine de ces hécatombes.

Le mois de mars 1944 représente pour les Alliés l'ultime effort pour vaincre la chasse allemande, avant que les armées aériennes soient rappelées en France pour l'opération *Overlord.* Harris tente alors son va-tout pour emporter la décision dans la « bataille de Berlin », qui s'éternise depuis novembre 1943. Les Américains, de plus en plus pragmatiques, se concentrent eux aussi sur ce symbole du pouvoir nazi, afin de contraindre les chasseurs d'Adolf Galland à décoller. La bataille finale pour la supériorité aérienne se joue bel et bien sur la capitale du Reich.

« Dieu soit loué ! J'avais peur pour Berlin »

Dans son nouveau quartier général à Londres, le général Spaatz ne partage pas l'enthousiasme plus ou moins justifié des chefs de l'EOU quant à la victoire décisive remportée sur la Luftwaffe lors de la dernière semaine de février 1944. Sur le plan personnel, le chef de l'aviation américaine en Europe vient d'apprendre une nouvelle tragique, le 25 février. L'avion de son beau-fils, le lieutenant des USAAF Red Gresham, marié à sa fille Rebecca depuis un an et tous deux parents d'une fille d'1 mois, s'est écrasé sur une petite île de l'Adriatique. Aucun parachute n'a été retrouvé. Spaatz sollicite instamment l'aide d'Eaker, pourtant fort (pré)occupé par les raids de la 15ᵉ US Air Force sur l'Autriche, pour s'assurer de la mort de Gresham. Heureusement, celui-ci finit par être retrouvé vivant. De manière improbable, le jeune officier a réussi à sauter dans la mer au dernier moment avant de voir son avion exploser à terre. Capturé par une sentinelle allemande, il est parvenu à lui fendre le crâne avec un rocher, puis à rejoindre les partisans yougoslaves, avant d'être exfiltré en Italie, territoire allié.

Cet heureux dénouement permet à Spaatz de penser pleinement à la seconde phase d'*Argument*. Sa décision est vite prise. L'uppercut asséné à la Luftwaffe ne suffit pas : il faut concentrer les attaques uniquement sur l'attrition au sol et dans les airs contre la chasse allemande. L'intérêt économique des cibles au sol importe désormais moins que de faire décoller la Jagdwaffe, pour la détruire au combat. Il s'agit là du second volet de l'opération, non détaillé à l'origine, bien qu'anticipé par le général dès le mois de décembre 1943. À Washington, Arnold acquiesce, désormais plus pondéré sur le potentiel effectif du bombardement stratégique. Le chef des opérations de Spaatz, le général Anderson, propose de s'aventurer là où l'aviation américaine ne s'est encore jamais risquée, mais où les chasseurs allemands ne manqueront pas de venir se battre : Berlin. Certes, les bombardiers lourds seront contraints de s'exposer pendant cinq longues heures dans le ciel du Reich, mais il s'agit justement de l'objectif recherché. Car les B-17 et les B-24 seront accompagnés tout du long par les chasseurs d'escorte, en particulier les P-51, qui affluent enfin dans les *squadron* au début du mois de mars 1944, jusqu'à être 90 % plus nombreux qu'au début d'*Argument*. L'entrée en service massive des réservoirs jetables de 108-gallon permet également de démultiplier les rayons d'action, et l'ajout de deux bidons jumelés offre au P-38 la possibilité de dépasser Berlin et d'atteindre Prague, jusqu'à 1 045 kilomètres de l'Angleterre. Le P-51 balaie pour sa part ce résultat déjà spectaculaire, en affichant une amplitude sans égale de 1 368 kilomètres, assez pour aller surprendre la chasse allemande sur les terrains de Cracovie, en Pologne. Le lourd P-47 ne peut plus rivaliser, tout juste capable de dépasser Hambourg, mais, désormais remplacé en escorte par le Mustang, il trouve un nouveau rôle et évolue en tant que chasseur-bombardier, futur fer de lance de l'aviation alliée en Normandie.

Pour les Britanniques, la bataille aérienne de Berlin, engagée par le Bomber Command en novembre 1943, connaît une longue pause depuis janvier 1944, due aux revers essuyés par leurs appareils face à la chasse nocturne allemande. Sérieusement échaudé, Harris profite au début du mois de mars de l'occasion du lancement du *Transportation Plan* (bombardements des gares en préparation du débarquement de Normandie) en France pour à la fois faire mine d'afficher son soutien à *Overlord* et relâcher quelque peu la pression sur des objectifs ferroviaires bien moins défendus. Autant de prétextes pour ne pas de nouveau engager le Bomber Command sur Berlin avant le 24 mars. En somme, l'opération *Argument* n'a plus grand-chose de combinée – de là date le début de l'hégémonie des USAAF sur l'Europe, qui n'ira qu'en s'amplifiant jusqu'à la fin de la guerre.

Soucieux de ne pas laisser l'ennemi se reprendre après la *Big Week*, Spaatz et Anderson veulent en découdre immédiatement, mais doivent cependant vaincre les réticences du général Doolittle, chef de la 8e US Air Force et davantage au contact des réalités de ses hommes, épuisés et passablement inquiets face au nouveau défi berlinois. Surtout, le mauvais temps hivernal persiste jusqu'au début du mois de mars. Le 3, une tentative de sortie vient échouer dans l'opacité totale régnant sur la mer du Nord. Le lendemain, trente et un B-17 parviennent pour la première fois à se faufiler jusque dans la banlieue de Berlin, larguant quelques bombes pour l'histoire sur Klein Machnow. Les « forteresses volantes » sont escortées par un groupe de Mustang ayant réussi à ne pas perdre le contact jusqu'à la capitale. Ces derniers observent au loin une formation de soixante-dix chasseurs adverses ne cherchant pas le combat, conformément aux consignes de Göring. Le ministre de la Propagande Goebbels quitte le lendemain Berlin pour le QG d'Hitler à Berchtesgaden, et note dans son journal, soulagé : « En route vers Salzbourg, j'apprends que le Reich n'a subi aucun raid ennemi. Dieu soit loué ! J'avais peur pour Berlin[1]. »

Une crainte finalement bien justifiée, puisque enfin, le 6 mars 1944, la 8e US Air Force profite d'une éclaircie pour décoller en force. Ainsi 730 bombardiers lourds quittent-ils l'Angleterre, accompagnés en relais continu par 644 chasseurs de la Royal Air Force, de la 9e et principalement de la 8e USAF. L'affaire ne peut que se traduire par un gigantesque affrontement. Contrairement aux raids précédents, il n'y a pas de mesures de diversions : les radars des contrôleurs de la Luftflotte Reich s'illuminent de centaines d'appareils franchissant la côte hollandaise et fonçant directement, et sans nul doute possible, sur Berlin. La Jagdwaffe a largement le temps de décoller, ce qui est le but attendu. Sur la capitale même, un millier de tubes lourds de

Flak attendent, y compris des 128 mm jumelés tirant au radar, installés sur leurs monstrueuses tours bétonnées voulues par Hitler pour être vues, faire du bruit et ainsi réconforter les Berlinois. Tout ce qui peut voler cercle patiemment sur la cité, incluant des unités de chasseurs lourds équipées de Messerschmitt Me-110 et Me-410 réchappés des combats de février, dont la moitié sont de précieux chasseurs de nuit, qui seraient plus utiles face au Bomber Command.

La bataille voulue par Spaatz et Anderson fait rage pendant plusieurs heures. Cent quarante-six appareils de tous types s'abattent en flammes de la mêlée, dont soixante-neuf bombardiers lourds – les pires pertes américaines de la Seconde Guerre mondiale. Parmi ce carnage figurent certes des victimes des chasseurs allemands, mais en bonne partie aussi de la Flak, à l'intensité encore inédite pour les équipages de la 8e US Air Force – le pilote Robert Shoens, du 351e *Bomb Squadron* rattaché au 100e *Bomb Group*, surnommé le « *Bloody* 100e », s'en fait l'écho :

> Nous apercevions de loin les flashs de la Flak au sol. Les chasseurs étaient effrayants, mais nous pouvions au moins les voir précisément. Il y avait une batterie qui suivait notre trajectoire, avec quatre canons. La manière typique d'essayer de s'en sortir était de virer à gauche, pour obliger les servants à manœuvrer leurs canons, puis à droite, à gauche et ainsi de suite. Ils ont tiré à quatre ou cinq reprises, jusqu'à ce que nous soyons hors de portée. […] Après quatre passes d'attaque des chasseurs ennemis en douze minutes, il n'y avait plus de *squadron*. J'étais le seul qui restait en formation, peut-être trois ou quatre autres appareils survivaient quelque part livrés à eux-mêmes, mais j'étais le dernier à maintenir le cap sur l'objectif. C'était effrayant, mais quelque chose dans ma tête répétait : « au moins ils ne m'ont pas eu »[2].

Lorsque la 8e US Air Force se retire en fin d'après-midi, Spaatz tient sa victoire. Certes, les pertes sont très lourdes – 10 % de la force d'attaque est hors de combat –, mais les Américains peuvent désormais se le permettre. Au sol, les cibles visées, la Vereinigte Kugellagerfabriken d'Erkner et la Daimler-Benz Motoren GmbH de Genshagen, ont été peu touchées dans la confusion, mais l'importance n'est pas – plus – là : soixante-six appareils à croix gammée brûlent dans et autour de Berlin, pour la plupart avec leurs pilotes (12,5 % des appareils engagés). La Luftwaffe ne peut supporter pareille hécatombe, en dépit de l'optimisme surréaliste du *Völkischer Beobachter*, l'organe de presse officiel du parti nazi :

> Si les habitants de la capitale ont été surpris du fait que, malgré les lourdes défenses et les lourdes pertes, des formations ennemies isolées aient été en mesure d'atteindre la capitale en formation, il faut se rappeler que cela ne doit pas du tout être interprété comme un signe de force. Si, de temps en temps, les assaillants volent dans un ciel clair sans être poursuivis par les redoutables chasseurs allemands, seul le profane est dupe, et encore, seulement pour quelques minutes[3].

Deux jours plus tard, le 8 mars 1944, 426 bombardiers lourds de la 8e US Air Force reviennent confirmer les doutes des « profanes », en larguant 1 000 tonnes de bombes sur les usines d'Erkner, cette fois-ci neutralisées pour plusieurs semaines. Sept cent soixante-deux tonnes de bombes incendiaires brûlent autour du site industriel, aux fumées bien visibles dans le ciel clair. Certes pas de quoi sérieusement perturber le flegme des Berlinois, habitués aux bombes, dans une capitale déjà en partie ruinée par les Britanniques. Le traumatisme concerne surtout la Luftwaffe. Exceptée la Flak, en partie à l'origine des trente-sept appareils perdus, l'opposition allemande s'est révélée bien plus faible que le 6 mars, et insignifiante de la part des chasseurs lourds. À l'opposé, les Américains ont battu leur record en faisant décoller 1 015 chasseurs d'escorte, dont 174 P-51 imposant leur loi sur Berlin, pour un total de quatre-vingt-sept victoires revendiquées contre dix-sept pertes. À la fin du mois de mars 1944, la 8e US Air Force comptera trois unités de chasse totalement équipées de Mustang : les 4e, 355e et 357e *Fighter Groups*, auxquels s'ajoute le 354e de la 9e USAF. Le pionnier 4e *Fighter Group*, qui avait commencé *Argument* avec 150 victoires, en comptera 400 à la fin de l'opération. La suprématie du Mustang se scelle définitivement dans le ciel de Berlin. Le pilote Donald Strait, du 356e *Fighter Squadron*, a l'occasion de comparer la transition entre le P-47 et le P-51, encore en cours pour cette unité :

> Le P-51 Mustang est le meilleur appareil sur lequel j'ai servi dans ma carrière. Il possédait tous les avantages possibles : rayon d'action, vitesse maximum, manœuvrabilité. Le P-47 Thunderbolt était loin d'être aussi aisé à contrôler, il possédait une autonomie bien moindre, mais avait l'avantage d'exceller dans l'appui au sol, en étant capable d'encaisser des dégâts considérables face au feu ennemi. À l'inverse, le Mustang était beaucoup plus fragile. Au-delà des appareils, ce qui faisait la différence, c'était l'habileté des pilotes. Les Allemands avaient de plus en plus de mal à former leurs nouvelles recrues, avec moins de vingt-cinq heures de vol. Ils perdaient tellement d'hommes que leur qualité au combat diminuait de manière visible. Leurs opérations étaient purement défensives. Je n'ai jamais rencontré, ou du moins jamais remarqué, un pilote ennemi exceptionnel[4].

Preuve de la supériorité du Mustang, Donald Strait est détenteur de trois victoires confirmées sur P-47 en quatre-vingt-sept missions, et certifié en tant qu'as sur P-51 avec 10,5 victoires en seulement trente-cinq sorties opérationnelles. Le P-51 sera finalement interdit d'attaque au sol à partir de janvier 1945, pour se contenter de son unique rôle de chasse. Le seul autre chasseur allié capable d'atteindre Berlin, le P-38, atteint cependant ses limites lors de l'opération *Argument*. Ses deux moteurs Allison ont mal supporté les températures extrêmes rencontrées à haute altitude dans le froid hivernal, aussi plus de la moitié des appareils sont-ils hors service pour cause mécanique. Désormais peu utile dans son rôle d'intercepteur en Europe, le Lightning connaît toutefois une seconde et brillante partie de carrière dans le climat moins extrême du Pacifique, où il est surnommé le « diable à deux queues », du fait de sa conception à deux fuselages, par un adversaire nippon là aussi de moins en moins qualitatif.

L'un des témoins de l'efficacité des Mustang pourrait être Adolf Galland en personne, bien qu'interdit de vol en sa qualité de chef de la chasse allemande. Peu versé dans l'obéissance aveugle aux consignes, l'impétueux General der Flieger aurait réalisé une dizaine de missions opérationnelles et remporté deux victoires en 1944, sans les revendiquer, au risque de s'exposer à des sanctions – à commencer par les foudres de Göring et Hitler. Dans ses Mémoires, Galland évoque une de ces sorties, correspondant potentiellement au raid américain du 8 mars. L'intérêt du témoignage réside dans l'évocation du fossé existant entre le haut commandement de la Luftwaffe et la réalité des navigants, ainsi que des techniques déployées, réduites à la nécessité de s'attaquer le plus rapidement possible à des cibles isolées, en fuyant les chasseurs d'escorte :

> La gravité de la situation aérienne me fut démontrée de façon très frappante, lors d'un engagement de la chasse du Reich auquel je participais avec l'inspecteur des chasseurs de jour du front Est, le colonel Trauloft, au printemps 1944. Une « grosse affaire » – c'est ainsi que nous appelions les pénétrations de formations importantes – était signalée en direction de la côte hollandaise. [...] Dix minutes plus tard, décollage de Staaken. Cap à l'ouest, montée à 8 500 mètres. [...] À distance respectueuse, 10 à 15 kilomètres, nous laissons passer les formations américaines devant nous. Une impression lamentable s'insinue en moi. Au milieu de l'Allemagne, formation après formation, étincelante dans le soleil de printemps, défile devant nous. Il faut avoir rencontré une pareille masse de bombardiers en l'air, et non pas seulement sur les vitres dépolies des salles de direction des opérations aériennes, dans les casemates, pour connaître le mélange de rage impuissante et de désespoir qui me serre maintenant la poitrine ! Cela a-t-il encore un sens quelconque de vouloir faire quelque chose ? [...] L'une des formations passe à côté de moi. Les doigts me démangent. Faudra-t-il que j'aie regardé cette parade en restant complètement passif ? Demi-tour vers la gauche. Virage qui nous amène sur l'ennemi. Il y a justement un B-17 qui est à l'écart d'une formation et qui cherche à s'insérer dans une autre, placée à gauche et en arrière. « Hannes, dis-je par radio à mon équipier, à l'attaque ! On se l'envoie. » Cette décision n'avait rien d'héroïque. Nous aurions dû plonger dans une formation intacte et abattre l'avion qui la dirigeait. Il est à peu près certain que, ce faisant, nous aurions nous-mêmes été abattus [...]. Je suis à cent mètres derrière le B-17. Il tire, vire et monte désespérément. Dans le monde et dans l'air qui l'entoure, il n'y a maintenant rien d'autre que ce bombardier améri-

cain, qui lutte pour sa vie, et moi. Mes canons tirent. Des tôles s'envolent. De la fumée sort des moteurs. Voilà que tout le chargement de bombes, largué précipitamment pour alléger l'avion, dégringole devant mon nez. Un réservoir d'aile flambe. L'équipage saute en parachute. Soudain, la voix de Trautloft crie à la radio : « Attention, Adam, des Mustang ! » [...] C'est alors que le dégrisement arriva pour moi – avec les premières rafales de quatre Mustang. Le B-17 était parfaitement liquidé, moi pas encore. Pourtant, c'est presque ce que j'aurais souhaité lors de la poursuite haletante et humiliante qui commença pour moi. Je me suis tout simplement sauvé vers l'est, en direction de Berlin, j'ai essayé d'échapper, par un piqué plein gaz, aux Mustang qui me poursuivaient en tirant comme des possédés[5].

Galland finit par semer ses poursuivants et atterrit à Staaken, non sans avoir été pris pour cible par les servants trop nerveux de la Flak berlinoise – qui abat chaque mois plusieurs dizaines d'appareils allemands. « Dans les milieux de la chasse, on apprit très vite que les Mustang avaient poursuivi le "vieux" jusqu'à Berlin. » À 32 ans, Galland fait effectivement partie des *Alte Hansen*, des « vieilles mains » comparé à la grande majorité des nouveaux pilotes à peine sortis de l'adolescence. Seules l'habileté, l'expérience et avant tout la chance autorisent ces vétérans à traverser les derniers mois de la guerre.

Galland obtiendra sa dernière victoire le 26 avril 1945, peu avant d'être descendu et blessé le même jour, totalisant 104 succès aériens. Un bilan bien supérieur aux meilleurs as alliés et soviétiques (le Soviétique Ivan Kojedoub totalisera soixante-deux victoires), et pourtant très éloigné du palmarès sans égal dans l'histoire d'Erich Hartmann, qui termine sa liste ineffable de victoires par une 352e victime le 8 mai 1945, sans même avoir jamais été abattu. Un exploit certes stupéfiant, lié à l'habileté et aussi à la chance, mais dont la résonance médiatique après guerre occulte le sort de la grande majorité des meilleurs pilotes de la chasse allemande : sur près 2 500 *Experten* (as avec au moins cinq victoires), environ 500 survivent à la défaite finale[6].

« Un meurtre pur et simple »

Face au mauvais temps hivernal qui sévit après le 8 mars 1944, Spaatz doit attendre avant de retourner attaquer Berlin. Son chef des opérations Anderson profite de deux accalmies les 16 et 18 mars pour lancer 808 et 738 bombardiers de la seule 8e US Air Force dans le sud de l'Allemagne, ciblant notamment Augsbourg et Munich et maintenant ainsi la pression sur la Jagdwaffe. Les pertes des assaillants demeurent importantes (vingt-quatre et quarante-trois quadrimoteurs) mais largement supportables. Toujours en attente de l'arrivée des Mustang pour équiper ses groupes de chasse, Eaker profite du mauvais temps régnant en Italie et de la nécessité d'appuyer les opérations sur la ligne *Gustav* devant Rome pour éviter d'affronter ses vieux démons du bombardement stratégique sans escorte.

Le 23 mars, la météo, plus clémente, permet de retourner une dernière fois sur la région de Berlin, et de valider la victoire qui semble déjà acquise. Même si la majeure partie des 768 bombardiers du raid ne parviennent pas à trouver leurs cibles – les usines Heinkel d'Oranienburg et la Bayerische Moterenwerke de Basdorf produisant les moteurs des Fw-190 –, l'essentiel est atteint dans les airs : la chasse allemande n'est responsable que d'un ou deux bombardiers perdus sur les douze abattus, le reste revenant à la Flak. Fait révélateur, les Mustang n'ont pas même un avion à revendiquer, leurs adversaires les fuyant comme la peste. La victoire est là ; le mois de mars 1944 signe la défaite de la chasse de jour allemande. Les Alliés possèdent la supériorité aérienne à la fois sur l'Europe occupée, déjà acquise *de facto* depuis l'automne 1943 avec le retrait massif de la Luftwaffe pour se concentrer sur la défense nationale, et désormais également sur l'ensemble du ciel du Reich. Une supériorité, certes, qui n'est pas, encore, synonyme de suprématie, puisque jusqu'en mai 1944 les pertes vont rester lourdes pour les belligérants, avant la rapide baisse d'intensité des opérations allemandes à partir de l'été, conduisant à la quasi-impunité alliée dans les derniers mois de la guerre. Mais pour l'heure, à l'issue de l'hiver 1944, cette supériorité aérienne assure la possibilité de mener des raids sur toute l'Europe sans craindre de désastres massifs comparables à ceux de 1943, faute d'opposition ennemie sérieuse.

Au 31 mars 1944, la Luftwaffe a rayé de ses effectifs 56 % de ses chasseurs monomoteurs. Les pertes pour la défense du Reich (Luftflotte 3 et Luftflotte Reich) représentent 22 % des effectifs de chasse, soit 229 pilotes tués et disparus, ainsi que 108 blessés. Bon nombre sont des vétérans qui avaient survécu au premier choc de février ; la Jagdgeschwader 26 d'élite perd vingt-sept pilotes morts au combat ou par accidents, surmenés. Ces hommes sont irremplaçables, comme le déplore l'Hauptmann Johannes Naumann, membre de cette même escadre :

> Nos pertes augmentaient sans cesse alors que diminuaient nos victoires, au point de devenir inacceptables. Même les « vieilles mains » [*alte Hasen*] avaient du mal à suivre, et leurs rangs se réduisaient de manière drastique.

> À la fin, je peux dire que nous avons été battus par la technologie. Même l'habileté et l'expérience des pilotes ne comptaient plus. Bien sûr, la supériorité numérique de l'ennemi jouait aussi en notre défaveur. Mais lorsque les deux paramètres se combinent, infériorité numérique et qualitative, la fin ne peut être qu'abrupte. Et c'est ce qui advint[7].

Au total plus de 2 100 appareils ont été perdus sur tous les fronts et toutes causes confondues, autant que le mois précédent. Sur le papier, l'aviation allemande demeure toujours capable d'aligner des effectifs équivalents encore en avril et en mai, mais pour l'essentiel composés de très jeunes néophytes dépassant à peine la vingtaine d'heures de vol. L'un des plus en plus rares vétérans de la JG 26, l'Oberleutnant Otto Stammberger, évoque le « meurtre » de la Luftwaffe face aux chasseurs américains :

> [Ils possédaient une] vaste supériorité numérique, de puissants moteurs, de meilleurs armements que nous, de meilleures caractéristiques de vol, en particulier dans le piqué, qui avait toujours été jusqu'à présent notre seul moyen de nous en sortir. Désormais nous étions abattus dans nos plongées vers le sol, ce qui nous forçait à engager le combat contre les chasseurs, où très peu d'entre nous pouvaient espérer l'emporter. Nos pilotes néophytes terminaient au mieux trois à quatre missions, si ce n'est aucune. C'était un meurtre pur et simple, il n'y avait aucune autre issue. En tant que leaders, nous essayions d'éviter le combat contre la chasse, ce qui ne réussissait que rarement tant l'ennemi était partout. Voilà à quoi ressemblait notre situation désespérée en 1944[8].

Pour l'aviation américaine, la victoire possède un prix : 349 bombardiers lourds perdus en mars (23 %), soit cinquante de plus qu'en février (20 %). L'afflux des nouveaux quadrimoteurs permet toutefois de terminer le mois avec davantage d'appareils (1 499) que le mois précédent (1 481). Dès le mois de juin, les USAAF compteront pas moins de 2 547 bombardiers opérationnels, et un taux de pertes chutant à 280 (11 %).

La victoire, largement américaine, signifie le gain de la supériorité aérienne – uniquement de jour. Car la nature de l'opération *Argument* prévoyait une action combinée interalliée, afin de neutraliser la chasse allemande diurne, principal adversaire des Américains, mais aussi la chasse nocturne, opposant quasiment unique des Britanniques. Les cibles visées incluaient par ailleurs les usines produisant les chasseurs monomoteurs et les bimoteurs, ces derniers désormais pour ainsi dire éradiqués dans les combats de jour, mais représentant toujours la colonne vertébrale de la chasse de nuit. La participation de la Royal Air Force s'est finalement révélée assez limitée, exceptée pour l'escorte de chasse assurée continuellement par le Fighter Command pour les départs et retours des raids. Sévèrement battu au-dessus de Berlin en janvier 1944, le Bomber Command s'est contenté de quelques attaques lors de la dernière semaine de février, avant de laisser la 8e US Air Force s'en prendre seule à la capitale du Reich en mars. Dans un premier bilan *d'Argument* adressé à l'intention d'Eaker, Spaatz se fait fort de souligner la montée en puissance des USAAF dans l'offensive aérienne stratégique alliée commencée en 1943, en soulignant que les aviateurs américains ont réalisé 5 400 sorties de plus que leurs camarades britanniques, larguant 5 000 tonnes de bombes supplémentaires, enregistrant au total des pertes proportionnellement inférieures :

> Durant les deux premières années, nos forces se sont lentement mises en place, et la RAF a supporté la majeure partie du poids de l'attaque. Dans certains cercles gouvernementaux ainsi qu'auprès du grand public, ce constat a laissé à penser que notre part apportée à la bataille n'était que très limitée. Je suis certain que la brève comparaison [des bilans chiffrés de février] vous permettra d'éradiquer tous les doutes possibles sur la grande importance désormais jouée par les USAAF en Europe dans la tâche qui nous a été confiée – la destruction de la capacité de l'Allemagne à poursuivre la guerre[9].

Même si l'aviation américaine ne parviendra pas plus que les hommes d'Harris à faire capituler le Reich par sa seule action, Spaatz a au moins raison sur un élément : les USAAF viennent de prendre l'ascendant sur l'aviation de bombardement britannique, et ne la perdront pas – elle sera écrasante au printemps 1945. Il s'agissait là de l'objectif officieux d'*Argument* : restaurer la confiance et prouver à tous que les aviateurs américains pouvaient vaincre l'ennemi, et mériter leur indépendance promise à l'issue du conflit.

Pour le Bomber Command, en revanche, la fin de l'hiver 1944 marque le début d'une lente descente dans les limbes mémoriels, noyée dans le sang des équipages britanniques et des civils allemands. Après avoir passé deux semaines à bombarder la France sans grande opposition dans le cadre du lancement du *Transportation Plan*, Harris retourne se confronter au-dessus du Reich à la chasse de nuit allemande, toujours invaincue. Avant d'oser retourner s'en prendre à Berlin, le chef de la Royal Air Force tâte le terrain sur Stuttgart (16 mars), et à deux reprises sur Francfort (19 et 22 mars), en sortant à chaque raid plus de 800 bombardiers lourds. Les pertes demeurent en deçà du seuil symbolique des 5 %, soit pour Stuttgart quarante et un appareils abattus (3,7 %) et pour Francfort vingt-deux (2,1 %) et trente-quatre (3,2 %) avions perdus. Harris finit par se décider à retourner attaquer la capitale du Reich dans la nuit du 24 au 25 mars. Pas moins de 811 bombardiers décollent pour conjurer la malédiction berlinoise, mais se heurtent à des vents violents qui désorganisent la formation sur le trajet. Le Bomber Command se présente sur cible sans unité, au fil des arrivées, s'offrant à la Flak guidée par radar – au moins cinquante des soixante-treize bombardiers britanniques perdus (7,1 %) sont abattus par les canons allemands. Dégoûté, Harris ne veut plus entendre parler de Berlin, qui ne sera plus attaqué par le Bomber Command pour le restant de la guerre.

Cet épisode malheureux, connu dans la mémoire de la RAF comme « La nuit des vents violents » (*Night of the Strong Winds*), laisse toutefois planer la question de la résilience de la chasse allemande, bien moins sollicitée que la Flak. Il reste ainsi à dissiper les doutes, et à clore le volet nocturne de l'opération *Argument*. Tout comme Berlin pour les Américains, la cible choisie par les Britanniques possède une forte charge symbolique, en tant que chantre historique du nazisme.

Le cauchemar de Nuremberg

Le 1er avril 1944, l'ensemble des forces aériennes alliées passeront sous le commandement suprême du général Eisenhower, en prévision du débarquement de Normandie. Cette date devrait marquer, en théorie, la fin de la *Combined Bombing Offensive*, et de l'opération *Argument*. Si les Américains peuvent légitimement se considérer victorieux depuis le 22 mars, il reste moins d'une semaine aux Britanniques pour remporter la bataille nocturne de Berlin. Avant de frapper son dernier grand coup, Harris limite les risques dans la nuit du 26 au 27 mars en dirigeant 105 bombardiers sur la gare de triage de Courtrai et 705 dans l'ouest de l'Allemagne, sur Essen. Les pertes sont largement supportables du fait des cibles choisies : sur la France, la Luftflotte 3 est depuis plusieurs mois sévèrement phagocytée par la Luftflotte Reich, et ne représente plus une réelle menace. Seuls neuf appareils sont perdus (1 %), mais la densité du tissu urbain autour de la cible provoque la mort d'au moins 252 civils belges. En Allemagne, les contrôleurs sont surpris par ce retour en force sur la Ruhr, après avoir été habitués à concentrer les chasseurs dans le nord du pays. Neuf bombardiers seulement sont abattus (1,3 %). Essen est en outre efficacement marquée par les *Pathfinder*, ce qui permet aux Britanniques d'incendier 1 756 bâtiments et de tuer près de 600 personnes, civils, militaires et prisonniers de guerre et politiques.

La cible choisie par Harris pour le raid final dans la nuit du 30 au 31 mars est avant tout symbolique, comme Berlin pour les Américains. Nuremberg ne possède en effet pratiquement aucune industrie aéronautique reliée à *Argument*. L'objectif est bien de marquer les esprits en prouvant la capacité du Bomber Command à détruire une ville allemande située au cœur du Reich et très loin des bases anglaises (1 300 kilomètres), sans subir de pertes rédhibitoires. La grande cité bavaroise offre une cible idéale pour pratiquer l'*area bombing*, avec des épicentres de choix, tel le gigantesque Reichsparteitagsgelände (« terrain du congrès du parti du Reich »), symbole mégalomane de l'architecture nationale-socialiste, haut lieu de propagande accueillant avant guerre les congrès annuels du parti nazi. Le raid est planifié sous la perspective d'une météo avantageuse, offrant à la fois sur le trajet des nuages protecteurs contre la pleine lune, et sur la cible une visée dégagée. La reconnaissance effectuée par un Mosquito solitaire indique l'exact opposé, mais Harris, pressé par le temps, donne l'ordre à ses 795 appareils de décoller. Simplicité, célérité, puissance : tous les groupes du Bomber Command foncent droit sur l'objectif. Une seule mesure de diversion est prévue, grâce à quarante-neuf bombardiers mouillant des mines au large d'Heligoland, au demeurant sans attirer de réplique ennemie. Tout est en place pour le drame.

Les centaines de bombardiers britanniques volant en rangs serrés sont aussitôt repérés par les radars des contrôleurs allemands, à peine la mer du Nord franchie. Ces derniers concentrent la chasse de nuit sur la route d'interception estimée à l'aide de deux faisceaux radio, selon la technique des *Zahme Sau* largement éprouvée. Les chasseurs lourds n'ont rien à craindre de la chasse nocturne britannique, cantonnée à la défense nationale faute de rayon d'action suffisant, et peu à redouter des bombardiers, bien moins armés que les « forteresses volantes ». Les radars embarqués FuG 220 Lichtenstein prennent le relais pour les derniers kilomètres, avant d'arriver sur l'armada parfaitement éclairée par la pleine lune. Les bombardiers britanniques peuvent être attaqués par l'arrière avec les canons frontaux de 20 et 30 mm, sans grands risques face aux faibles mitrailleuses de 7,7 mm, ou de manière immune grâce au *Schräge Musik*.

Le massacre commence dès le survol de la Belgique. En moins d'une heure, quatre-vingt-deux appareils tombent en flamme les uns après les autres, jalons lumineux sur la route mortelle de Nuremberg. La Flak et la malchance prennent le relais sur la cible, obscurcie par les nuages, et où sévissent de forts vents. Les *Pathfinder* sont contraints d'utiliser leur radar de vision terrestre H2S, à la technologie encore limitée, qui se perd dans le réseau urbain de la région. Les marqueurs éclairants vont s'égarer, ironie de l'histoire, jusqu'à Schweinfurt, 80 kilomètres plus loin. Seules quelques tonnes de bombes égratignent Nuremberg, tuant soixante-neuf personnes, bien loin du martyre à venir pour la cité bavaroise. Sur la route du retour, les Britanniques ne perdent que treize appareils, leurs bourreaux étant contraints de se poser pour faire le plein d'essence et de munitions. Douze autres bombardiers se traînent laborieusement jusqu'en Angleterre, pour venir se disloquer sur leur base. Au total, 107 quadrimoteurs sont détruits, dont quatre-vingt-seize abattus (10,1 %), et 545 aviateurs tués (20,8 %). Il s'agit du pire désastre de l'histoire de la Royal Air Force.

Avec ce dernier raid sur Nuremberg s'achèvent la campagne d'hiver du Bomber Command, et la bataille de Berlin. La démesure des bilans chiffrés indique l'ampleur de l'échec. Dans un effort sans précédent, la RAF a mené 29 858 sorties au cours de cent nuits entre le 16 novembre 1943 et le 31 mars 1944, larguant 29 459 tonnes de bombes. Pas moins de 1 303 quadrimoteurs ont été perdus, soit 5,2 % du total des sorties opérées. Aussi 2 690 aviateurs ont été tués, sur cible, sur les trajectoires, ou au crash final en Angleterre ; 987 hommes ont été faits prisonniers jusqu'à la fin de la guerre, cinquante-deux autres parvenant à échapper à la capture et à regagner le Royaume-Uni au terme de longs périples. « Nous sommes une cible pour les chasseurs de nuit, note le secrétaire général aux Affaires étrangères Alexander Cadogan dans son Journal. Je me demande ce que nous allons faire. Nous ne pouvons pas continuer ainsi[10] ! »

Au-delà de ces pertes visibles, une crise morale sévit au sein du Bomber Command, avec des navigants épuisés, démoralisés et/ou psychologiquement atteints. Malheureusement pour ses hommes et auxiliaires féminines, la Royal Air Force demeure la composante armée la plus sceptique au sujet de ces victimes invisibles, lesquelles menacent à ses yeux d'affaiblir des effectifs déjà clairsemés par les pertes en opérations. Il ne fait pas bon tomber dans la catégorie *Lack of Moral Fibre*, où la coercition l'emporte sur la prise en charge médicale, comme évoqué par le Flight Sergent Dennis Cooper, opérateur radio sur bombardier Lancaster :

> Le *Lack of Moral Fibre* était une étiquette que tout le monde redoutait car, si vous arrêtiez de voler, vous étiez rétrogradés. J'ai eu des furoncles sous l'entrejambe et sur les fesses après le raid sur Berlin le 15 février. Par conséquent, au cours de mon raid suivant, je me suis assis sur le métal de mon harnais de parachute et j'ai écrasé les furoncles. Avec la douleur et le froid, j'étais très mal à l'aise jusqu'à l'atterrissage. Après le débriefing, je suis allé au quartier des malades où un officier médical très dur m'a dit de

baisser mon pantalon et, à l'aide d'un scalpel, a coupé les furoncles. Malgré le fait que je me sois évanoui, j'étais en opération la nuit suivante. Les médecins avaient pour instruction de ne pas inscrire le personnel navigant sur la liste des malades. Le Bomber Command était terrifié à l'idée qu'un trop grand nombre de navigants tombent malades et réduisent la force disponible, et que d'autres équipages puissent attraper le virus du « je ne veux pas voler ». Les équipages commençaient à se sentir mal dans leurs uniformes et mal dans leur peau, et même les sergents au sol, qui n'avaient jamais prêté attention à nous parce que nous avions obtenu nos galons trop rapidement, commençaient à avoir pitié parce qu'ils voyaient ce que nous endurions. Beaucoup d'entre nous n'avaient aucun espoir de terminer un tour d'opérations au vu des pertes subies. Nous buvions et fumions trop lorsque nous ne volions pas, et nous étions généralement déprimés[11].

Le traumatisme ne sera pas aisé à surmonter, même si la classification *Lack of Moral Fibre* disparaîtra à la fin de la guerre. Sur cette même question du moral, les civils ennemis – puisque considérés comme tels et objectifs premiers du Bomber Command – n'ont jamais ployé, et encore moins montré de signes de soulèvement face au gouvernement d'Hitler. Cet idéal d'avant-guerre, pour le moins chimérique face au système impitoyable de répression de l'appareil nazi, s'est platement heurté à une somme indéfinie de courage, de patriotisme, de résilience, de terreur et d'apathie. Rien qui puisse amener à un résultat différent du *Blitz* allemand sur l'Angleterre en 1940 et 1941, qui s'était pourtant lui aussi achevé sur un échec total. Les pertes du Bomber Command durant la Seconde Guerre mondiale se révèlent épouvantables : 73 000 hommes sur 125 000, soit 60 %. Le seul chiffre des tués représente les deux tiers de ces victimes (47 000 morts), indiquant l'extrême violence des combats et des conditions opérationnelles.

Avec sa défaite dans la grande bataille aérienne de Berlin, le Bomber Command vient de montrer toute l'étendue de ses limites, malgré les prétentions d'Harris. Certes, la recherche opérationnelle britannique a permis de réaliser un bond technologique par rapport à l'exotisme aventurier des premiers raids, grâce en particulier à des systèmes de guidage capables de mener efficacement les appareils sur cibles, et des radars au sol susceptibles de distinguer entre milieux naturels et urbains. Mais malgré l'efficacité et la prise de risque du corps d'élite des *Pathfinders* (198 appareils perdus), la technologie demeure limitée faute de guidée laser, encore anachronique, induisant une dépendance élevée aux conditions météorologiques et une forte déperdition des concentrations de bombes.

L'autre malheur des équipages britanniques, c'est l'ennemi. La chasse de nuit allemande, au développement historiquement bridé par les égarements doctrinaux de Göring, et désormais dangereusement siphonnée dans sa substance par l'assistance désespérée à la chasse diurne, n'en demeure pas moins un formidable outil défensif, vainqueur de la bataille de Berlin. Les navigants, sélectionnés parmi les meilleurs survivants de la Jagdwaffe, ont entre leurs mains le meilleur de la technologie aéronautique allemande, en termes de systèmes radars au sol et embarqués, d'appareils et d'armements – toutes sortes de matériels dont profiteront sous peu Alliés et Soviétiques après la victoire.

Le cauchemar de Nuremberg marque une nouvelle longue pause pour le Bomber Command, qui ne se risquera plus sur le centre du Reich avant près d'un mois. L'heure est à l'intensification des bombardements sur la France en prévision d'*Overlord*, offrant de manière opportune l'occasion de se remonter quelque peu le moral. Dans ses Mémoires, Harris expédie en quelques lignes la bataille de Berlin, admettant en partie son échec, tout en minimisant à l'extrême ses pertes, et en inventant *a posteriori* une supposée stratégie de bombardements de diversions sur la France :

> Par comparaison avec l'offensive contre Hambourg ce fut un échec. Avec des attaques multipliées, des chargements de bombes beaucoup plus élevés et des pertes dix fois supérieures, nous avions réussi à détruire environ le tiers des zones détruites à Hambourg. [...] Jusqu'à la fin de la guerre, on a calculé que la bataille de Berlin nous coûta 300 avions, soit un taux de pertes de 6,4 % [...]. Nos escadrilles furent souvent dirigées à travers la France parce que les défenses y étaient moins fortes et moins bien organisées ; de cette façon nos bombardiers risquaient moins d'être interceptés au début de leur course. Bref, le principe de notre nouvelle tactique était la diversité, de façon à dérouter complètement l'adversaire. Les effets s'en firent immédiatement sentir[12].

Au 1er avril 1944, le résultat de l'opération *Argument* apparaît de manière ambivalente pour les Alliés. À la supériorité aérienne définitivement acquise de jour sur l'Europe par les Américains vient s'opposer l'échec britannique de nuit. Certes, les premiers se satisfont de ce résultat, voire s'en félicitent secrètement, prouvant le bien-fondé du bombardement de précision diurne professé à Maxwell avant guerre. La voie est désormais ouverte au matraquage sans limite de l'outil productif nazi, une fois l'aviation stratégique libérée de l'appui à *Overlord* – qui n'est pas loin d'être considéré comme un fardeau. Pourtant, et il s'agissait là de la raison d'être au moins officielle d'*Argument*, l'objectif était de supprimer la menace de la Jagdwaffe avant le débarquement de Normandie. Ce but n'est que partiellement atteint au début du printemps 1944. Si les Alliés ont effectivement battu la chasse de jour allemande, la chasse nocturne fait toujours la loi, et les escadres de bombardement, totalement absentes de la planification interalliée, n'ont pas été concernées par l'offensive. Celles-ci sont toujours susceptibles de représenter une réelle menace nocturne contre la tête de pont alliée. Les mois d'avril et de mai vont être décisifs pour sceller le sort de la Luftwaffe.

7

Échec et mat

7 juin 1944. Les Landings Ships Tank (LST, bâtiment de débarquement de chars) américains déversent leurs cargaisons sur la plage d'Omaha Beach, encore jonchée des débris de la bataille. Les imposants vaisseaux sont surmontés de volumineux ballons de barrage chargés d'hydrogène, flottant à 60 mètres de hauteur. Ils sont reliés à leur attache par un puissant câble d'acier, destiné à fracasser les ailes des chasseurs-bombardiers ennemis attaquant à basse altitude. Ces ballons sont déployés par le 320e Barrage Balloon Battalion, seule unité de ce type engagée en Normandie et couvrant également Utah Beach, avec pour autre particularité d'être la première des rares unités de soldats afro-américains à participer à l'invasion, au sein d'une armée américaine ségréguée.

Outre les ballons de barrage et la chasse alliée tournant sans interruption au-dessus des plages, la défense antiaérienne est assurée par des milliers de tubes de tous calibres, allant des mitrailleuses lourdes de 12,7 mm aux canons lourds de 127 et 133 mm. Si nombre des servants de la Royal Navy britannique disposent d'une solide expérience depuis la bataille de l'Atlantique, c'est moins le cas pour les canonniers américains de l'US Navy, prompts à faire usage un peu trop rapidement de leurs armes automatiques. La minutieuse préparation au débarquement avait pourtant pris en compte le spectre des « tirs amis » (*friendly fires*), qui s'était traduit par l'apposition de larges bandes noires et blanches sur le fuselage et les ailes des appareils alliés. Une peine perdue, au moins pour les premiers jours du débarquement sur les secteurs américains : dans un ciel saturé d'appareils alliés, les servants passent fréquemment leurs nerfs sur des avions mal ou trop tardivement identifiés, abattant bien davantage de pilotes de la RAF et des USAAF que de la Luftwaffe. La fureur provoquée au sein des unités aériennes remonte jusqu'au chef de l'aviation expéditionnaire alliée, le maréchal de l'Air Trafford Leigh-Mallory, provoquant une remontrance officielle, face à la quasi-absence d'incursions des chasseurs-bombardiers de la Luftwaffe.

Si les barrages de ballons et les appareils alliés marqués des couleurs noires et blanches font partie des images d'Épinal associées au débarquement de Normandie, ces dispositifs de combat pensés en amont traduisent aussi, surtout pour le premier, la prise en considération du danger de la Luftwaffe, malgré la supériorité acquise deux mois plus tôt. Il pourrait s'agir là de la seule volonté d'une assurance de principe contre le risque, même insignifiant. Ou peut-être, de manière moins évidente, de l'incertitude des services de renseignement alliés quant aux effets réels de l'opération *Argument*, et de la crainte d'une capacité de nuisance toujours forte de l'aviation allemande.

Au début du mois d'avril 1944, les relations se tendent sérieusement au sein du haut commandement interallié pour *Overlord*, sur fond de contrôle de la puissance aérienne. Le catalyseur n'est autre que le *Transportation Plan* conçu par le conseiller scientifique d'Eisenhower, le professeur Solly Zuckerman. Prévue pour commencer le 1er mars, la campagne d'interdiction ferroviaire sur la France et la Belgique n'est pour l'instant menée que par le Bomber Command, Harris profitant provisoirement de ce prétexte pour ménager ses hommes défaits sur le Reich. À l'opposé, Spaatz vient enfin d'acquérir la supériorité aérienne diurne, et n'entend nullement rabattre sa 8e US Air Force sur ces cibles opératives voire tactiques, loin de ses ambitions stratégiques germaniques. Ne rendant de comptes qu'à Arnold à Washington, le chef de l'aviation américaine méprise ouvertement le chef britannique de l'Allied Expeditionary Air Force, Leigh-Mallory. Faute de directives officielles, les forces américaines continuent leur campagne aérienne sur le Reich, sous prétexte de l'opération *Pointblank*.

Spaatz peut compter sur le soutien de son propre service de renseignement aérien, l'Enemy Objectives Unit (EOU), désormais expérimenté, voire abusé par son relatif succès dans l'opération *Argument*. Il monte en puissance au printemps 1944, dirigé par le jeune (33 ans) et ambitieux économiste Charles Kindleberger, futur architecte du plan Marshall après guerre. Adversaire juré de Zuckerman, Kindleberger peut s'appuyer sur le fidèle Richard Hughes, concepteur d'*Argument* en février précédent, et sur la nébuleuse opération *Octopus* fomentée par l'organisme de tutelle de l'EOU, l'Office of Strategic Service – les services secrets américains. L'unité lance ainsi littéralement ses tentacules dans tous les organismes de commandement alliés, en y détachant du personnel : les 8e et 15e US Air Force, le 21e Groupe d'armées de Montgomery, les services de renseignement du SHAEF, le ministère de l'Air britannique et aussi l'AEAF de Leigh-Mallory. Dans le but officieux mal dissimulé de contrer le *Transportation Plan* et de maintenir l'aviation américaine sur le Reich, l'EOU présente le 5 mars un mémorandum intitulé *The Use of Strategic Air Power after March 1st, 1944*, connu sous la désignation de plan *Oil*. Ce plan comprend trois ordres de priorités :

a) Poursuite de la directive *Pointblank* et annihilation de la Luftwaffe.
b) Support tactique à *Overlord* seulement par absolue nécessité.
c) Attaque sur les cibles de production d'essence synthétique.

Le plan *Oil* va servir de nouvel alibi jusqu'à la fin de la guerre pour guider la campagne de bombardement américaine. Les centres de production d'essence, issue de pétrole raffiné ou synthétique, constituent une cible valable, jusqu'ici largement épargnée par les bombardements. Si les forces terrestres s'appuient largement sur les déplacements ferroviaires et hippomobiles, l'aviation allemande ne peut se passer de carburant à la fois pour ses opérations et l'entraînement de ses navigants. L'impact des bombardements devrait ainsi être rapide sur la Luftwaffe, au demeurant déjà assommée par les coups reçus, mais moins évident pour le débarquement de Normandie, du fait des stocks existant en

France. Un argument que s'empresse de défendre Zuckerman, déclenchant l'affrontement ouvert entre l'AEAF et l'EOU. Spaatz peut toujours compter sur le fidèle soutien de son chef, Arnold, qui pour la première fois lâche Eisenhower en écrivant le 13 mars au grand maître de l'armée américaine, le général Marshall :

> Au vu des récents progrès effectués contre la Luftwaffe, les industries de roulements à billes, et de l'éminence d'*Overlord*, il est évident qu'un tel plan est requis [...]. L'énorme puissance dont nous disposons ne doit pas être utilisée à autre chose qu'une opération potentiellement décisive[1].

Le coup est rude pour Eisenhower, qui se retrouve ainsi isolé dans cette « guerre des seigneurs », comme la nomme Zuckerman. Le chef suprême du Débarquement finit par taper du poing sur la table en menaçant de démissionner le 22 mars, et en convoquant tous les chefs alliés pour une réunion de règlements de comptes le 25. Spaatz et Harris sont présents, ainsi que Tedder, le fidèle adjoint d'« Ike », qui a décidé de ne pas convier Zuckerman pour « ne pas faire monter la température[2] ». Quelque peu calmé et fort de l'expérience acquise en deux ans de commandement interallié, Eisenhower maîtrise la situation en acceptant quelques compromis, sans pour autant lâcher sa résolution. Dans l'absolu, il n'y a pas même de rivalité entre le plan de l'EOU et celui de l'AEAF. Le premier « n'est pas réellement une alternative[3] » au second, mais simplement un plan intéressant pour raccourcir la guerre, à défaut d'aider efficacement le débarquement. Il rappelle que stationnent en France douze divisions blindées, dont le retard à réagir conditionne le succès d'*Overlord* – « Retarder l'arrivée d'une seule division, ajoute Eisenhower, serait utile[4] ». De son avis, aucun autre plan que celui de l'AEAF ne permettrait ce résultat. La réunion aboutit finalement à une sortie de crise :

– les forces aériennes stratégiques (bombardiers lourds) passent sous le contrôle de Tedder, Leigh-Mallory conservant les forces aériennes tactiques (bombardiers moyens et légers) ;
– le plan *Oil* est accepté mais différé après la réussite du débarquement allié ;
– Tedder est chargé de produire une directive générale d'utilisation des forces aériennes pour *Overlord.*

Ces décisions sont sanctionnées deux jours plus tard par les Combined Chief of Staff aux États-Unis, dont fait partie Arnold. Spaatz n'a plus qu'à obéir, ce qu'il fait sans discuter, appréciant sincèrement Tedder et Zuckerman qu'il connaît depuis la campagne de Tunisie en 1943. Le 15 avril 1944, Tedder présente un tardif « plan aérien global » (*Overall Air Plan*) pour *Overlord*, synthétisant les objectifs à atteindre pour le début de juin :

a) Usines ennemies de fuselages et de moteurs d'avions, usines d'assemblage, de roulements à billes et d'accessoires aéronautiques, appareils au sol.
b) Centres ferroviaires stratégiques, et en particulier incluant des installations d'entretien et de réparation essentiels à la maintenance des communications ferroviaires ennemies dans le nord de la France, les Pays-Bas et l'ouest de l'Allemagne.

c) Batteries spécifiques de défenses côtières ennemies, cibles « Crossbow » et installations navales.
d) Aérodromes et leurs installations, en particulier ceux se situant dans un rayon de 210 kilomètres autour de Caen, et dans l'aire Brest-Nantes[5].

La supériorité aérienne, pourtant censée être acquise à cette date, demeure l'objectif premier de l'aviation alliée. Un constat révélateur, les services de renseignement alliés estimant que la Luftwaffe cherchera massivement à s'opposer à un débarquement en force en conservant des forces importantes dans l'Hexagone – une évocation en creux de l'incertitude sur l'efficacité réelle d'*Argument* à cette date, et sur la résilience ennemie.

Si Eisenhower pensait avoir dompté la rébellion des seigneurs, il ne s'agissait en réalité que d'un aperçu avant la tempête. Au début du mois d'avril, Churchill s'invite dans la mêlée. S'il a soutenu Harris pour des raisons politiques jusqu'en 1942, sans se faire d'illusion sur le bombardement stratégique, le Premier ministre s'était par la suite largement désintéressé du Bomber Command. Se fondant sur des estimations biaisées de pertes civiles sur la France oscillant entre 80 000 et 160 000 victimes, il déclenche une série de *Defence Committees*, s'opposant avec acharnement au *Transportation Plan*, perçu comme capable de retourner l'opinion publique française à la veille du débarquement. Face à la résistance d'Eisenhower et aux menaces de démission moins impressionnantes de Tedder, le « Vieux Lion » s'en remet le 7 mai à l'arbitrage suprême de Roosevelt, évoquant dans son message des bombardements qui peuvent « aisément déclencher une forte répulsion des sentiments français à l'encontre des libérateurs américains et britanniques », et « laisser derrière eux un héritage de haine »[6]. À Washington, Roosevelt ne partage pas l'intérêt de Churchill pour les affaires militaires, très largement dévolues au fidèle chef d'état-major George Marshall – qui aurait dû prendre la tête d'*Overlord* mais que le président américain n'a pas voulu voir partir. Marshall est resté un proche d'Eisenhower, et n'entend pas laisser la décision aux Britanniques. Le 11 mai 1944, Roosevelt clôt la confrontation :

> Je partage pleinement à vos côtés la peine causée par les pertes en vies humaines au sein de la population française, résultat malheureux de notre préparation aérienne pour *Overlord.* Je partage également avec vous la satisfaction de savoir que tout est entrepris afin de réduire les victimes civiles. Aucune éventualité d'aliénation de l'opinion française ne devrait être négligée, sous réserve de ne pas voir régresser notre efficacité contre l'ennemi en ce moment crucial. Si regrettables que soient les pertes civiles consécutives, je ne suis pas prêt à imposer, de cette distance, quelconque restriction d'action aux responsables militaires qui de leur avis pourrait préjudicier au succès d'*Overlord* ou provoquer des pertes additionnelles parmi les forces d'invasion alliées[7].

Beau joueur, Churchill reconnaît sa défaite auprès des acteurs de la confrontation, tout en demandant instamment à Tedder de ne pas dépasser les 10 000 tués civils. À la fois obéissant et rancunier, l'adjoint d'Eisenhower tiendra journellement un bilan comptable macabre des pertes, selon les déclarations de la propagande de Vichy.

En marge de ce vaste affrontement de palais, la guerre aérienne, bien réelle celle-ci, se poursuit sur l'Europe tout au long du mois d'avril 1944. Même si les cibles se cantonnent désormais aux objectifs ferroviaires du *Transportation Plan* et aux aérodromes de *Pointblank*, et ne possèdent plus de caractères économiques ou symboliques critiques, la Luftwaffe continue à faire preuve d'opposition. L'aviation américaine s'expose en particulier à la défense ennemie dans l'est de la France et dans l'ouest du Reich. Les principales pertes proviennent toutefois d'une série de sorties massives sur le sud et le nord de l'Allemagne, avec au mieux pour prétexte de bombarder les aérodromes dans le cadre de l'*Overall Air Plan*, voire – sans raison valable – directement le centre-ville de Berlin, lors d'un raid de 768 bombardiers lourds le 29 avril. Cette série de batailles aériennes se traduit par des affrontements particulièrement sanglants, aux bilans inédits pour les USAAF et la Luftwaffe. Ainsi le 11 avril la 8e US Air Force perd-elle soixante-six bombardiers et seize chasseurs d'escorte. Le 24 avril, trente-sept B-17 et B-24 ne rentrent pas, de même que dix-sept chasseurs. Le 29 avril, la Luftflotte Reich réussit sa meilleure concentration de la guerre, abattant autour de Berlin soixante-trois bombardiers lourds et treize chasseurs adverses, pour seulement vingt et un défenseurs détruits. Des bilans qui auraient été jugés fatals à l'automne 1943, et au moins inquiétants encore au début de mars 1944. À la fin du mois d'avril, l'aviation américaine compte ses pires pertes de la Seconde Guerre mondiale : 409 bombardiers lourds (25 %). Pas de quoi pour autant inquiéter Spaatz et Arnold. Ces affrontements meurtriers sont éclipsés à la fois par la propagande tirée de l'opération *Argument* en février et mars précédents, puis au printemps par l'attention portée sur l'invasion imminente en France. Surtout, ils ne remettent pas en cause les acquis. Car les pertes américaines sont largement compensées par les nouvelles arrivées, avec 1 661 bombardiers lourds disponibles à la fin du mois, soit 102 de plus qu'en mars. La 8e US Air Force possède la supériorité aérienne et attaque à sa guise sur le Reich, sortant à chaque raid près de 1 500 bombardiers et chasseurs – ce qui explique par ailleurs ses pertes, face à une Jagdwaffe certes encore présente mais jamais capable de s'opposer de manière décisive. Celle-ci perd à la fin du mois la moitié de ses chasseurs, et un quart de ses pilotes, soit 489 hommes. Même les arrivées de jeunes aviateurs arrachés des écoles ne compensent plus les pertes (396 pilotes). L'élimination des vétérans se poursuit, soit pour la JG 26 pas moins de vingt-deux pilotes tués, dont deux as en même temps le 8 avril, l'Oberfledwebel Emil Babenz (vingt-quatre victoires) et l'Oberleutnant Karl Willius (quarante-sept), dont le corps sera retrouvé à bord de son Fw-190 plusieurs mètres sous terre en 1967.

La Jagdwaffe termine le mois d'avril définitivement brisée, au moins pour ses chasseurs de jour. Après avoir abdiqué la supériorité aérienne en mars précédent, elle vient de perdre toute efficience contre l'aviation alliée. Même si les combats se poursuivent jusqu'au 8 mai 1945, et en dépit d'une production aéronautique à son plus haut niveau au cours de l'été 1944, la chasse allemande n'a plus de potentiel humain qualitatif, hormis son noyau d'as de plus en plus réduit. Un constat qui se traduit à partir de mai par une hausse de ses pertes, inversement proportionnelles à celles des Américains, et par une incapacité générale à peser dans les opérations au sol, sauf marginalement et très ponctuellement, en particulier sur le front Est face à une aviation soviétique jamais totalement remise de ses plaies.

Au début du mois de mai 1944, la seule menace persistante concerne l'aviation de bombardement allemande, totalement négligée par

Argument bien qu'encore armée de plusieurs milliers d'appareils de tous types. Dans un scénario noir mais réaliste, ces derniers pourraient profiter de la nuit et de la faiblesse de la chasse nocturne alliée à long rayon d'action pour se concentrer sur la future tête de pont. Heureusement pour les Alliés, ils possèdent à leur insu un atout décisif : Hitler.

Suicide sur l'Angleterre : le *Baby Blitz*

L'aviation militaire n'a jamais fait partie des grands centres d'intérêt du maître du Reich. S'il suit de près les opérations terrestres, et s'y implique progressivement au point de prendre lui-même le commandement de l'OKH (Oberkommando des Heeres, le haut commandement de l'armée de terre) en décembre 1941, il délaisse largement la gestion de l'OKL à son fidèle compagnon de route, Hermann Göring. Ce dernier, à peine moins incompétent qu'Hitler en matière de stratégie aérienne, participe grandement aux défaites de la Luftwaffe lors de la bataille d'Angleterre, puis à Stalingrad et en Tunisie, en demandant l'impossible à une armée aux ressources limitées, conçue pour des campagnes courtes. Plongé dans une semi-disgrâce, souffrant d'une lourde dépendance à la morphine, l'ancien as de la Première Guerre mondiale finit par sortir de sa torpeur à l'automne 1943 à l'issue du traumatisme du bombardement d'Hambourg par le Bomber Command et le suicide de son chef d'état-major Hans Jeschonnek, qui avait assuré tant bien que mal le commandement effectif. Outre les considérations économiques du désastre, son ampleur symbolique secoue l'appareil nazi. Dans son Journal, Goebbels fait état de la soif de vengeance d'Hitler le 10 août, et aussi de son jugement péremptoire, si ce n'est résolument ignare, sur ses propres aviateurs :

> En ce qui concerne nos représailles contre l'Angleterre, le Führer pense les faire débuter à grande échelle au plus tard au mois de janvier ou février. Il veut attaquer Londres avec une rare violence. Il espère beaucoup de nos lance-fusées qui sont désormais au point. Maintenant, nous n'avons plus qu'à fabriquer des projectiles en nombre suffisant. En d'autres termes, nous devons faire preuve de patience. Il va de soi que nous allons aussi transformer nos bombardiers. Pour les raids sur Londres, nous utiliserons essentiellement des destroyers, avions très rapides et d'une grande capacité [...]. Le Führer distingue clairement la différence fondamentale qui oppose les pilotes de chasseurs à ceux des bombardiers. Les premiers forment un petit monde quelque peu déluré, désinvolte et insouciant. Les seconds sont sérieux et consciencieux. Ils disposent d'un armement beaucoup plus lourd que les chasseurs qui font des vols de courte durée, au cours desquels ils sont soit abattus, soit – la plupart du temps – victorieux. Les chasseurs prennent la vie du bon côté et sont donc enclins à voir les choses plus simplement qu'elles ne le sont en réalité. [...] Nous ne pouvons plus reprocher quoi que ce soit à la Luftwaffe. Celle-ci cherche désormais à rattraper ses échecs, et on ne peut que s'en féliciter. Mais il reviendra aux historiens du futur de se prononcer sur la faute qu'elle a commise[8].

En attendant ce travail historique d'identification des erreurs, qui, n'en déplaise à Goebbels, ne manquera pas de pointer la responsabilité autodestructrice des dignitaires nazis, le projet de représailles rapides se développe au cours de l'automne 1943 : « L'heure de la revanche a sonné ! rugit le Führer en public à Munich. Même si pour l'instant nous ne pouvons atteindre les États-Unis, Dieu merci il y a au moins un pays qui est assez proche pour s'y attaquer[9]. » La vengeance, Hitler y pensait déjà avant Hambourg, misant sur le programme des « armes de représailles », les *Vergeltungswaffen*. Totalement obnubilé par les projets de bombe volante V1 et de missile balistique V2 – au point de ne pas considérer le développement de la bombe atomique comme d'importance majeure –, il attend avec impatience des nouvelles du vaste centre secret de développement de Peenemünde, sur la côte de la mer Baltique. Or le site a été lui aussi dévasté par le Bomber Command, imposant des retards supplémentaires face à des technologies nouvelles. Göring se précipite dans la fenêtre ouverte par l'impatience du maître du Reich, en proposant de procéder à des attaques de représailles avec ses bombardiers. Hitler accepte, faute de mieux, bien que désillusionné sur le potentiel de la Luftwaffe. L'opération *Steinbock*, campagne de raids de terreur sur le Royaume-Uni, est prévue pour le mois de janvier 1944.

S'il ne rate pas l'occasion de prendre personnellement le commandement, Göring confie toutefois la préparation à son spécialiste du bombardement, le Generalmajor Dietrich Peltz. Ancien pilote de bombardier en piqué Ju-87 et de bombardier moyen Ju-88, celui-ci a connu les heures de gloire de la Luftwaffe entre 1939 et 1941. Il est ainsi bien placé pour savoir de quoi était capable l'aviation de bombardement allemande à cette époque, et connaît son potentiel actuel. Même si l'aviation allemande est bien loin d'aligner les 2 500 bombardiers de la bataille d'Angleterre, le passage en revue des *Kampgeschwader* toujours intactes permet de rassembler 550 appareils sur les aérodromes français de la Luftflotte 3. Une force considérable, au moins sur le papier, indiquant l'importance toujours élevée de la production aéronautique allemande en faveur des bombardiers. Dans les faits, Peltz n'est pas dupe. Sa formation d'attaque se compose d'une flotte hétérogène d'avions, incluant des bimoteurs Ju-88, Ju-188 et Do-217, des chasseurs lourds Me-410, des quadrimoteurs de patrouilleurs maritimes Fw-200, et quadrimoteurs de bombardement He-177. Seuls ces derniers sont véritablement adaptés au bombardement stratégique à long rayon d'action, tout en étant très peu nombreux (trente-cinq) et souffrant de multiples problèmes techniques du fait de leur développement trop rapide – le pire étant de régulièrement prendre feu en vol. L'autre difficulté majeure pour Peltz provient des équipages, composés en majorité de navigants novices. Les bombardements devront ainsi être guidés par des appareils éclaireurs, larguant des pots lumineux sur le modèle du Bomber Command, les autres se contentant d'espérer placer des bombes dans la zone indiquée.

À ces multiples difficultés s'ajoute pour les Allemands l'ennemi, qui n'est plus le même que celui du *Blitz* en 1940 et 1941. Comme tous les belligérants à cette époque, les Britanniques ne disposaient pas de défenses nocturnes puissamment étoffées : elles reposaient principalement sur la DCA guidée par projecteurs, et quelques unités de chasseurs lourds désuets. Mais à l'instar de la chasse nocturne allemande, la Royal Air Force s'est considérablement développée durant le conflit. En janvier 1944, le Fighter Command du général de l'Air Roderic Hill dispose de seize escadrons de chasseurs lourds de nuit, des bimoteurs Bristol Beaufighter et De Havilland Mosquito, bien armés et rapides. Guidés par la chaîne de radar côtière à l'efficacité éprouvée depuis 1940, ces appareils embarquent des radars à micro-ondes, dont le dernier en cours d'intégration, le AI Mk. X, est insensible aux contre-mesures adverses. Au sol, l'Anti-Aircraft Command (DCA) du général Frederick Pile, forte de près de 2 800 canons lourds guidés par radars, eux aussi opérant sur micro-ondes très précises, n'a pas grand-chose à envier à la Flak de la région de Berlin. Ainsi, avec des moyens cinq fois inférieurs à ceux de 1940, et face à un ennemi bien plus puissant, Göring entend obtenir la décision là où il avait échoué avec fracas. Le suspense sur l'efficacité attendue de *Steinbock* n'est guère intense, à commencer pour Peltz.

L'opération est officiellement lancée dans la nuit du 21 au 22 janvier 1944. Il ne s'agit pas d'une surprise pour les Britanniques, dont les services de décryptage basés à Bletchley Park ont éventé l'attaque à venir dès la fin du mois de décembre. Deux vagues de plus de 200 bombardiers chacune ont le plus grand mal à repérer Londres, bombardée par une quarantaine d'appareils seulement. Trente-huit avions ne rentrent pas, principalement abattus par la chasse de nuit, dont six précieux quadrimoteurs He-177. Une centaine de civils sont victimes des bombes allemandes, dont au demeurant une bonne partie se révèle défectueuse. Ce désastre annonce le résultat presque semblable de deux autres raids majeurs les nuits du 28 au 29 janvier et du 3 au 4 février, jusqu'au succès de l'attaque de la nuit du 18 au 19 février. Environ 180 appareils allemands parviennent à infliger les plus sérieux dommages enregistrés par la capitale britannique depuis 1941, occasionnant la mort de 180 civils et en blessant grièvement près de 500 autres. La Luftwaffe enchaîne trois autres raids, en parallèle de l'opération *Argument*, manquant de peu de croiser dans la nuit du 21 février les bombardiers de la 8e US Air Force rentrant de Leipzig.

La précision augmente : près de la moitié des bombes parviennent à s'abattre sur Londres, allumant de nombreux incendies dans les quartiers de Lambeth, Camden Town et notamment Westminster, tout en manquant à quelques mètres près de détruire le QG de l'AEAF à Bushy Park. Plusieurs milliers de Londoniens sont victimes de cette semaine sanglante, qui n'est pas sans rappeler les heures sombres du *Blitz* de 1941, sans pour autant l'atteindre en termes d'intensité et de durée. Pas de quoi ainsi perturber le flegme britannique, qui baptise rapidement cette vague de bombardements le « Baby Blitz ».

À la fin du mois de février 1944, les Allemands viennent d'accomplir leur propre semaine d'engagement pratiquement continue, en même temps que celle des Alliés. La comparaison tourne toutefois rapidement court. Là où Peltz n'est plus parvenu à aligner 200 appareils pour chaque attaque après les records de janvier, Britanniques et Américains ont fait décoller quotidiennement entre 700 et 1 000 bombardiers chacun, et autant de chasseurs d'escorte. À l'issue de cet engagement maximal, l'efficacité (relative) de la Luftwaffe décroît, comptabilisant deux à trois raids majeurs de plus d'une centaine d'appareils en mars et avril sur Londres, Hull et Bristol. Laquelle cité est ciblée par le dernier raid majeur de *Steinbock* dans la nuit du 15 mai, avec un dernier effort de 150 bombardiers. La plupart des équipages ne trouvent pas l'objectif, perdant onze des leurs, symbole d'un échec prévisible.

Le bilan du *Baby Blitz* parle de lui-même. Certes, le Royaume-Uni a connu ses moments les plus difficiles depuis le printemps 1941, déplorant la mort de plus de 1 500 civils – contre plus de 40 000 trois ans plus tôt. Pour ce résultat, à l'impact moral insignifiant, la Luftwaffe a perdu 329 appareils, dont une cinquantaine de quadrimoteurs He-177.

Outre les équipages, à la formation plus complexe que celle de la chasse, les bombardiers sont bien plus difficiles à remplacer que les chasseurs, aisés à produire. Au total, sur les 695 avions de bombardement disponibles à la Luftflotte 3 en décembre 1943, seuls 144 demeurent opérationnels en mai 1944. Ces pertes ne se sont pas produites sur le Reich et ne sont pas le fait de l'opération *Argument* : elles se sont déroulées sur le nord de la France, la Manche et l'Angleterre, du fait des chasseurs de nuit britanniques, de la DCA et des accidents.

En voulant à tout prix lancer des attaques de représailles sur le territoire britannique, Hitler et Göring ont obtenu ce que les Alliés n'avaient pas même prévu directement d'entreprendre, à savoir la neutralisation de l'aviation de bombardement de la Luftwaffe avant le débarquement de Normandie. Certes, l'objectif d'*Argument* était d'acquérir la supériorité aérienne sur l'Europe, en ciblant pour ce faire la Jagdwaffe. Quant à lui, l'*Overall Air Plan* prévoit également de s'attaquer à tous les aérodromes présents dans un rayon de 200 kilomètres autour de Caen, et par conséquent de neutraliser tous les types d'appareils de la Luftwaffe. Mais à défaut d'opération *Steinbock*, les bombardiers allemands auraient été en mesure d'intervenir contre *Overlord* depuis leurs bases du nord de la France, de Belgique et des Pays-Bas. Ils n'auraient pas manqué de représenter une menace sérieuse contre l'objectif réduit de la tête de pont normande, face à une chasse de nuit britannique opérant loin de ses bases, et à défaut d'une chasse nocturne américaine pas même encore opérationnelle avant l'été 1944.

Le 15 mai 1944, même si les Alliés ne le mesurent pas encore dans toute son ampleur, la Luftwaffe peut effectivement être considérée comme terrassée, ou presque. La substance vive de la Jagdwaffe vient d'être laminée entre février et avril. La chasse de nuit demeure certes capable de contrer le Bomber Command, mais ses maigres effectifs sont irrémédiablement aspirés dans le hachoir permanent de la défense diurne du Reich. Dernières sources de menaces, les *Kampfgeschwader* sont allés trouver leur tombeau inutilement sur l'Angleterre. À trois semaines du débarquement, il reste encore pour les aviateurs allemands à boire le calice jusqu'à la lie, et pour les Américains à afficher un peu plus au monde entier leur puissance sans égale.

La menace fantôme du Jour-J

L'arbitrage de Roosevelt rendu, le *Transportation Plan* est en mesure de prendre toute son ampleur en mai, et de frapper de manière décisive les réseaux ferroviaires français et belges. L'ajout au dernier moment d'une liste de cibles attribuées à la 15ᵉ US Air Force dans le sud de la France, en prévision du débarquement de Provence, provoque les pires bombardements connus depuis le début de la guerre, engendrant des drames le 26 mai à Lyon et Saint-Étienne (un millier de tués) et notamment à Marseille le lendemain (plus de 1 800). Malgré des réactions parfois virulentes dans les heures suivant ces désastres, et d'autres moindres en région parisienne, les craintes de Churchill se révèlent infondées : l'opinion publique française supporte tant bien que mal l'épreuve, annonciatrice de la libération à venir.

En parallèle à l'exécution du *Transportation Plan*, le plan *Oil*, qui était censé attendre la victoire en Normandie, commence dans les faits dès le 12 mai 1944. Eisenhower, satisfait d'avoir remporté la bataille des chefs politiques et militaires, consent à desserrer quelque peu l'étreinte sur les bombardiers stratégiques, et ferme les yeux. Spaatz en profite pour lancer 935 B-17 et B-24 sur les usines d'essence synthétique de Zwickau, Merseburg-Leuna, Brux, Lutzkendorf, Bohlen, Zeitz et Chemnitz. La Luftwaffe, relativement ménagée depuis deux semaines, fait décoller en force ses chasseurs, qui avec la Flak abattent quarante-six bombardiers et douze chasseurs. La 8e US Air Force revient les 28 et 29 mai, avec de nouveau le concours de la 15e USAF, enfin équipée de Mustang. Si trente-deux autres bombardiers sont perdus, la production d'essence allemande est réduite de moitié à la fin du mois. L'impact sur la Luftwaffe, contrainte de réduire ses temps de vol et d'entraînement, est immédiatement dramatique, comme Speer l'écrit lui-même à Hitler : « L'ennemi nous a attaqués à l'un de nos points les plus faibles. Au train où vont les choses, nous ne disposerons bientôt plus de production de carburant digne de ce nom. Notre seul espoir est que, de l'autre côté, l'aviation ennemie ait un état-major qui conçoive les opérations avec aussi peu de cohérence que le nôtre[10] ! » Ce qui pour le malheur de Speer n'est pas le cas, grâce notamment aux interceptions de Bletchley Park, indiquant les conséquences des bombardements sur la Luftwaffe. Outre ce nouveau paramètre dévastateur, le massacre des nouveaux pilotes s'amplifie face à la nécessité de défendre les usines d'essence. À la fin du mois de mai, la Jagdwaffe a perdu la moitié de ses chasseurs et le quart de ses pilotes (578), plus qu'en février (434) et mars (511) lors de l'opération *Argument*. Un bilan indiquant la faiblesse qualitative désormais endémique de la Luftwaffe, alors qu'en parallèle les pertes de la 8e US Air Force commencent leur déclin, avec 366 bombardiers détruits en mai (17 %) contre 409 en avril (24 %). La

Jagdwaffe avait commencé l'année avec 2 395 pilotes, Elle en a perdu 2 262 à la fin mai, soit la quasi-totalité. Certes, les effectifs indiquent à cette même période 2 283 hommes disponibles, mais la plupart sont tout juste sortis d'école, et leur espérance de vie ne dépasse pas une demi-douzaine de missions.

Le 20 mai 1944 commence la dernière phase aérienne préparatoire au débarquement de Normandie, prévue par le *Transportation Plan*. Pour ce volet tactique, l'objectif est d'interdire la circulation ferroviaire, au moins de jour, en direction de la future tête de pont. Confiée à l'AEAF, l'opération prévoit d'employer les bombardiers légers et les chasseurs-bombardiers pour attaquer les locomotives et tout le matériel roulant, concrétisant ainsi la supériorité aérienne désormais solidement acquise. Le chef de l'AEAF, Leigh-Mallory, dispose d'effectifs écrasants : les 600 appareils de la 9e US Air Force, les 1 700 autres de la Second Tactical Air Force, auxquels s'ajoutent de manière indépendante les 3 500 chasseurs et chasseurs-bombardiers de la 8e USAF. Afin de ne pas désigner la Normandie de manière évidente comme lieu d'assaut, les raids s'étendent sur toute l'Europe du Nord-Ouest, incluant le nord de la France, la Belgique et le sud du Reich.

Le premier jour de l'attaque, Leigh-Mallory lance une gigantesque force d'attaque de 1 316 appareils. Les trains sont aisément identifiables dans les gares ou en rase campagne. Les locomotives ne résistent pas aux bombes, roquettes, obus et balles de mitrailleuses lourdes des chasseurs-bombardiers, explosant dans des panaches de fumée, et fournissant des films spectaculaires pour les actualités cinématographiques : 260 machines sont revendiquées par les pilotes alliés, et des dizaines d'autres endommagées. Un nom de baptême officieux s'impose rapidement pour ces missions aux cibles faciles : les raids *Chattanooga – Choo-Choo*, d'après le titre d'une chanson de swing à succès du capitaine et chef d'orchestre Glenn Miller. Un humour léger qui masque toutefois les risques pris par les pilotes alliés, car si la Luftwaffe fuit comme la peste le combat avec les chasseurs alliés, la Flak profite de la très basse altitude des attaques pour ajuster les tirs. Au soir du 20 mai 1944, soixante appareils alliés ne revoient pas l'Angleterre.

À l'issue de cette première journée spectaculaire, les raids s'enchaînent, engrangeant des résultats moindres : cinquante et une locomotives détruites le 23 mai, quarante et une deux jours plus tard. La baisse du trafic enregistrée provient de la désertion massive des cheminots français, hâtivement remplacés par des effectifs germaniques, ignorants de la géographie locale, et pas forcément plus ardents à la tâche. En outre les pilotes alliés font assaut d'imagination pour neutraliser les trains, sans trop gaspiller de munitions. Une technique spectaculaire se développe, consistant à larguer les réservoirs supplémentaires directement sur les locomotives, puis à revenir tirer quelques cartouches pour incendier le tout. La terreur exercée rend les cibles de moins en moins évidentes à trouver, participant au demeurant à l'interdiction ferroviaire recherchée.

Jusqu'au 4 juin 1944 les raids *Chattanooga – Choo-Choo* se composent de 3 932 sorties aériennes, dont 2 201 menées par l'AEAF de Leigh-Mallory, le reste par la 8e US Air Force. Les chasseurs-bombardiers revendiquent 157 locomotives détruites et quatre-vingt-deux autres endommagées, pour les lourdes pertes de 330 appareils pour la seule AEAF. Un raid retient en particulier l'attention. Le 29 mai, la 8e USAF s'est signalée par une sortie de 571 chasseurs et chasseurs-bombardiers qui ont poussé l'audace jusqu'à traquer les trains dans l'est de l'Allemagne, voire en Pologne occidentale. Les résultats sont demeurés sur le fond insignifiants – vingt-quatre locomotives revendiquées –, mais l'essentiel est ailleurs : d'une part, cette attaque symbolise la réussite de l'opération *Argument*, avec une Luftwaffe incapable de s'opposer efficacement aux raids alliés n'importe où sur le Reich ; d'autre part, elle illustre la prouesse technologique atteinte par l'aviation américaine, capable d'envoyer ses Mustang chasser l'ennemi à 1 500 kilomètres de ses bases grâce à son rayon d'action inédit et les bidons de 408 litres, des matériels qui n'existaient pas encore l'année précédente. Il s'agit là des débuts hégémoniques de l'aviation américaine, dont la puissance ne fera que s'affirmer jusqu'à Hiroshima. Une puissance sans égale, puisque l'ennemi est déjà battu et l'allié britannique dépassé – quant à l'allié soviétique, il n'a pratiquement pas investi dans l'aviation stratégique durant le conflit.

Lorsque l'invasion commence en Normandie le 6 juin 1944, la Luftwaffe n'a nullement les moyens de s'y opposer, ne menant que 259 sorties, contre près de 15 000 pour les Alliés. Ces derniers sont les premiers surpris de cette faiblesse, signe de leur incertitude réelle face à leur succès, pourtant visible en opérations, et avalisé par le décryptage des chiffres ennemis. Ce brouillard de guerre dans lequel se perdaient encore en conjectures les services de renseignement à la veille du Jour-J est confessé par Arthur Tedder quelques années après la guerre :

> Il existait une inconnue au sujet du débarquement de Normandie, malgré le fait que depuis 1940 la supériorité aérienne s'était progressivement étendue depuis les côtes britanniques [...] jusqu'à certaines parties de l'Europe. Ce degré d'incertitude est illustré par le fait que nous estimions, avant le Jour-J,

que la Luftwaffe serait en mesure de réaliser entre 600 et 700 sorties par jour au-dessus des plages du débarquement[11].

Dans son Journal de guerre, à la date du 7 juin, Leigh-Mallory se montre surpris par la facilité des opérations alliées, bien plus gênées par le mauvais temps sévissant sur la Normandie que par l'aviation allemande : « La réaction de la Luftwaffe a été extrêmement faible. La météo a perturbé ma planification aérienne toute la journée, m'énervant profondément. L'armée allemande est en train de se renforcer et je ne peux pas l'attaquer dans la journée[12]. » Fierté oblige, le Britannique présentera en novembre suivant une version moins spontanée dans son rapport officiel d'activités de l'AEAF : « J'étais certain que l'aviation allemande ne représenterait pas une menace sérieuse pour nos opérations sur terre, sur mer et dans les airs. Cependant, je ne pouvais pas négliger les possibilités que l'ennemi conserve ses forces pour réaliser un effort maximal contre la tête de pont alliée[13]. » La multitude de ballons antiaériens reliés par câbles d'acier aux milliers de navires alliés témoigne de cette certitude toute relative… Dans son rapport, Leigh-Mallory parvient à trouver un intérêt plus psychologique que matériel à ces énormes structures, associées aux images d'Épinal du débarquement de Normandie :

> Pour renforcer les défenses fournies par les chasseurs et les canons antiaériens, il avait été décidé d'installer des ballons de protection pour couvrir toutes les plages et tous les ports artificiels (*Mulberries*). Nous estimions que les ballons fourniraient une protection appréciable contre les attaques à basse altitude, tout en économisant le nombre de canons antiaériens légers qui seraient nécessaires pour les premières phases de l'assaut […]. La nature

passive de ces ballons de défense et le manque monotone de résultats rendent difficiles l'évaluation de leur intérêt. Il n'y eut pratiquement aucune notification d'attaque à basse altitude par des appareils ennemis lors de la période de mise en place de ces ballons. Les quelques bombardements effectués ont été très localisés, n'infligeant que des dégâts mineurs aux plages et aucun aux *Mulberries*. Un seul appareil ennemi a été détruit par un ballon en secteur américain. À part un effet positif de dissuasion contre les attaques à basse altitude, je pense que la présence de ces ballons s'est résumée à un soutien moral pour les forces navales et terrestres[14].

Dès les premiers jours suivant le débarquement, les Alliés ont leur réponse : la Luftwaffe ne s'est pratiquement pas opposée à l'assaut des plages, et n'intervient que peu dans la bataille de Normandie, principalement par des bombardements de nuit. Défaite sur le Reich, elle n'a plus les moyens de peser décisivement en opérations, sauf de manière tactique et ponctuelle, surtout sur le front de l'Est, face à adversaire moins qualitatif. Pour les Alliés, la météorologie particulièrement pluvieuse de l'été 1944 représente un écueil autrement plus redoutable, clouant fréquemment l'aviation au sol et gênant l'appui au sol, avec en prime une tempête historique en mer le 19 juin, détruisant complètement le port artificiel d'Omaha Beach et des dizaines de navires – ce dont n'aurait jamais été capable la Luftwaffe. Outre ces caprices célestes, qui perturberont encore les opérations lors de l'avancée vers le Reich à l'automne et l'hiver suivants, pour les pilotes alliés la principale menace provient désormais de la Flak, redoutable jusqu'à la fin du conflit.

*

Ainsi s'achève définitivement l'opération *Argument*, qui possédait certes une date de commencement, le 20 février 1944, mais pas de date précise de fin, faute d'en appréhender le résultat concret, et qui de fait s'est poursuivie jusqu'à dissiper la menace fantôme du Jour-J. Voilà qui ne convient guère à Arnold, pour qui l'écriture de ce récit doit résonner de manière un peu plus spectaculaire, quitte à s'arranger, un peu, avec l'histoire.

QUATRIÈME PARTIE

EXPLOITER LA MÉMOIRE

« La semaine du 20 au 26 février 1944 pourrait bien être identifiée par les historiens du futur comme l'une des batailles les plus décisives de tous les temps, d'une importance supérieure à celle de Gettysburg[1]. »

Général Henry H. Arnold

8

Gloire aux vainqueurs

Le début de l'opération *Overlord* et la campagne finale jusqu'en mai 1945 ouvrent l'une des phases les plus abondamment couvertes par l'historiographie de la Seconde Guerre mondiale, plongeant quelque peu dans l'ombre les longs mois cruciaux de la préparation au débarquement. La levée du secret du décryptage d'Enigma et l'ouverture progressive d'archives à partir des années 1970 ont permis de mettre en lumière certains aspects de cette minutieuse planification, comme l'opération de mystification *Bodyguard*, et surtout sa composante tactique, *Fortitude*. Le *Transportation Plan* et les bombardements alliés sur la France ont longtemps dérivé dans les limbes mémoriels, avant d'être tardivement intégrées par la recherche académique dans les années 2010[1]. L'opération *Argument*, pour sa part, demeure toujours aussi peu connue, au moins dans l'Hexagone, bien que représentant un élément fondamental à la préparation d'*Overlord*.

Son histoire a pourtant commencé à s'écrire dès la fin de l'opération en 1944. Une histoire avant tout américaine, imposant une certaine vision des combats, des résultats et des enjeux. La *doxa* de ce récit, rapidement fixée peu après la campagne alliée, a été reprise au cours des décennies suivantes par des historiens académiques et d'autres amateurs, oscillant entre vérités, approximations et erreurs, sur fond d'intérêts particuliers. Pour reconstituer le parcours de ce récit mémoriel, et en premier lieu identifier la matrice, il faut remonter à son instigateur, le père et maître des USAAF, Henry Arnold.

« Cinq jours décisifs de combats »

Le récit de l'opération *Argument* n'attend pas la fin des combats pour s'écrire. Dès la fin du mois de février 1944, une *doxa* mémorielle se fige sur le papier et dans les esprits, guidant la mémoire de l'événement pour le restant du siècle. Cette spontanéité n'a rien d'illogique, si l'on songe aux objectifs à court et moyen termes des chefs de l'aviation américaine. À l'origine de l'opération, en novembre 1943, Spaatz et Anderson entendaient procéder à une semaine inédite de bombardements en continu afin de marquer les esprits en battant la Luftwaffe sur son terrain. Un format d'action spectaculaire, idéal pour faciliter le travail de la propagande alliée, à laquelle est désormais rompue l'aviation américaine.

Dès le premier raid des USAAF en Europe, le 19 août 1942 sur Rouen, la mise en scène avait été soigneusement préparée devant une armée de journalistes – le débriefing fut effectué en personne par Spaatz et Eaker. La couverture informationnelle de la guerre par les États-Unis en était alors à ses débuts, avec la création en juin précédent de l'Office of War Information (OWI) par Roosevelt. Sa branche étrangère (*Overseas Branch*) était chargée d'informer les populations en territoires alliés et occupés, tout en procédant à une propagande agressive contre les nations ennemies (*Psychological Warfare Branch*). Un an et demi plus tard, l'OWI constitue une formidable machine de guerre, contrôlant l'information écrite, orale et cinématographique, avec pour vaste tâche de présenter l'armée américaine sous un jour favorable et de ménager la liste hétérogène des nations alliées, sans sombrer dans une propagande totalement subjective comparable à celle de Goebbels.

Les USAAF disposent de leur propre structure de production filmographique, la 18e AAF Base Unit, connue sous le nom de First Motion Picture Unit (FMPU). Chargée de réaliser des documentaires de 1942 à 1945, elle produira plus de 400 œuvres. Forte de plus d'un millier de personnels entraînés pour être engagés en opérations, l'unité participe puissamment à la mise en lumière de l'aviation américaine recherchée par son chef suprême, le général Arnold. La montée en puissance des USAAF en 1943 est remarquablement illustrée par le film de propagande *Target for Today*, décrivant de manière détaillée le raid du 9 octobre sur les usines aéronautiques de Marienburg et Anklam, ainsi que sur les installations portuaires de Dantzig et Gdynia. La mise en scène dramatique fait directement appel aux propres aviateurs de la 8e US Air Force, depuis les équipages grommelant à leur réveil forcé à 3 heures du matin jusqu'aux plus hauts chefs, en l'occurrence Eaker et Anderson. Ce dernier, beaucoup moins à l'aise devant les caméras que ses subalternes, fait une entrée théâtrale au début du film dans l'*Operations Room*, et articule timidement : « Quelles sont les prévisions météorologiques aujourd'hui[2] ? » L'œuvre évoque l'ensemble de la mission, depuis la planification jusqu'au débriefing, en passant par d'impressionnantes scènes de combats aériens entre les quadrimoteurs et les chasseurs allemands, abattus en (trop) grand nombre par les mitrailleurs américains. Même s'il ne cache pas les pertes subies, le film passe sous silence le problème de l'absence de couverture de chasse sur le Reich à cette époque, et donne une fausse impression d'ambiance détendue, d'efficacité et de domination – loin de la réalité opérationnelle, quelques jours avant le désastre de Schweinfurt.

Quatre mois plus tard, la propagande alliée poursuit son offensive en s'emparant d'*Argument*. Parmi les outils de communication de l'OWI figure le journal officiel de l'armée américaine, *Stars and Stripes*, fondé en 1861, publié durant la Seconde Guerre mondiale à New York et à Londres. L'édition du 28 février 1944 titre à la une : « Le tonnage de bombes largué par la 8e US Air Force en une semaine dépasse son total de l'année. » Le journal ne dissimule pas la férocité des combats et l'ampleur des pertes, affichant en première page un B-24 et un B-26 touchés par la Flak et s'abattant en flammes. De même, le rôle de l'aviation britannique dans l'opération *Argument* est clairement indiqué :

> Les bombardiers lourds de la 8e US Air Force, unis avec les bombardiers de la 15e US Air Force venus d'Italie et ceux de la RAF, se sont lancés à l'assaut de la production d'avions de chasse nazis, en larguant un plus grand nombre de bombes sur l'Allemagne la semaine dernière qu'en une année d'opérations. Le rythme croissant des attaques alliées a atteint son paroxysme avec la destruction de 166 avions ennemis lors des raids américains de vendredi sur les usines de Ratisbonne, Augsbourg et Hurth, ainsi

qu'une usine de roulements à billes à Stuttgart, et ont ravivé l'espoir que la Luftwaffe puisse être battue avant l'invasion[3].

Même si cette première semaine de combats est qualifiée d'« historique » pour l'aviation alliée – ce qui est bel est bien le cas –, il n'est pas encore ici question d'une supériorité aérienne déjà obtenue – ce qui ne serait effectivement pas le cas. Une semaine plus tard, l'édition du *Stars and Stripes* du 9 mars se délecte de la gigantesque bataille aérienne de la veille, titrant : « Une pluie de 360 000 bombes sur Berlin au cours d'une deuxième grosse journée de raid[4] ». S'il est bien question d'un « Big Day », le surnom de « Big Week » n'apparaît encore nulle part. L'édition du 29 mars présente une déclaration du général Doolittle, indiquant la prise de conscience de l'acquisition de la supériorité aérienne fraîchement obtenue, même si l'objectif demeure toujours à ce stade la destruction de la Luftwaffe :

> Le général Doolittle a évoqué le fait que depuis le 1er février, 26 000 tonnes de bombes ont été larguées sur l'Allemagne, avec 11 000 tonnes supplémentaires sur les pays occupés. […] « L'objectif du bombardement stratégique est la destruction de l'industrie militaire vitale de l'Allemagne », a déclaré le général Doolittle, indiquant que la guerre mécanisée était essentiellement une affaire de production. « Notre but immédiat est la destruction ou à défaut la neutralisation de l'aviation allemande […]. Dans la plupart de nos récentes opérations, les chasseurs ennemis ont montré peu de volonté de faire face et de se battre, un signe que leurs pertes excèdent dorénavant leurs renforts, et qu'ils tentent à présent de conserver leurs forces. »[5]

La FMPU exploite à son tour quelques mois plus tard la victoire américaine pour réaliser un nouveau film de propagande, *The Fight for the Sky*, dédié à la chasse américaine. L'œuvre met en scène le général Jimmy Doolittle, chef de la 8e US Air Force, bien davantage à son aise devant l'objectif que son supérieur direct, Anderson. Le narrateur, qui n'est autre que l'acteur et futur président Ronald Reagan, synthétise le succès de l'opération *Argument* : « Nous avons obtenu la victoire sur l'ennemi grâce à notre meilleure planification, la supériorité de notre commandement et de notre équipement, et avant tout du fait de la valeur de nos pilotes de chasse. Cette fois-ci, ce fut décisif[6]. » Même réalisée dans une perspective de propagande, cette déclaration n'en demeure pas moins tout à fait fondée, prolongeant la véracité globale des propos du *Stars and Stripes.*

Le récit d'*Argument* évolue étrangement le 27 février 1945, avec la publication d'un rapport officiel rédigé par le grand chef de l'aviation militaire américaine, Henry Arnold. Destiné au secrétaire à la Guerre, Henry L. Stimson, ce document synthétise l'action des USAAF pour l'année 1944. S'il avait fini par douter à la fin de l'année précédente de la pertinence du bombardement stratégique, et harcelait Spaatz pour lui prouver le contraire, un an plus tard Arnold ne tarit pas d'éloges sur l'efficacité de ses hommes. Il sait manier le verbe, et ne craint pas de se montrer péremptoire pour s'approprier le récit des « cinq jours décisifs de combats » :

> Au début de 1942, reconnaissant la menace que représentait l'aviation américaine avec ses bombardiers lourds et le bombardement de précision, ainsi que la conversion de la RAF aux bombardiers lourds, l'armée de l'air

allemande se concentra sur la production d'avions de chasse à des fins défensives. Le mauvais temps persistant au cours de l'hiver 1943 entraîna une accalmie dans la campagne que nous avions entamée au cours de l'été et de l'automne. La Luftwaffe en profita pour se développer de manière alarmante. Le dimanche 20 février mit fin à des semaines de mauvais temps, et nous frappâmes. [...]
Ces cinq jours de combat changèrent l'histoire de la guerre aérienne. À partir de ce moment, la Luftwaffe, convertie en force aérienne défensive, perdit son efficacité. Bien qu'encore puissante, elle ne pouvait plus défier nos avions. Partout et en tout lieu où nous survolions le territoire tenu par les Allemands. Dès lors, la Luftwaffe ne se lança dans la bataille que lorsqu'elle estimait posséder la supériorité locale ou lorsque des cibles hautement prioritaires étaient attaquées. Au lieu de quadrupler la production d'avions de chasse comme prévu, la production allemande de mars 1944 demeura inférieure à celle d'août 1942, et celle d'avril inférieure à celle de mars. En dispersant frénétiquement ses usines et en procédant à des réparations désespérées, la Luftwaffe maintint une capacité considérable, mais elle ne se remit jamais de ces cinq jours de février[7].

Ainsi se trouve forgé à l'hiver 1945 le commencement d'un récit épique d'une semaine décisive qui permit aux Alliés d'emporter la supériorité aérienne en vue du débarquement de Normandie. Oubliée, la dimension interalliée d'*Argument*, l'aviation britannique étant expédiée en une phrase : « La RAF bombarda cette nuit-là[8] » (la première nuit, du 19 au 20 février). Oubliées, la bataille décisive de Berlin en mars, expédiée en un paragraphe, et les pertes records en avril. Oubliée, la peur d'une résurgence de la Luftwaffe jusqu'au 6 juin. Reste le mythe d'une semaine de combats sans précédent, une opération américaine inédite dans l'histoire de la guerre aérienne, qui permit de détruire la Luftwaffe en cinq jours de combats meurtriers, et libérer le ciel au seul bénéfice de l'invasion alliée. La distorsion temporelle d'*Argument* ainsi inventée par Arnold, promise à un bel avenir historiographique, convient parfaitement à l'objectif officieux des chefs de l'aviation américaine : affirmer la puissance des USAAF après les revers de 1943.

Enquêtes de terrain

La victoire en Europe le 8 mai 1945 est l'occasion pour les services de renseignement britanniques et américains d'aller mesurer sur le terrain l'efficacité réelle des bombardements durant le conflit. Si les effets de l'opération *Argument* se sont très rapidement mesurés dans les airs, leur impact au sol sur les usines de production aéronautiques, cibles initialement prioritaires, demeure difficile à appréhender. Le principe d'une grande enquête de terrain est approuvé par Roosevelt au mois d'octobre 1944, date de la mise sur pied de l'United States Strategic Bombing Survey (USSBS). Les travaux débutent dès le mois de mars 1945. Un QG est installé à Londres, et des antennes sont déployées sur l'ensemble du front, suivant au plus près la progression des troupes. Le luxe des moyens engagés reflète la puissance atteinte par les USAAF, qui comptent dans les derniers mois de la guerre près de 2 400 000 personnels : pas moins de 650 militaires et 300 civils sont alloués à l'USSBS. Une bonne partie est composée d'experts hautement qualifiés dans les domaines militaire, économique ou encore industriel. Le patron est Franklin D'Olier, un ancien combattant de la Première

Guerre mondiale, président de la puissante société d'assurance Prudential Insurance Company of America. Il ignore tout du bombardement aérien, ce qui constitue l'une des raisons de sa nomination : il saura conserver son objectivité.

Le rapport de l'USSBS pour la campagne européenne est complété en quelques mois, son résumé publié le 30 septembre 1945. Conformément aux attentes, D'Olier livre une analyse critique, n'hésitant pas à pointer les échecs des services de renseignement américains. C'est notamment le cas des usines de roulements à billes, identifiées en 1943 par la COA et l'EOU comme le cœur de cible du système économique nazi, mais en négligeant la supériorité aérienne comme prérequis et la capacité d'adaptation ennemie : « L'histoire de l'offensive sur l'industrie des roulements à billes indique que les attaques aériennes doivent être intenses et renouvelées, même contre des usines très regroupées, car si l'ennemi survit au choc initial, il est en mesure de prendre d'efficaces contre-mesures[9]. » Si le rapport salue l'efficacité opérationnelle décisive du plan *Oil* lancé à partir de mai 1944, la réussite de *Pointblank* et d'*Argument* contre l'industrie aéronautique est beaucoup plus nuancée :

> Dans la campagne contre les forces aériennes allemandes, l'usure imposée par la bataille à son personnel et à son matériel a pris des proportions plus importantes que les pertes de production dans les usines. Les forces aériennes allemandes ont concentré la majeure partie de leurs avions de combat sur la défense de l'Allemagne. Au cours des batailles qui suivirent le déclenchement de l'offensive combinée des bombardiers en juin 1943, le taux de chasseurs monomoteurs dans les unités opérationnelles, détruits

et endommagés à plus de 10 %, s'élevait à 3 650 ; il passa à 10 661 à la fin de 1943 et à 16 150 en 1944[10].

L'USSBS identifie ainsi l'attrition au combat comme facteur prépondérant du succès d'*Argument*, bien plus que le ciblage des usines, ce qui avait échappé aux planificateurs de l'EOU, mais avait été habilement et rapidement constaté par Spaatz et Anderson dès la fin de la première semaine d'engagements en février – et corrigé avec succès sur Berlin en mars suivant. Malgré les spectaculaires photographies d'usines en apparence détruites prises par l'aviation de reconnaissance alliée, l'USSBS établit une différence de taille entre les locaux et les machines-outils :

> Dans la semaine du 20 au 25 février, environ 4 000 tonnes de bombes ont été larguées sur plusieurs usines aéronautiques choisies, représentant 90 % de la production ennemie à cette période. Des sources ennemies ont estimé que 75 % des bâtiments de ces usines avaient été endommagés ou détruits lors de ces attaques. La destruction des bâtiments n'a cependant pas entraîné une destruction proportionnelle des machines-outils et, comme il s'est avéré, l'ennemi a été en mesure de récupérer ces matériels vitaux et de reprendre la production à un rythme beaucoup plus rapide que ce qui avait été prévu[11].

Loin d'être neutralisées, ces précieuses machines-outils ont fourni en 1944 le socle d'une performance historique pour la production aéronautique, soit 25 860 chasseurs sortis d'usine (9 626 en 1943, soit le double de 1942), et une augmentation constante à partir de février : 1 016 monomoteurs produits ce mois-là, 1 377 en mars, 1 696 en avril, 1 907 en mai, 2 177 en juin, 2 627 en juillet, 2 779 en août, et le record absolu en septembre avec 3 031 chasseurs construits. Ce succès repose bien moins sur les épaules d'Albert Speer, ministre des Armements depuis février 1942, que sur celles de l'inspecteur en chef de la Luftwaffe, le Generalfeldmarschall Erhard Milch. Jusqu'à l'été 1944, la production aéronautique allemande, qui représente 35 à 40 % de l'ensemble de l'armement de la Wehrmacht, échappe à l'empire économique de Speer.

À la suite du bombardement d'Hambourg en août 1943, Milch prend d'énergiques mesures pour accroître la production aéronautique, à travers la réquisition de 317 000 travailleurs forcés par le Service du travail obligatoire, et de 100 000 esclaves extirpés des camps de concentration par la SS. Peu après le déclenchement d'*Argument*, et afin de contrer les effets des bombardements sur les usines, Milch est contraint de demander l'aide du ministère rival de Speer, qui toutefois souffre alors d'un effondrement nerveux et demeure en retrait jusqu'à l'été. Milch demeure ainsi le seul maître réel du nouveau *Jagerstab*, organisme *ad hoc* créé conjointement par les deux ministères pour augmenter la production de chasseurs. Il lie son sort à l'impitoyable secrétaire d'État à la Production Karl Otto Saur, bras droit de Speer, et présente ainsi ses objectifs le 25 mars 1944 dans une réunion devant un parterre de spécialistes techniques de l'aviation :

> Où que vous alliez, frappez quiconque se met en travers de votre chemin ! Ici, nous couvrons tout. Nous ne demandons pas s'il y est habilité ou s'il ne l'est pas. Pour nous, il n'y a que cette seule tâche. Nous sommes des fanatiques dans ce domaine [...]. Il n'existe aucun ordre qui pourrait

m'empêcher d'accomplir cette tâche. Jamais je ne me laisserai non plus donner un tel ordre [...]. Ne vous laissez dissuader de rien, et conduisez vos hommes au point où rien ne les dissuade [...]. Messieurs, je le sais, tous les subordonnés ne peuvent dire : pour moi, la loi n'existe plus[12].

Milch et Saur procèdent à la dispersion des usines du Reich, en développant notamment les centres de production souterrains, invisibles et invulnérables aux bombardiers alliés. Ils font le tour des usines aéronautiques du pays en mars pour répandre la terreur chez les directeurs, menacés de représailles en cas de faiblesse, imposant aux travailleurs requis la semaine de soixante-douze heures. Un luxe comparé au sort réservé aux dizaines de milliers de prisonniers des camps de concentration de Flossenbürg et Mauthausen, requis à la SS sur la demande expresse de Milch et Saur, exploités à mort pour produire à la chaîne des milliers de chasseurs Me-109 et Fw-190.

En dépit de cette réussite meurtrière des deux hommes, au moins au point de vue comptable, l'USSBS identifie correctement en 1945 l'absence d'impact concret sur l'acquisition de la supériorité aérienne :

La détérioration de la qualité des pilotes allemands apparaît comme la plus importante cause de la défaite de la Luftwaffe. [...] En juillet 1944, la moyenne d'entraînement américaine était quatre à cinq fois supérieure que celle des pilotes allemands. À mesure que les pilotes les plus expérimentés étaient tués ou mis hors de combat, la qualité de la Luftwaffe déclinait[13].

Associée à la pénurie d'essence régnant à partir de l'été 1944, la Luftwaffe ne possédait simplement plus les moyens humains et matériels pour maximiser le potentiel de ses dizaines de milliers d'appareils flambant neufs. Dernier fait intéressant, l'USSBS ne relève pas de date précise pour l'acquisition de la supériorité aérienne, qui n'est pas indiquée clairement comme obtenue en février : « La Luftwaffe perdit le contrôle des airs dans les premiers mois de l'année 1944, et ne le reconquit jamais par la suite[14]. »

En parallèle du rapport américain, les autorités britanniques constituent un organisme similaire, la British Bombing Survey Unit (BBSU). Son principal auteur n'est autre que Solly Zuckerman, l'ancien conseiller scientifique d'Eisenhower. Le professeur d'anatomie dispose de moyens bien plus réduits que l'USSBS, l'armée britannique étant peu désireuse de connaître les résultats réels du Bomber Command d'Harris, tombé en disgrâce après les bombardements meurtriers de 1945. Son rapport, publié en décembre cette année-là, est interdit de diffusion et sombre dans l'oubli jusqu'à son exhumation en fin de siècle par l'historien de la RAF Sebastian Cox[15]. Zuckerman ne manque pas de prendre sa revanche sur son opposant Harris, soulignant avec raison l'inefficacité totale de l'*area bombing* sur le moral des civils allemands, tout en sous-estimant quelque peu son influence sur l'économie nazie :

> La stratégie était fondée sur les trois postulats suivants :
> (a) La destruction des villes allemandes interférerait de façon critique sur la production de guerre allemande.
> (b) Les effets tangibles des bombardements, couplés aux privations de logements, conduiraient à une démoralisation telle de la population civile et des travailleurs allemands que les dirigeants seraient forcés de capituler.

(c) Il serait possible de détenir une flotte de bombardiers suffisamment forte pour atteindre ces deux objectifs.

Les évidences réunies depuis la fin de la guerre indiquent que le premier et le second objectif ne possédaient aucune substance réelle, puisqu'en vérité le front intérieur allemand ne ressemblait en rien au tableau général brossé par nos experts économiques. Indubitablement, il convient de blâmer le fait que nous avons tous été victimes de la propagande nazie – autant, si ce n'est davantage, que les Allemands eux-mêmes[16].

Au sujet de l'opération *Argument*, à laquelle il n'a pas participé ni ne s'est opposé, Zuckerman livre une analyse plus neutre, en énumérant huit facteurs dans l'acquisition de la supériorité aérienne :

- supériorité numérique alliée ;
- problèmes de ressources humaines de la Luftwaffe ;
- erreurs de doctrine et de planification ;
- dispersion des efforts ;
- manque de coordination dans la recherche et le développement ;
- pénurie d'essence ;
- attaques alliées sur les aérodromes ;
- bombardements des usines aéronautiques.

Les supériorités quantitative et qualitative alliées font ainsi partie des deux facteurs déterminants dans l'attrition ennemie. L'étude de Zuckerman offre l'intérêt de souligner le brouillard de guerre régnant toujours au printemps 1944 quant au potentiel réel de la Luftwaffe, et l'incertitude persistante des services de renseignement alliés jusqu'au débarquement :

> Après les attaques de février, une opinion se répandit selon laquelle l'objectif de *Pointblank* était atteint, et la Luftwaffe éliminée. Néanmoins, les attaques contre l'aviation allemande se poursuivirent avec encore plus de force. Au cours des trois mois précédant notre débarquement en Normandie, les usines d'aviation furent continuellement bombardées, les usines d'assemblage de Me-109 et de Fw-190 et les aérodromes étant les principales cibles. [...]
> Il conviendrait de se demander si nous avons été bien avisés de bombarder l'industrie aéronautique en 1944, ou s'il aurait fallu l'entreprendre seulement après le débarquement. Nous nous trouvons ici sur un terrain plus spéculatif. Tant que subsistait la menace d'une renaissance de l'armée de l'air allemande, il aurait été difficile d'affirmer que les mesures prises pour la contrer étaient malavisées. D'autre part, avec le recul dont nous disposons aujourd'hui, il est clair qu'une fois la liberté d'action acquise au-dessus de l'Allemagne – et ce indépendamment des attaques contre l'industrie aéronautique allemande – des effets plus importants sur l'industrie auraient pu être obtenus par des attaques sur les transports, tandis que la Luftwaffe en tant que force de combat aurait été plus rapidement paralysée en augmentant et peut-être en accélérant les attaques sur les usines pétrolières et sur les aérodromes[17].

En résumé, l'USSBS et le BBSU s'accordent sur le succès d'*Argument*, obtenu avant tout par le combat aérien, en soulignant l'adaptabilité remarquable de l'économie de guerre nazie. La supériorité aérienne est considérée comme acquise à une date incertaine au printemps 1944, bien qu'avec des doutes jusqu'aux premiers jours du débarquement. Des analyses qui remettent sérieusement en question le rapport officiel du chef des USAAF publié quelques mois plus tôt en février 1945, allant à l'encontre d'une seule semaine décisive de combat. Certes, les mots de Churchill conviendraient aussi à Arnold : « L'histoire me sera indulgente, car j'ai l'intention de l'écrire[18]. »

Un jalon vers l'indépendance

L'indépendance de l'aviation militaire américaine a toujours constitué la quête suprême de ses grands chefs. Le Graal avait pratiquement été obtenu le 28 février 1942 avec l'*Executive Order* 9082 de Roosevelt, comme évoqué précédemment, séparant sur le papier les forces aériennes de l'armée de terre, en attendant la fin des hostilités pour la réalisation administrative effective. Celle-ci intervient rapidement après la victoire, même si Arnold n'est plus en service pour la savourer pleinement. Déjà atteint par la limite d'âge avant la guerre mais rappelé pour l'occasion, le chef des USAAF a connu des années de commandement pour le moins anxiogènes, qui ne sont pas étrangères à ses quatre crises cardiaques essuyées jusqu'à la fin des hostilités. Retiré en septembre 1946, il laisse la place à son second et proche camarade, le général Carl Spaatz. Ce dernier bénéficie d'un terrain favorable, grâce à la nomination peu avant en novembre 1945 d'Eisenhower comme chef d'état-major de l'armée américaine. Les deux hommes se sont presque toujours entendus et sincèrement estimés pendant la guerre, malgré la violente controverse du printemps 1944 avec le *Transportation Plan*. La formalisation de l'indépendance est donc rondement menée : la séparation officielle des forces terrestres et aériennes est signée par le président Harry Truman, créant le 18 septembre 1947 l'United States Air Force (USAF).

Parmi les constituantes de l'USAF, comprenant l'aviation tactique, la chasse, le transport et les organismes de soutien, une nouvelle composante va rapidement prendre l'ascendant : le Strategic Air Command (SAC). Hérité des forces aériennes stratégiques de la guerre, il réunit les unités de « superforteresses volantes » B-29, des quadrimoteurs géants utilisés dans le Pacifique, principalement pour bombarder le Japon. Il dispose de l'arme ultime, la bombe atomique, que seuls les États-Unis possèdent encore à cette date, et dont l'aviation stratégique constitue l'unique vecteur. Malgré une importante baisse d'effectifs à l'issue de la guerre (2,4 millions de personnes en 1945 contre 303 000 personnels en 1947), l'USAF peut compter sur ce formidable potentiel pour s'imposer dans la nouvelle grammaire géopolitique. Le nombre de bombes atomiques est initialement restreint, avec neuf exemplaires disponibles en 1946, dont deux sont détonnés la même année lors des tests nucléaires sur l'atoll de Bikini. De quoi toutefois imposer pour l'instant le respect à Staline, dont le projet de bombe avance à grands pas, matérialisé par un premier essai atomique en 1949.

Dans la « guerre froide » qui se profile, le SAC nécessite une doctrine aérienne pour l'emploi de la puissance atomique. L'ascension vertigineuse à suivre des forces aériennes stratégiques américaines repose largement sur un homme, le général Curtis E. LeMay, nommé commandant en chef du SAC le 19 octobre 1948. Doté d'un ego à la dimension de ses ambitions, LeMay vient de superviser la campagne aérienne des B-29 sur le Japon, assumant volontiers l'écrasement systématique des grandes villes nippones. Le général prend énergiquement le SAC en main, imposant une discipline impitoyable à ses hommes et exigeant aux navigants d'être en mesure d'interchanger leur poste. Partisan acharné du bombardement stratégique, il guide la doctrine aérienne de l'USAF de l'après-guerre, revenant aux principes déjà développés au temps des USAAF dans les années 1930. Le bombardier stratégique redevient l'appareil prépondérant des forces aériennes américaines, au détriment de l'aviation tactique. Le SAC va vite s'imposer comme le fer de lance de l'armée, et le bras armé de la politique de dissuasion du *soft power* face à l'URSS.

Cette consécration ultime symbolise la trajectoire de l'aviation américaine depuis le début des années 1930, avec l'émergence de la « Bomber Mafia » à l'école de Maxwell. La doctrine du bombardement stratégique couplée au *precision bombing* appelait par nature à l'autonomie des USAAF. Une doctrine dénuée de retour d'expérience opérationnelle, faute d'utilisation durant la Première Guerre mondiale, fondée sur des analyses économiques prospectives, qui aurait pu être remise en question après les revers de 1943. Par son pragmatisme éclairé, Spaatz fait figure de sauveur de l'aviation américaine à cette époque. Il parvient à tempérer l'impatience de son supérieur Arnold, tout en faisant évoluer la doctrine en l'adaptant aux réalités de la guerre aérienne moderne, délaissant progressivement le *precision bombing*, et poussant en avant la chasse à long rayon d'action, dont il avait toujours été un partisan, ne différenciant pas fondamentalement l'aviation stratégique et tactique, contrairement à la plupart de ses collègues. C'est en substance ce qu'analyse Zuckerman après guerre, pour qui Spaatz fait partie des « six hommes hors de l'ordinaire » rencontrés au cours de sa carrière :

> Dans la guerre aérienne, il [Spaatz] ne pensait pas qu'il existait une division fondamentale entre ce qui relevait de la notion de stratégique et de tactique. Seize années après la fin de la guerre, j'ai reçu une lettre de sa part exprimant son inquiétude à ce sujet. Il trouvait difficile de comprendre ce qui était en train d'être écrit, et n'appréciait pas la façon dont les mots tactiques et stratégiques étaient utilisés[19].

Comprenant dès l'année 1943 que les bombardiers américains n'emporteraient jamais à eux seuls la décision, contrairement à Arthur Harris, Spaatz veille toutefois jalousement à conserver l'indépendance de son aviation par rapport aux autres armes, ce qui conduit aux affrontements du printemps 1944. Contraint d'obtempérer par les chefs d'état-major combinés à Washington, il profite toutefois de sa bonne entente avec Eisenhower pour lancer son plan *Oil* dès le mois de mai 1944, afin de retourner sur le Reich au plus vite. Là aussi, Zuckerman n'est pas dupe : « Le fait de considérer les usines d'essence synthétique comme des cibles stratégiques de la plus haute priorité pour la 8e US Air Force était un moyen pour lui d'assurer l'indépendance de ses forces[20]. »

Dans leur quête d'autonomie, Arnold et Spaatz bénéficient du soutien de leurs services de renseignement, grâce à la prépondérance du COA à Washington puis celle de l'EOU à Londres. Se fondant sur des extrapolations économiques éloignées des impératifs de la puissance aérienne, ces organismes proposent des cibles stratégiques correspondant aux attentes de leurs chefs, situées au sein du Reich et susceptibles d'obtenir la décision par elles-mêmes. L'EOU, avec ses chefs Hughes et Kindleberger, se révèle en particulier un adversaire acharné de toute forme d'opposition, comme décrit par l'historien Alfred Mierzejewski :

> Ces civils en uniforme étaient soucieux de gagner la confiance de leurs homologues militaires. Ils ont hérité de la vie civile les compétences et l'amour de la politique bureaucratique des universitaires. L'EOU a connu une naissance houleuse et s'est heurtée à toutes les organisations de renseignement qu'elle a rencontrées. Son égoïsme unique en faisait un adversaire acharné de tous ceux qui n'étaient pas d'accord avec elle et l'incitait à subvertir même ceux dont les opinions coïncidaient avec les siennes[21].

Un troisième levier d'autonomie pour Arnold et Spaatz repose sur la propagande distillée par l'Office of War Information (OWI), et en particulier l'œuvre cinématographique de la First Motion Picture Unit dédiée aux USAAF, déjà évoquée. Les nombreux films d'actualité réalisés ont permis d'habilement incarner la puissance sans égale atteinte par l'aviation américaine, la conquête de la supériorité aérienne n'ayant pas constitué l'un des moindres jalons vers la quête de l'indépendance.

Les membres de la « Bomber Mafia » des années 1930 ont finalement assouvi en 1947 l'objet de leur désir porté par la doctrine du bombardement stratégique, couronnée de manière aussi fortuite qu'idéale par l'avènement de l'ère atomique deux ans plus tôt. Il reste à présent à écrire et éventuellement contrôler l'histoire, ce que va s'empresser de faire en premier Arnold.

9

L'invention d'une « Big Week »

19 septembre 1944. Les blindés britanniques remontent lentement les rues d'Eindhoven, moins gênés par les défenseurs allemands que par la foule dense des civils néerlandais, saluant les arrivants après plus de quatre années d'occupation. Le gros des combats se déroule à quelques kilomètres au nord de la grande cité, dans le village de Son, où les parachutistes américains de la 101e division aéroportée sont près de céder face aux contre-attaques blindées ennemies, en attendant l'arrivée des chars.

Eindhoven a peu souffert des combats lors de l'opération *Market Garden*, en étant rapidement capturée, contrairement aux deux grandes autres villes ciblées : Nimègue, difficilement libérée le 20 septembre 1944, et Arnhem, en partie capturée par les parachutistes britanniques, puis reprise par les Allemands jusqu'en avril 1945. Pourtant, en traversant le centre-ville, les blindés britanniques peuvent remarquer d'importantes destructions dans le quartier de la gare, qui ne semblent pas récentes.

Dans l'historiographie américaine, la bataille d'Eindhoven fait partie des succès associés à la 101e division aéroportée, depuis la Normandie le 6 juin 1944 jusqu'au « nid d'aigle » d'Hitler à Berchtesgaden, dans les derniers jours de la guerre. Un parcours évoqué dans le récit de l'historien Stephen E. Ambrose, intitulé *Frères d'armes*, et rendu célèbre par l'adaptation du même nom du réalisateur Steven Spielberg[1]. Cette évocation glorieuse ne laisse toutefois pas de place à l'explication des dégâts subis précédemment par Eindhoven, même si ces derniers se confondent la nuit même de la libération avec l'un des rares raids sérieux effectués par la Luftwaffe, à court de carburant, qui provoque d'importants incendies et tue plus de 200 civils. La grande cité néerlandaise a pourtant connu en février précédent un bombardement meurtrier, cette fois-ci de la part de l'aviation américaine, lors de l'opération *Argument*. L'une des pires catastrophes subies par les Pays-Bas durant la Seconde Guerre mondiale, pendant longtemps occultée, bien que révélatrice des failles doctrinales de l'aviation américaine, et qui pendant longtemps n'a pas eu sa place dans l'héritage mémoriel de l'opération.

Mémoires de guerre

La narration de l'opération *Argument* prend un tour décisif cinq années après la victoire, de manière remarquablement paradoxale. Dès le mois de septembre 1942, l'US Army Air Force s'était dotée d'une *Historical Division*, chargée de regrouper et conserver les archives opérationnelles. À l'issue de la victoire alliée, en décembre 1945, le général Eaker, alors chef adjoint des USAAF, avait choisi l'université de Chicago pour réaliser une histoire de l'aviation américaine en sept volumes, obéissant aux « standards académiques les plus élevés[2] ». L'édition de ce vaste projet, dirigée par le lieutenant-colonel Wesley Frank Craven (université de New York) et le major James Lea Cate (Chicago), et réunissant une équipe d'historiens universitaires, s'étale de 1948 à 1958, couvrant tous les théâtres d'opérations de la guerre.

Avant l'édition du volume III en 1951 évoquant *Argument*, le général Arnold publie de justesse ses Mémoires en 1949. Affaibli par son arythmie cardiaque, le père de l'aviation militaire américaine s'éteint l'année suivante, salué par des funérailles nationales. Dans ses souvenirs retraçant un demi-siècle de combats victorieux pour l'indépendance, il évoque les affrontements de février 1944 en reprenant l'esprit de son rapport rédigé à la fin de la guerre :

> Quand, à la fin de 1943 et au début de 1944, je fus en mesure d'envoyer les chasseurs à long rayon d'action à la 8e US Air Force, les P-47, les P-38 et plus particulièrement les P-51, la Luftwaffe était finie. Le reste de l'année, il y eut des combats rudes, mais après la grande semaine du 20 février (opération *Argument*), au cours de laquelle les deux camps pensaient que l'armée de l'air allemande était brisée, l'issue ne faisait plus aucun doute. Il n'était plus nécessaire de s'occuper longtemps des usines aéronautiques elles-mêmes[3].

En réalité, Arnold n'est pas pour grand-chose dans l'entrée en service du P-51, contrairement à Spaatz, et les usines aéronautiques demeurent des cibles prioritaires jusqu'en avril. Mais surtout, l'ancien chef des

USAAF se montre, quelques pages plus loin, moins sûr de lui quant à l'efficacité de ce qu'il dénomme la « grande semaine » (*Great Week*) :

> La grande question était : « Qu'est-il advenu de la Luftwaffe ? » Nous savions que nous l'avions battue, mais même une force aérienne réduite de moitié aurait au moins essayé de bombarder les ports du sud de l'Angleterre, saturés de bateaux de débarquement de tous types, et surchargés de matériels. À l'inverse, aucune attaque ne fut réalisée sur ces installations avant le Jour-J, ni contre les bateaux dans la Manche lors de l'assaut, ni contre les plages après l'invasion. Notre bombardement de jour avait-il été effectif ? Nos plans pour une attaque jour et nuit de l'Allemagne avaient-ils porté leurs fruits ? Nous n'avions plus besoin de preuves[4].

En dépit de cette réserve, le propos demeure le même : la « grande semaine » de février a changé le cours de la guerre aérienne. Un an après la disparition d'Arnold, les historiens Craven et Cate publient le volume III de leur série, dédié à la dernière partie du conflit, de janvier 1944 à mai 1945[5]. Plusieurs chapitres de l'ouvrage sont rédigés par Arthur B. Ferguson, de l'université Duke, spécialiste de la Renaissance britannique. Bien que pour le moins éloigné de son sujet de recherches, l'auteur bénéficie de l'accès privilégié aux archives inédites de l'USAF, livrant une analyse critique et objective. Le chapitre 2 traite en particulier de l'acquisition de la supériorité aérienne au printemps 1944 à travers l'opération *Argument*, et comporte un titre inédit : *Big Week* (« Grosse Semaine »). Ferguson se contente d'une vague explication au début du récit des opérations : « La mission du 20 février fut le commencement d'une série spectaculaire d'opérations stratégiques qui furent par la suite dénommées "Big Week"[6]. » De manière malencontreuse, l'historien n'indique pas l'origine précise de ce surnom, jamais évoqué avant, qui désigne le début de l'opération *Argument* lors de la dernière semaine de février. S'agit-il d'une appellation contemporaine des faits, qui n'aurait émergé que plusieurs années plus tard ? Ou d'une extrapolation des deux récits d'Arnold, bâtisseur attitré du concept de la « Great Week » ? Quoi qu'il en soit, le récit de Ferguson s'étend jusqu'à la fin mars avec la bataille de Berlin, considérée à juste titre comme partie prenante de l'acquisition de la supériorité aérienne. Il pointe les effets limités des bombardements sur l'industrie aéronautique, même s'il ne dispose pas à cette époque d'un tableau complet des rouages de l'économie nazie, et ignore les informations prodiguées par le décryptage allié, dont le secret perdure jusqu'au début des années 1970. Le propos d'Arthur Ferguson demeure toutefois ambivalent sur la forme, du fait de la séparation artificielle entre la fameuse première semaine d'opérations continues en février et la bataille de Berlin plus diffuse dans le mois de mars ; une dichotomie qui n'apparaissait pas explicitement à l'époque des faits. Le titre même de son chapitre, *Big Week*, contribue à diffuser maladroitement cette impression de contraction temporelle, où toute l'affaire se serait jouée en l'espace de quelques jours, renvoyant en cela à la démarche intéressée d'Arnold en février 1945. Ainsi semble prendre nature le mythe d'une *Big Week*, plus ou moins involontairement, avec un surnom donné *a posteriori* reléguant rapidement dans l'oubli le nom d'origine d'*Argument*.

Trois années après cette édition américaine, en 1954, le général Adolf Galland publie à son tour ses Mémoires. L'ancien chef de la Jagdwaffe, alors exilé à Buenos Aires et conseiller de l'armée de l'air argentine, évoque ses années de guerre dans un style accessible – avec succès, l'ouvrage s'écoulant à plusieurs millions d'exemplaires dans le monde. Fidèle à son franc-parler, ne ratant pas l'occasion de se mettre en avant et donc de se dédouaner de sa part de responsabilité dans la défaite de la Luftwaffe, il déclare avoir pris connaissance des travaux américains, et de fait évoque assez justement la « Big Week », même s'il en minimise à l'excès les effets :

> Malgré la supériorité numérique écrasante de l'ennemi, bien que ses avions aient été meilleurs et malgré la baisse constante de la qualité de notre côté, sur le plan du personnel aussi, notre principe « masse contre masse », appliqué habilement par le commandement de la chasse, avait une fois de plus conduit à un succès impressionnant de la défense. En revanche, la propagande alliée exagéra considérablement les effets prétendus des attaques. La « grande semaine » constitua pendant des jours la sensation de la presse occidentale. Le commandement allié surestima lui aussi, comme il l'avoua plus tard, les effets du bombardement, tandis qu'il sous-estimait la capacité de régénération de l'industrie allemande. C'est pourquoi il n'y eut temporairement pas de répétition des attaques sur les usines aéronautiques. C'est seulement des mois plus tard que l'ennemi constata que notre armement aérien était loin d'être liquidé. Malgré les dommages superficiels, nous espérions que les responsables des plans alliés persisteraient dans leurs erreurs et dans leurs fautes[7].

Galland admet en revanche l'efficacité de la seconde partie de l'opération *Argument*, bien placé pour avoir lui-même subi l'évolution décisive de la stratégie américaine en mars, directement portée sur l'attrition humaine de la Luftwaffe :

> En mars 1944 […], après le coup, supposé décisif, porté à l'industrie aéronautique allemande, les chasseurs américains reçurent l'ordre de passer d'un mode de combat défensif, visant à protéger les formations de bombardiers qu'ils accompagnaient au-dessus du territoire du Reich, à l'offensive. Le général Kepner, qui commandait les forces de chasse de la 8e AAF, reçut de Spaatz la mission de contraindre l'ennemi au combat partout où il le rencontrerait. C'est alors seulement que la supériorité des chasseurs américains produisit pleinement ses effets. Ils ne collèrent plus aux lourdes formations de bombardiers mais s'emparèrent de l'initiative. Partout où nos chasseurs ne faisaient même que se montrer, les Américains se jetaient sur eux[8].

Un témoignage tout à fait fondé, confirmant l'analyse menée plus tôt par l'historien américain Ferguson, et remettant en cause la version d'Arnold de la *Big Week*. Celle-ci survit toutefois à son créateur – même si ce dernier ne l'avait jamais nommée précisément comme telle – en étant reprise par le témoignage d'un aviateur de la 8e US Air Force, Glenn Infield. Ancien pilote de B-17 au sein du 99e Bomb Group, ce dernier a participé à plusieurs missions de l'opération *Argument*. Il publie en 1974 un livre intitulé : *Big Week ! La semaine qui a décidé de la guerre – une bataille aérienne cruciale entre les généraux Doolittle et Galland.* Un titre qui ne laisse guère planer de doute quant au résumé de l'œuvre :

> Incarnant l'un des moments les plus importants de l'histoire de la guerre aérienne, les six jours de batailles aériennes sur le théâtre européen entre le 20 et le 25 février 1944 sont connus comme la *Big Week.* Des experts

militaires l'ont comparé à la bataille des Ardennes et au Jour-J, parmi les plus grands combats de la Seconde Guerre mondiale. De l'issue de ces affrontements s'est décidé l'avenir du bombardement de précision de jour, et du succès ou de l'échec de l'invasion alliée prévue pour le printemps 1944. L'issue de la Seconde Guerre mondiale dépendant des résultats de cette offensive, la *Big Week* a tenu un rôle vital dans la victoire par les Alliés[9].

Une vision qui offre l'avantage d'être simple et reposante pour l'esprit, mais pour le moins péremptoire, pour ne pas dire erronée. Certes Glenn Infield n'est pas historien, mais il possède au moins le mérite d'avoir été acteur de la bataille, et développe un récit stimulant d'expériences combattantes. Il contribue toutefois à propager le mythe historiographique de la *Big Week*, désormais solidement établi, et promis à un avenir durable.

Zones d'ombre : Nimègue, 22 février 1944

Au royaume de l'historiographie idéale de la *Big Week*, manque pourtant un élément. Un événement qui s'est déroulé en marge des opérations du troisième jour, le 22 février 1944, sur les Pays-Bas occupés. Une catastrophe pendant longtemps occultée, bien que révélatrice des failles doctrinales de l'aviation militaire américaine, et qui certes n'allait pas dans le sens recherché par ses chefs.

Au début de l'année 1944, plus de quatre années de violences combattantes et autres massacres à des échelles inédites ont piétiné et égaré dans les oubliettes de l'histoire les conventions d'avant-guerre, banalisant les pertes militaires et civiles. À propos de l'oubli initial de la question des civils dans l'élaboration de son *Transportation Plan*, Zuckerman avouera froidement après guerre, dans ses Mémoires : « Je ne peux retrouver aucun papier, s'il existe, qui indiquerait mon implication dans cette question lorsque le plan fut conçu. À ce stade du conflit, je m'étais aguerri au concept des victimes, dans notre camp comme dans celui de l'ennemi. La guerre était ainsi faite[10]. » Cela n'a pas toujours été le cas pour les bombardements aériens, en particulier au début du conflit. La crainte du cycle infernal des représailles, ainsi que la peur des gaz, héritée de la Première Guerre mondiale et encore très présente à la fin des années 1930, font office de frein, pour tous les belligérants. Des bombardements meurtriers pour les civils sont certes opérés par la Luftwaffe au cours des premières campagnes, notamment sur Varsovie (septembre 1939), Rotterdam (mai 1940) et la région parisienne (juin 1940), mais dans un contexte avant tout opératif, lié à la progression des forces au sol. Il ne s'agit pas à proprement parler de bombardements de terreur, qui seraient détachés d'un appui militaire au sol et auraient pour seul but l'effondrement du moral des civils, même si ce dernier effet est aussi accessoirement recherché pour les trois attaques précitées.

Cette convention tacite entre belligérants se prolonge jusqu'à la bataille d'Angleterre. Le 24 août 1940, un appareil égaré de la Luftwaffe bombarde par erreur un quartier habité de la banlieue de Londres, entraînant un raid de représailles du Bomber Command dès le lendemain sur Berlin. Hitler, fou de rage à la fois contre les Britanniques et Göring, hurle à la vengeance devant une foule énorme au

Sportpalast le 4 septembre, amplifiant ainsi l'engrenage irréversible. Le Blitz commence sur le Royaume-Uni trois jours plus tard, ciblant pour la première fois expressément les zones urbaines dans le seul but de faire fléchir le moral ennemi. Les civils constituent désormais, et jusqu'à la fin de la guerre, une cible politico-militaire à part entière pour l'aviation, d'abord pour la Luftwaffe, puis pour la Royal Air Force au printemps 1942. La publication d'un rapport, porté par le conseiller scientifique de Churchill, Frederick Lindemann, prévoit de prôner l'*area bombing* sur les villes allemandes comme outil principal du Bomber Command :

> En 1938 plus de 22 millions d'Allemands vivaient dans cinquante-huit villes de plus de 100 000 habitants, qui, avec un équipement moderne, devraient être faciles à localiser et à toucher. Nos prévisions de production pour les bombardiers lourds entre aujourd'hui et le milieu de 1943 sont d'environ 10 000. Même si la moitié du chargement total de 10 000 bombardiers était larguée sur les zones bâties de ces cinquante-huit villes allemandes, la grande majorité de leurs habitants (environ le tiers de la population allemande) serait sans abris. L'enquête semble montrer que le fait d'avoir son habitation détruite est très dommageable. L'importance semble même être plus élevée que d'avoir ses amis ou sa famille tués[11].

L'objectif officiel est ainsi de priver les civils allemands de leurs habitations, plutôt que de les tuer, favorisant ainsi à la fois la baisse du moral et l'absentéisme dans les usines. Une différence certes subtile, la destruction de zones urbaines entières entraînant fatalement des pertes en tués et blessés.

Avant même l'application de l'*area bombing* à grande échelle à partir de 1942, les Britanniques ont appliqué une dichotomie assumée, bien qu'*a priori* paradoxale, entre les civils « ennemis » et « alliés ». Ces derniers recouvrent l'ensemble des nations occupées par l'Allemagne et l'Italie, et en premier lieu la France, première cible du Bomber Command dès l'été 1940 avec ses ports dans le cadre de la bataille d'Angleterre, puis de l'Atlantique en 1941. Même si dans l'absolu les Britanniques cherchent à éviter de toucher les populations alliées, dans les faits cet idéal vient très vite se heurter aux réalités opérationnelles. Pour contrer la menace d'une asphyxie fatale du Royaume-Uni portée par la bataille de l'Atlantique, Churchill autorise le bombardement sans restriction des gigantesques bases bétonnées de la Kriegsmarine à Brest, Lorient et notamment Saint-Nazaire, situées en plein centre-ville. Plusieurs centaines de civils français sont victimes de cette priorisation stratégique, ce qu'Eisenhower ne manquera pas de rappeler trois ans plus tard au Premier ministre britannique, lorsque ce dernier se dressera contre le *Transportation Plan* pour des questions politiques.

Pour l'armée américaine, la question du bombardement des civils se trouve, en théorie, réglée par la doctrine en vigueur dans l'US Air Force. La nature même du *precision bombing* développé dans les années 1930 implique un ciblage restreint sur des cibles de nature seulement militaires et économiques, tout en rejetant l'attaque délibérée des populations civiles, à la fois immorale et non économique. Dans les faits, comme évoqué précédemment lors du premier bombardement opérationnel le 17 août sur Rouen, l'insuffisance technologique des matériels de visée et de navigation condamne le soi-disant *precision bombing* à l'imprécision, avec des pertes civiles aussi bien alliées qu'ennemies.

Celles-ci sont considérées comme des contingences involontaires, ne remettant pas en question la doctrine de l'US Air Force. Elles sont aussi le plus souvent « pudiquement » absentes des comptes rendus, et n'intéressent que fort peu l'historiographie après guerre. Un cas particulier se déroulant pendant la *Big Week* illustre ce constat, issu de la longue liste des bombardements américains aux lourdes conséquences sur les civils de 1942 à 1945.

Le 22 février 1944, au troisième jour de l'opération *Argument*, le mauvais temps sévit sur l'Angleterre et la mer du Nord. La 8e US Air Force fait pourtant décoller ses trois divisions, aussitôt confrontées à de sérieux problèmes de formations. En particulier la 2e *Bomb Division* ne parvient pas à s'assembler pour attaquer son objectif principal de la journée, Gotha. La mission finit par être annulée, mais dans la confusion l'un des trois *Combat Wings* de la division ne reçoit l'ordre qu'avec une heure et demie de retard, alors qu'il survole le territoire du Reich. Le chef du 20e Combat Wing, William Schmidt, ordonne à son tour à ses trois *Groups* d'abandonner la mission, tout en cherchant des cibles d'opportunité sur le chemin du retour. Cette procédure n'est pas standard au sein de l'aviation américaine, les équipages rentrant théoriquement avec leurs bombes en cas de mission annulée. La directive *Pointblank* prévoit toutefois depuis l'été 1943 la possibilité de bombarder les aérodromes et les gares comme cibles d'opportunité sur le Reich et les pays occupés, dans le cadre de l'acquisition de la supériorité aérienne. Ce principe, assez vague comme l'ensemble de la directive, est appliqué par les USAAF notamment durant la *Big Week* sur la Pologne et les Pays-Bas, ces derniers étant par ailleurs la cible des opérations de diversion de la 9e US Air Force.

L'alerte aérienne a déjà retenti sur Nimègue le matin du 22 février, au passage de la 8e US Air Force vers l'Allemagne. L'activité a repris en ce mardi après-midi lorsque résonnent une nouvelle fois les sirènes, à l'approche en sens inverse de quatorze B-24 du 446e Bomb Group, rattaché au 20e Combat Wing de Schmidt. Celui-ci dirige l'attaque de la vaste gare de triage de Nimègue, choisie au dernier moment comme cible d'opportunité. Cette dernière est peu endommagée, mais un train en direction d'Arnhem, retardé par la première alerte, brûle avec ses trente passagers. La majeure partie des 144 bombes explosives et soixante et onze à sous-munitions tombe en plein centre-ville, massacrant les piétons circulant dans les rues et les parcs, s'abattant sur les habitations, lieux de culte, hôpitaux, écoles et magasins. L'alerte trop tardive, la désorganisation des communications, la perte de pression de l'eau et la panique laissent toute latitude aux incendies de prospérer et d'allonger la liste des victimes, avant que les pompiers ne commencent à intervenir. Le feu n'est maîtrisé que le lendemain 23 février, malgré des départs de feu toujours actifs le surlendemain.

Nimègue se réveille sous le choc, et compte ses victimes : 760 morts, 300 blessés graves et 500 légers. Il s'agit du deuxième plus grave bilan après le bombardement de Rotterdam par la Luftwaffe en 1940, avec ses près de 900 tués. L'interrogatoire des équipages du 446e *Bomb Group* indique le vaste flou dans lequel s'est déroulé le drame, une partie des bombardiers pensant attaquer les cités d'Arnhem et de Nimègue (par ailleurs ciblées par d'autres B-24, causant plusieurs dizaines de victimes), voire des villes allemandes. La nouvelle ne parvient que deux jours plus tard au gouvernement néerlandais en exil à Londres, de manière imprécise. Ce dernier se contente de blâmer à tort les

Allemands, suspectés d'avoir brouillé les systèmes de navigation des appareils alliés. Les Néerlandais sont certes alors plus préoccupés par l'état nerveux de la reine Wilhelmine, victime du *Baby Blitz* dans la nuit du 20 au 21 février : une bombe est tombée sur sa résidence au nord-ouest de Londres, tuant deux de ses gardes. Tardivement informé en pleine bataille de Berlin, Arnold présente le 15 mars des excuses officielles au ministre des Affaires étrangères en exil, déplorant des erreurs de navigation.

Le bombardement de Nimègue met en lumière l'incapacité de mettre en œuvre le *precision bombing* à haute altitude, en particulier sur des cibles situées en plein tissu urbain, dans l'état actuel des moyens technologiques. En réalité les chefs américains l'avaient réalisé depuis les débuts sur la France en 1942, poursuivant néanmoins la doctrine officielle pendant plus d'une année, avant de commencer à s'ouvrir à l'*area bombing* en novembre 1943 sur le Reich. La quête impossible du *precision bombing* demeure toutefois par défaut en vigueur sur les pays occupés jusqu'à la libération, sans faire l'économie de nombreux drames dépassant le millier de morts et blessés graves, comme en mai 1944 à Marseille, Toulon, Lyon et notamment Saint-Étienne. Les erreurs de ciblage et de navigation concernent même la Suisse, touchée le 1er avril (quarante tués) 1944, le 22 février 1945 (vingt et un) et le 4 mars 1945 (cinq), avec pour le deuxième bombardement le déplacement en catastrophe de Spaatz en personne, s'excusant platement devant les autorités zurichoises. À partir de l'automne 1944, les bombardements américains sur le Reich se rapprochent de plus en plus de l'*area bombing* de la RAF, et sont assumés comme tels, dont au paroxysme la destruction commune de Dresde en février 1945 (25 000 à 35 000 tués).

De façon synchronique, les bombardements américains sur le Japon sont menés de manière totalement indiscriminée, notamment lors de l'incinération délibérée du centre-ville de Tokyo en mars 1945 (plus de 100 000 tués). Cette inversion complète de la doctrine de l'avant-guerre connaît son accomplissement atomique les 6 et 9 août 1945 sur Hiroshima et Nagasaki (130 000 à plus de 200 000 morts violentes et par radiations).

Le drame de Nimègue s'évanouit rapidement, dans l'attente étouffante du débarquement au printemps. La cité rentre à l'inverse dans l'histoire quelques mois plus tard lors des combats estivaux de la libération, au cours de l'opération interalliée *Market Garden*. Objectif avancé de la 82e division aéroportée américaine, Nimègue est prise le 20 septembre 1944 au terme d'une violente bataille pour les ponts sur le fleuve de la Meuse et la rivière Waal, provoquant un nombre indéterminé de plusieurs centaines de victimes – loin du bilan du 22 février. La fortune sourit aux vainqueurs : Nimègue passe à la postérité comme un succès américain tactique, en contraste avec l'échec britannique à Arnhem, qui sanctionne l'échec stratégique de l'opération *Market Garden*. Le souvenir du bombardement échappe très largement à l'historiographie idéalisée de la *Big Week* pratiquement jusqu'à la fin du XXe siècle, et demeure très peu connu[12].

Conclusion. L'histoire par la lorgnette

La conquête de la supériorité aérienne a toujours fait partie de l'objectif premier de la Luftwaffe, depuis sa création officielle en 1934, préalable indispensable à l'appui des forces terrestres et navales. Cette doctrine, conjuguée à une organisation percutante en *Luftflotten* et à des personnels et des matériels qualitatifs, a permis d'emporter la décision dans toutes les campagnes de la Wehrmacht jusqu'à la fin de l'année 1941, à l'exception notable de la bataille d'Angleterre au cours de l'été 1940. La Luftwaffe n'est jamais parvenue à obtenir la supériorité aérienne sur le Royaume-Uni, vaincue par une chasse britannique remarquablement organisée par ses chefs Hugh Dowding et Keith Park, et incapable de soutenir le défi du bombardement stratégique prolongé des villes, faute de quadrimoteurs disponibles. En dépit de l'échec du *Blitz*, les Britanniques se sont à leur tour lancés dans une vaste campagne aérienne contre le Reich, accaparant un tiers de leur budget militaire jusqu'à la fin de la guerre. Porté par l'acharnement d'Arthur Harris, le matraquage nocturne des cités allemandes a certes contribué à limiter l'expansion économique de la machine de guerre nazie, mais n'a jamais permis d'amoindrir de manière décisive le moral des civils allemands et autrichiens, tués par centaines de milliers.

À son entrée en guerre à l'été 1942 en Europe, l'US Army Air Force dispose d'une solide doctrine codifiée à Maxwell dans les années 1930, au moins sur le plan théorique. De manière semblable à la Royal Air Force, son objectif est de vaincre le Reich par la puissance du bombardement stratégique, mais de jour, et grâce au *precision bombing*. Un idéal se heurtant rapidement aux limites technologiques de l'époque, et à une Luftwaffe toujours efficace malgré le laminoir du front de l'Est. Le général Eaker paye le prix de ces insuffisances en 1943, obstiné à bombarder l'Allemagne sans attendre la pleine mesure de l'économie de guerre américaine toujours en cours de transition. Le général Spaatz, rappelé du théâtre méditerranéen, profite à la fois d'une temporalité idéale à la fin de l'année 1943, grâce à l'entrée en service du Mustang et l'afflux enfin massif du matériel et des hommes au Royaume-Uni, et de la nomination de chefs réactifs comme le général Doolitle. Son analyse éclairée permet d'actionner des leviers décisifs, tels les *bouncing squadron*, offrant la possibilité pour la chasse américaine d'aller battre l'ennemi avant qu'il ne parvienne au contact des bombardiers, dans les airs et sur ses aérodromes.

L'opération *Argument*, planifiée par Eaker et reprise opportunément par Spaatz, prend acte de la nécessité de conquérir la supériorité aérienne face à une Luftwaffe toujours solide, un impératif jusqu'ici trop négligé par les services de renseignement alliés. Cet objectif relève d'un triple intérêt : assurer la neutralisation de l'aviation allemande en perspective de l'opération *Overlord*, libérer le ciel de cette même menace afin de reprendre le bombardement stratégique du Reich, et aussi rassurer et se rassurer quant au potentiel malmené des forces aériennes. Il faut pour cela marquer les esprits, ennemis et alliés, avec la planification de plusieurs jours consécutifs de bombardements en puissance, ciblant en priorité une vingtaine de centres productifs, et mettant en œuvre plusieurs armées aériennes de jour et de nuit – du jamais-vu dans l'histoire de l'aviation.

Cette « grosse semaine », qui n'est pas encore dénommée ainsi à cette époque, se traduit par une série d'affrontements extrêmement sanglants pour les trois belligérants américains, britanniques et allemands. L'industrie aéronautique outre-Rhin subit un choc, plus moral que matériel, avec des usines certes ravagées mais des machines-outils souvent préservées, permettant aux généraux Milch et Saur de lancer un vaste plan de dispersion, en bonne partie fondé sur l'exploitation à mort de prisonniers concentrationnaires. La Luftwaffe soutient le choc de cette semaine de combats jusqu'au bout, mais perd des dizaines de pilotes irremplaçables. Cet engagement ne marque pas sa destruction définitive, et n'a de toute façon pas précisément été pensé comme tel, comme l'indique, dès la fin de 1943, la volonté de Spaatz d'attaquer Berlin. De fait, la Luftwaffe se trouvait déjà en plein processus d'érosion fatal depuis l'été 1943, marqué par l'attrition dévastatrice sur le front de l'Est, sur le théâtre méditerranéen et dans la défense du Reich. Elle ne soutient le choc de février que par une concentration massive de ses forces sur le sol national, après avoir abdiqué la supériorité aérienne sur tous les autres fronts.

Le sort de la supériorité aérienne se joue définitivement en mars, sur Berlin. S'adaptant rapidement aux leçons de février, les chefs américains changent la priorité conférée au *precision bombing* des usines, trop aléatoire et aux effets difficiles à mesurer, pour se concentrer sur l'attrition. Le symbole de Berlin oblige la Jagdwaffe à combattre, et à y perdre définitivement la supériorité aérienne. Le mois de mars atteint une létalité inédite, emportant trop de « vieilles mains », les as, pour ne pas déséquilibrer la balance qualitative. Les mois suivants produisent encore davantage de victimes, mais avec, inversement et progressivement, de moins en moins de pertes pour les Américains, signe de la proportion majoritaire des pilotes allemands néophytes, sortis d'écoles avec une trentaine d'heures de vol, et envoyés au massacre.

Au tournant du XXIe siècle, l'historiographie de la supériorité aérienne évolue de manière ambivalente, partagée entre un récit de la bataille contextualisé au sein de l'*Air Power* durant la Seconde Guerre mondiale et l'héritage en partie mythique de la *Big Week.* Au sein des auteurs de la première catégorie, évoqués dans l'avant-propos de cette étude, l'historien américain Williamson Murray décrit le phénomène présidant à la seconde : « Les historiens de l'*Air Power*, comme les autres historiens militaires, ont tendance à percevoir leurs sujets en termes de batailles décisives, et de tournants nets. La réalité, cependant, est souvent plus complexe[13]. » Une analyse qui s'applique remarquablement à la conquête de la supériorité aérienne en 1944, du fait du format arbitraire de la supposée *Big Week.*

Malgré l'importance décisive de la bataille de Berlin en mars 1944 dans la conquête définitive de la supériorité aérienne, l'invention *a posteriori* du surnom de « Big Week » phagocyte l'ensemble de l'opération *Argument* et la compacte dans le temps, en la réduisant à sa seule première semaine. Ce format anachronique, fondé sur le seul aspect spectaculaire de l'événement, ne rend nullement compte de la persistance de l'offensive contre la Luftwaffe, massive jusqu'au printemps suivant, objectif toujours prioritaire de l'effort aérien allié, et objet de craintes jusqu'au Jour-J. Une certaine littérature s'est développée, centrant son propos sur la dernière semaine de février 1944. Celle-ci est perçue comme le point décisif de la puissance aérienne durant la Seconde Guerre mondiale et, suivant le syllogisme extrapolé par l'aviateur Glenn Infield, l'un des points cruciaux de l'ensemble du conflit. Un récit propice à reprendre l'héritage mémoriel développé par Arnold, avec des titres marquants comme *Big Week. Six jours qui ont changé le cours de la Seconde Guerre mondiale*[14].

L'opération *Argument* se lit ainsi comme un chapitre indissociable du récit de la guerre aérienne durant la Seconde Guerre mondiale, impliquant de multiples enjeux stratégiques, opératifs et économiques. Elle ne constitue pas un aboutissement abrupt et concentré dans le temps, mais une continuité dynamique, s'inscrivant dans un ensemble complexe. Ses résultats ne sont pas tous par ailleurs couronnés de succès, en témoignent le ciblage des industries aéronautiques aux résultats indirects et discutés par la suite, et surtout le sévère échec essuyé par la Royal Air Force. Car *Argument* était prévue comme une opération combinée, interalliée. Si les Spitfire du Fighter Command ont effectivement fourni une aide précieuse pour la protection des bases et l'accompagnement des bombardiers aux départs et aux retours, les bombardiers du Bomber Command se sont heurtés à une chasse de nuit équipée du meilleur de la technologie aéronautique, essuyant leur pire défaite à Nuremberg à la fin du mois de mars. Un succès allemand au demeurant sans conséquence, car n'influant pas sur les opérations aériennes de jour, et contrebalancé au même moment par le suicide des escadres de bombardiers sur l'Angleterre lors du *Baby Blitz*.

Ces brefs éléments de conclusion permettent de dépasser la représentation d'une *Big Week*, initiée par Arnold, sur le chemin victorieux de l'indépendance des USAAF. Une histoire par la lorgnette, au prisme d'un événement en partie reconstruit après guerre, avec pour écueil la simplification de processus beaucoup plus élaborés.

Notes

AVANT-PROPOS
La plus grande bataille de l'histoire

1. Dwight D. Eisenhower, *Croisade en Europe*, traduit de l'américain par Paule de Beaumont, Paris, Nouveau Monde éditions, 2013, p. 298. Sauf mention contraire, le lieu d'édition des ouvrages cités est Paris.

2. Solly Zuckerman, *From Apes to Warlords. The Autobiography (1904-1906) of Solly Zuckerman*, Londres, Harper and Row, 1978.

3. Voir Jérôme de Lespinois, « La mémoire des champs de bataille aériens », Catherine Denys, Benjamin Deruelle et Gilles Malandain (dir.), *Après la bataille. Mémoires et usages des champs de bataille, du XVIe siècle à nos jours*, Villeneuve-d'Ascq, Presses universitaires du Septentrion, 2023, p. 373-383.

4. Richard G. Davis, *Carl A. Spaatz and the Air War in Europe*, Washington, Center for Air Force History, 1993 ; Williamson Murray, *Strategy for Defeat*, Alabama, Air University Press, 1983 ; Richard Overy, *Sous les bombes. Nouvelle histoire de la guerre aérienne*, traduit de l'anglais par Séverine Weiss, Flammarion, 2014 ; Robert Pape, *Bombarder pour vaincre*, traduit de l'américain par Jean-Patrice Le Saint, La Documentation française, 2011.

5. Entre autres films pour la Seconde Guerre mondiale : Michael Anderson [réalisation], *The Dam Busters* [film], Associated British Pathé, 1955, 124 minutes ;

Guy Hamilton, *Battle of Britain*, United Artists, 1969, 133 minutes ; Michael Caton-Jones, *Memphis Belle*, Warner Bros., 1990, 107 minutes ; Roland Emmerich, *Midway*, AGC International, 2019, 138 minutes.

6. Cary Joji Fukunaga *et al.* [réalisation], *Masters of the Airs* [série], Playtone, 2024.

7. Bill Yenne, *Big Week. Six Days that Changed the Course of World War II*, New York, Berkley Caliber, 2014 ; James Holland, *Big Week. The Biggest Air Battle of World War Two*, Londres, Corgi, 2018 ; Glenn Infield, *Big Week ! The Week that Decided the War – the Crucial Air Battle Between General Doolittle and General Galland*, Los Angeles, Pinnacle Books, 1974.

8. Voir les travaux de Patrick Facon (armée de l'air), François Pernot (Forces aériennes françaises libres) et Claude d'Abzac-Épezy (forces aériennes de Vichy).

9. Jérôme de Lespinois (dir.), *Nouvelle histoire de l'armée de l'air*, Pierre de Taillac, 2022 ; Jean-Charles Foucrier, *Martial Valin*, Pierre de Taillac-Perrin, à paraître en 2026.

10. Patrick Facon, *Le Bombardement stratégique*, Éd. du Rocher, 1996.

PREMIÈRE PARTIE
LA DOCTRINE. CIBLER POUR VAINCRE

1. Bill Yenne, *Hap Arnold. Inventing the Air Force*, Washington, Regnery History, 2014, p. 182. Sauf mention contraire, les traductions proviennent de l'auteur.

1
La « Bomber Mafia »

1. Giulio Douhet, *La Maîtrise de l'air*, Economica, 2007, p. 83.

2. William Mitchell, *Winged Defense. The Development and Possibilities of Modern Air Power*, New York, G. T. Putnam's Sons, 1925, p. 5-6.

3. Robert T. Finney, *History of the Air Corps Tactical School*, Washington, Air Force History and Museums Program, 1998, p. VII.

4. Michael Tremblay, *Deconstructing the Myth of the Norden Bombsight*, Victoria, Université de Victoria, 2009.

5. L'autre quadrimoteur standard de l'aviation militaire américaine est le B-24, entré en service en 1941. Plus rapide que son prédécesseur, doté d'un meilleur rayon d'action et emportant davantage de bombes, cet appareil se révèle toutefois au combat moins robuste et donc plus dangereux pour les équipages, qui préfèrent généralement voler sur B-17.

6. William Mitchell, *Winged Defense*, *op. cit.*, p. 203.

7. Claire Lee Chennault, *Way of a Fighter*, New York, Robert Hotz, 1987, p. 23.

8. *Coast Artillery Journal*, novembre-décembre 1933, p. 411-417 ; janvier-février 1934, p. 7-11, *in* Jérôme de Lespinois (dir.), *Anthologie mondiale de la stratégie aérienne*, La Documentation française, 2020, p. 199-216.

9. Claire Lee Chennault, *Way of a Fighter*, *op. cit.*, p. 23-24.

10. Charles Griffith, *The Quest. Haywood Hansell and American Strategic Bombing in World War II*, Maxwell (Alabama), Air University Press, 1999, p. 67-73.

11. *Ibid.*, p. 69.

12. Haywood H. Hansell, *The Air War Plan that Defeated Hitler*, Atlanta, Higgins, 1972.

13. Stephen L. McFarland et Wesley P. Newton, « The American Strategic Air Offensive Against Germany in World War II », *in* David I. Hall, *Case Studies in Strategic Bombardment*, Washington, Air Force History and Museums Program, 1994, p. 184.

2
Les « seigneurs de guerre »

1. Office of Statistical Control, *Army Air Forces Statistical Digest, World War II*, Washington, Headquarters Army Air Forces, décembre 1945, p. 15, p. 135.

2. Henry H. Arnold, *Global Mission*, New York, Harper & Brother, 1949, p. 152.

3. *Ibid.*, p. 162.

4. Henry H. Arnold, *American Airpower Comes of Age, General Henry H. « Hap » Arnold's World War II Diaries*, Maxwell, Air University Press, 2002, p. 152.

5. Bill Yenne, *Hap Arnold, op. cit.*, p. 86-87.

6. David R. Mets, *Master of Airpower, General Carl A. Spaatz*, Novato, Presidio, 1988, p. 85.

7. Henry H. Arnold, *Global Mission, op. cit.*, p. 440.

8. Cité par Rebecca Grant, « Spaat's Quest for Air Superiority », *Air & Space Forces Magazine*, octobre 2013, p. 70-74.

9. Arthur Harris, *Les bombardiers attaquent*, traduit de l'anglais par Pierre Martin, Plon, 1947, p. 246.

10. Max Hastings, *Bomber Command*, Londres, Pan Books, 2010, p. 46-47.

11. Norman Longmate, *The Bombers. The RAF Offensive Against Germany 1939-1945*, Londres, Hutchinson, 1983, p. 47.

12. *Ibid.*, p. 121.

13. *Ibid.*

14. Geoffrey Best, *Churchill. A Study in Greatness*, Londres, Penguin Books, 2002, p. 238.

DEUXIÈME PARTIE
POINTBLANK : PRÉPARER L'INVASION DE L'EUROPE

1. Haywood H. Hansell, *The Air War, op. cit.*, p. 253.

3
Schweinfurt, la fin des illusions

1. Arthur B. Ferguson, « Origins of the Combined Bomber Offensive », *in* W. E. Craven et J. L. Cate, *The Army Air Forces*, vol. II : *Europe : Torch to Pointblank, August 1942 to December 1943*, Chicago, University of Chicago Press, 1958, p. 214-215.

2. Ronald Schaffer, *Wings of Judgment. American Bombing in World War II*, Oxford, Oxford University Press, 1985, p. 40.

3. Winston Churchill, *Mémoires de Guerre 1941-1945*, livre II, *Seuls, 10 mai 1940 – février 1941*, annoté par François Kersaudy, Tallandier, 2010, p. 256.

4. Max Hastings, *Bomber Command, op. cit.*, p. 231 ; Norman Longmate, *The Bombers, op. cit.*, p. 232-233.

5. Acronyme de *Fliegerabwehrkanone*, ou « canon antiaérien » – la DCA.

6. Norman Longmate, *The Bombers, op. cit.*, p. 233-234.

7. Noble Frankland et Charles Webster, *The Strategic Air Offensive Against Germany 1939-1945*, 4 vol., Londres, Her Majesty's Stationery Office, 1961, p. 97.

8. Charles Griffith, *The Quest, op. cit.*, p. 118-119.

9. Brian D. Vlaun, *Selling Schweinfurt. Targeting Assessment, and Marketing in the Air Campaign Against German Industry*, Annapolis, Naval Institute Press, 2020.

10. Defense Technical Information Center, *History of the Organization and Operations of the Committee of Operations Analysts*, Washington, Department of the Air Force, 1er janvier 1944, p. 45-46.

11. Stephen L. McFarland et Wesley P. Newton, « The American Strategic Air Offensive », art. cité, p. 196.

12. National World War II Museum (NWM-New Orleans), Digital Collections, US Army Air Forces : Herman Molen (1923-2012).

13. *Ibid.*

14. Albert Speer, *Au cœur du Troisième Reich*, Pluriel, 2011, p. 403.

15. Tentative de coup d'État du Parti nazi menée par Hitler à Munich, qui échoue dans le sang.

16. Adolf Galland, *Les Premiers et les Derniers*, Yves Michelet, 1985, p. 228.

17. Dwight D. Eisenhower, *Crusade in Europe*, New York, Doubleday, 1948, p. 122.

4
Opération *Argument*, une triple nécessité

1. Solly Zuckerman, *Six Men Out of the Ordinary*, Londres, Peter Owen, 1992, p. 109.

2. Stephen L. McFarland et Wesley P. Newton, « The American Strategic Air Offensive », art. cité, p. 204.

3. Paul A. Ludwig, *P-51 Mustang. Development of the Long-Range Escort Fighter*, Surrey, Ian Allen, 2003, p. 143-148.

4. James Holland, *Big Week*, *op. cit.*, p. 246.

5. Stephen L. McFarland et Wesley P. Newton, « The American Strategic Air Offensive », art. cité, p. 212.

6. Dwight D. Eisenhower, *Crusade in Europe*, New York, Doubleday, 1948, p. 122.

7. Albert Speer, *Au cœur du Troisième Reich*, *op. cit.*, p. 409.

8. Bill Yenne, *Hap Arnold*, *op. cit.*, p. 179.

9. Richard G. Davis, *Carl A. Spaatz and the Air War in Europe*, *op. cit.*, p. 306.

10. L. Douglas Keeney, *The Pointblank Directive*, Oxford, Osprey, 2012, p. 116.

11. Richard G. Davis, *Carl A. Spaatz and the Air War*, *op. cit.*, p. 300.

TROISIÈME PARTIE
LA DÉFAITE DE LA LUFTWAFFE

1. Arthur Harris, *Les bombardiers attaquent, op. cit.*, p. 5.

5
Bloody Week

1. Patrick G. Eriksson, *Alarmstart, The German Fighter Pilot's Experience in the Second World War*, Stroud, Amberley, 2019, p. 244-245.

2. Dale O. Smith, *Memoirs of a B-17 Group Commander*, New York, Random House, 1991, p. 105.

3. Francis Gabreski, *Gabby. A Fighter Pilot's Life*, Londres, Orion, 1991, p. 147.

4. Bimoteur multirôle britannique, utilisé comme chasseur, chasseur-bombardier et appareil de reconnaissance/marquage au sol ; dôté de remarquables caractéritisques (vitesse, manœuvrablité) grâce à sa conception tout en bois.

5. Bloqués devant Rome depuis l'automne 1943, les Alliés décident de contourner les défenses allemandes en débarquant à Anzio et Nettuno, le 22 janvier 1944. Même si la surprise initiale permet d'établir une tête de pont, le manque d'audace du commandement américain laisse l'occasion aux Allemands de se ressaisir et de contre-ataquer.

6. Patrick G. Eriksson, *Alarmstart, op. cit.*, p. 242-243.

7. Cité par Bill Yenne, *Big Week, op. cit.*, p. 194.

8. Francis Gabreski, *Gabby, op. cit.*, p. 148.

9. Adolf Galland, *Les Premiers et les Derniers, op. cit.*, p. 363.

10. Bill Yenne, *Big Week, op. cit.*, p. 204.

11. *Ibid.*, p. 211.

12. NWM, Digital Collections, US Army Air Forces : William Fili (1923).

13. Richard G. Davis, *Carl A. Spaatz and the Air War, op. cit.*, p. 327.

6
La bataille de Berlin

1. Joseph Goebbels, *Journal, 1943-1945*, Tallandier, 2005, p. 414.

2. NWM, Digital Collections, US Army Air Forces : Robert Shoens (1921).

3. Arthur B. Ferguson, « Origins of the Combined Bomber Offensive », art. cité, p. 53.

4. NWM, Digital Collections, US Army Air Forces : Donald Strait (1918-2015).

5. Adolf Galland, *Les Premiers et les Derniers, op. cit.*, p. 349-352.

6. Pour une histoire des *Experten* de la Luftwaffe, voir Pierre Razoux, *Le Siècle des as*, Perrin, 2019, notamment p. 212-215 pour Erich Hartmann.

7. Patrick G. Eriksson, *Alarmstart, op. cit.*, p. 243.

8. *Ibid.*, p. 252.

9. Richard G. Davis, *Carl A. Spaatz and the Air War, op. cit.*, p. 326.

10. Alexander Cadogan, *The Diaries of Sir Alexander Cadogan, 1938-1945*, Londres, Cassell, 1971, p. 615-616.

11. Martin Middlebrook, *The Berlin Raids*, Barnsley, Pen & Sword Aviation, 2021, p. 316.

12. Arthur Harris, *Les bombardiers attaquent, op. cit.*, p. 166-169.

7
Échec et mat

1. Richard G. Davis, *Carl A. Spaatz and the Air War in Europe, op. cit.*, p. 348.

2. Solly Zuckerman, *From Apes to Warlords. The Autobiography (1904-46) of Solly Zuckerman*, Londres, Collins, 1988, p. 243.

3. *Ibid.*

4. IMPERIAL WAR MUSEUM (IWM – London), P. 417 – 10/8, *Kingston-McCloughry, The Transportation Plan*, p. 22-23.

5. IWM, P. 417 – 10/5/1, *The Joint Plan*, 15 avril 1944, p. 18.

6. Winston Churchill, *Closing the Ring. The Second World War*, Londres, Cassell & Co., 1952, p. 467.

7. *Ibid.*

8. Joseph Goebbels, *Journal*, *op. cit.*, p. 230-231.

9. Williamson Murray, *Strategy for Defeat*, *op. cit.*, p. 250.

10. Albert Speer, *Au cœur du Troisième Reich*, *op. cit.*, p. 490.

11. Arthur Tedder, *Air Power in War*, Tuscaloosa, University of Alabama Press, 2010, p. 41-42.

12. Bill Newton-Dull, *Big Wing. The Biography of Air Chief Marshall Sir Trafford Leigh-Mallory*, Shrewsburry, Air Life, 1992, p. 121-122.

13. Bibliothèque de Documentation internationale contemporaine (Nanterre, La Contemporaine), F 1656, *Sir Trafford Leigh-Mallory, Air Operations allied expeditionary Air Force in North-West Europe from November 15th 1943 to September 30th 1944, Supplement to the London, Gazette of Tuesday, the 31st of December 1946*, p. 40-41.

14. *Ibid.*, p. 57.

QUATRIÈME PARTIE
EXPLOITER LA MÉMOIRE

1. *The War Reports of General of the Army George C. Marshall, General of the Army H. H. Arnold & Fleet Admiral Ernest J. King*, Philadelphie, J. B. Lippincott, 1947, p. 360.

8
Gloire aux vainqueurs

1. Andrew Knapp, *Les Français sous les bombes alliées*, Tallandier, 2014 ; Jean-Charles Foucrier, *La Stratégie de la destruction*, Vendémiaire, 2017.

2. Keighley William [réalisateur], *Target for Today* [film], First Motion Picture Unit, 1944, 90 minutes.

3. *Stars and Stripes*, vol. 4, n° 100, 28 février 1944.

4. *Stars and Stripes*, vol. 4, n° 109, 9 mars 1944.

5. *Stars and Stripes*, vol. 4, n° 126, 29 mars 1944.

6. Ronald Reagan [narrateur], *The Fight for the Sky* [film], First Motion Picture Unit, 1945, 20 minutes.

7. *Ibid.*, p. 360-362.

8. *Ibid.*, p. 362.

9. Service historique de la Défense (SHD-Vincennes), FB1563, *The United Strategic Bombing Survey – Over-all Report (European War)*, 30 septembre 1945, p. 29.

10. *Ibid.*, p. 17.

11. *Ibid.*, p. 18.

12. Adam Tooze, *Le Salaire de la destruction*, traduit de l'anglais par Pierre-Emmanuel Dauzat, Les Belles Lettres, 2012, p. 600.

13. *The United Strategic Bombing Survey*, *op. cit.*, p. 22.

14. *Ibid.*, p. 25.

15. Sebastian Cox, *The Strategic Air War Against Germany, 1939-1945. The Official Report of the British Bombing Survey Unit*, Londres, Frank Cass, 1998.

16. *Ibid.*, p. 154.

17. *Ibid.*, p. 105-110.

18. Pierre Assouline (dir.), *À la recherche de Winston Churchill*, Perrin, « Tempus », n° 573, 2015, p. 18.

19. Solly Zuckerman, *Six Men out of the Ordinary*, *op. cit.*, p. 85.

20. *Ibid.*, p. 113.

21. Alfred Mierzejewski, *Wheels Must Roll For Victory. Allied Air Power and the German War Economy, 1944-1945*, Chapel Hill, University of North Carolina Press, 1988, p. 73.

9
L'invention d'une « Big Week »

1. Stephen E. Ambrose, *Frères d'armes*, traduit de l'anglais par Alain Deschamps, Albin Michel, 2002.

2. Wesley Frank Craven et James Lea Cate (dir.), *The Army Air Forces in World War II*, *op. cit.*, p. 1948-1958.

3. Henry H. Arnold, *Global Mission*, *op. cit.*, p. 488.

4. *Ibid.*, p. 504.

5. *Ibid.*, vol. III : *Europe : ARGUMENT to V-E Day, January 1944 to May 1945.*

6. *Ibid.*, p. 35.

7. Adolf Galland, *Les Premiers et les Derniers*, *op. cit.*, p. 361-362.

8. *Ibid.*, p. 362-363.

9. Glenn Infield, *Big Week !*, *op. cit.*, p. 9.

10. Solly Zuckerman, *From Apes to Warlords*, *op. cit.*, p. 246.

11. Norman Longmate, *The Bombers*, *op. cit.*, p. 131.

12. Joost Rosendaal, *The Destruction of Nijmegen*, traduit du néerlandais par Kevin Cook, Nimègue, Vantilt, 2014.

13. Williamson Murray, *Strategy for Defeat*, *op. cit.*, p. 226.

14. Bill Yenne, *Big Week*, *op. cit.* ; James Holland, *Big Week*, *op. cit.* Des récits principalement factuels offrant l'avantage de présenter de nombreux témoignages d'acteurs de la bataille.

Sources et bibliographie sélective

ARCHIVES

Imperial War Museum (IWM – London), P. 417 – 10/8, Kingston-McCloughry, *The Transportation Plan*, 1944 ; P. 417 – 10/5/1, *The Joint Plan*, 1944.

National World War II Museum (NWM – New Orleans), Digital Collections, US Army Air Forces.

Service historique de la Défense (SHD-Vincennes), FB1563, *The United Strategic Bombing Survey – Over-all Report (European War)*, 30 septembre 1945.

Bibliothèque de Documentation internationale contemporaine (Nanterre, La Contemporaine), F 1656, *Sir Trafford Leigh-Mallory, Air Operations Allied Expeditionary Air Force in North-West Europe from November 15th 1943 to September 30th 1944, Supplement to the London, Gazette of Tuesday, the 31st of December 1946*, 1947.

Stars and Stripes, vol. 4, nos 100-126, mars et février 1944.

ARCHIVES ÉDITÉES

The Strategic Air War Against Germany, 1939-1945 : The Official Report of the British Bombing Survey Unit, édité par COX (Sebastian), Londres, Franck Cass, 1998.

History of the Organization and Operations of the Committee of Operations Analysts, Washington, Department of the Air Force, 1944.

The War Reports of General of the Army George C. Marshall, General of the Army H. H. Arnold & Fleet Admiral Ernest J. King, Philadelphie, J. B. Lippincott, 1947.

MÉMOIRES

ARNOLD (Henry H.), *Global Mission*, New York, Harper & Brothers, 1949.

ARNOLD (Henry H.), *American Airpower Comes of Age. Henry Hap Arnold Diaries*, Maxwell, Air University Press, 2002.

BRERETON (Lewis. H.), *The Brereton Diaries. The War in the Air in the Pacific, Middle East and Europe, 3 October 1941-8 May 1945*, New York, William Morrow & Co., 1946.

CHENAULT (Claire L.), *Way of a Fighter*, New York, G. P. Putnam's Sons, 1949.

CHURCHILL (Winston), *Mémoires de guerre 1941-1945*, livre II, *Seuls, 10 mai 1940 – février 1941*, annoté par François Kersaudy, Paris, Tallandier, 2010.

EISENHOWER (Dwight D.), *Croisade en Europe. Mémoires sur la Deuxième Guerre mondiale*, traduit de l'américain par Paule de Beaumont, Paris, Nouveau Monde éditions, 2013.

GABRESKI (Francis), *Gabby. A Fighter Pilot's Life*, Londres, Orion, 1991.

GALLAND (Adolf), *Les Premiers et les Derniers*, Paris, Yves Michelet, 1985.

GOEBBELS (Joseph), *Journal, 1943-1945*, Paris, Tallandier, 2005.

HANSELL (Haywood S.), *The Air Plan that Defeated Hitler*, Atlanta, Ayer Publishing, 1980.

HARRIS (Arthur), *Les bombardiers attaquent*, traduit de l'anglais par Pierre Martin, Paris, Plon, 1947.

INFIELD (Glenn), *Big Week !*, Los Angeles, Pinnacle Books, 1979.

MITCHELL (William), *Winged Defense. The Development and Possibilities of Modern Air Power*, G. T. Putnam's Sons, New York, 1925.

SMITH (Dale O.), *Memoirs of a B-17 Group Commander*, New York, Random House, 1991.

SPEER (Albert), *Au cœur du Troisième Reich*, Pluriel, 2011.

ROSTOW (Walt W.), *Pre-Invasion Bombing Strategy. Gal Eisenhower's Decision of March, 25, 1944*, Austin, University of Texas Press, 1981.

SEVERSKY (Alexander P.), *Victory Through Air Power*, New York, Simon and Schuster, 1942.

ZUCKERMAN (Solly), *Six Men Out of the Ordinary*, Londres, Peter Owen, 1992.

BIBLIOGRAPHIE

ALLEN (Michael Thad), *The Business of Genocide. The SS, Slave Labor and the Concentration Camp,* Chapel Hill (NC), University of North Carolina Press, 2002.

BEST (Geoffrey), *Churchill. A Study in Greatness*, Londres, Penguin Books, 2002.

BIDDLE (Davis), *Rhetoric and Reality in Air Warfare. The Evolution of British and American Ideas About Strategic Bombing, 1914-1945*, Princeton, Princeton University Press, 2002.

BOWMAN (Martin W.), *The Mighty Eighth at War. USAAF 8th Air Force Bombers versus the Luftwaffe 1943-1945*, Barnsley, Pen & Sword Aviation, 2010.

BOWMAN (Martin W.), *Nachtjagd. Defenders of the Reich, 1940-1943*, Barnsley, Pen & Sword Aviation, 2016.

CLODFELTER (Mark), *Beneficial Bombing. The Progressive Foundations of American Air Power, 1917-1945*, Lincoln, University of Nebraska Press, 2011.

CORUM (James S.), *The Luftwaffe. Creating the Operational Air War, 1918-1940*, Lawrence, University Press of Kansas, 1997.

CRANE (Conrad C.), *American Airpower Strategy in World War II. Bombs, Cities, Civilians and Oil*, Lawrence, University Press of Kansas, 2016.

DAVIS (Richard G.), *Bombing the European Axis Powers. A Historical Digest of the Combined Bomber Offensive 1939-1945*, Alabama, Air University Press Maxwell Air Force Base, 2012.

DILDY (Douglas. C.), *Big Week. Operation Argument and the Breaking of the Jagdwaffe*, Oxford, Osprey, 2022.

EHLERS (Robert S. Jr.), *Targeting the Third Reich. Air Intelligence and the Allied Bombing Campaigns*, Lawrence, University Press of Kansas, 2015.

ERIKSSON (Patrick G.), *Alarmstart. The German Fighter Pilot's Experience in the Second World War*, Stroud, Amberley, 2019.

CRAVEN (Wesley Frank) et CATE (James Lea) (dir.), *The Army Air Forces in World War II*, 7 volumes, Chicago, University of Chicago Press, 1958.

FREEMAN (Roger A.), *The Mighty Eighth. A History of the US 8th Army Air Force*, Londres, Orion, 1989.

GRIFFITH (Charles), *The Quest Haywood Hansell and American Strategic Bombing in World War II*, Alabama, Air University Press Maxwell Air Force, 1999.

HALL (David I.), *Case Studies in Strategic Bombardment*, Washington, Air Force History and Museums Program, 1994.

HAMMEL (Eric), *Big Week. The Bombing Offensive that Broke the Luftwaffe*, Pacifica, Pacifica Military History, 2016.

HANSEN (Randall), *Fire and Fury. The Allied Bombing of Germany and Japan*, Londres, Faber & Faber, 2019.

HASTINGS (Max), *Bomber Command*, Londres, Pan Military Classics, 2010.

HAUN (Phil), *Lectures of the Air Corps Tactical School and American Strategic Bombing in World War II*, Lexington, The University Press of Kentucky, 2019.

HOLLAND (James), *Big Week. The Biggest Air Battle of World War Two*, Londres, Corgi, 2019.

HOOTON (E. R.), *The Luftwaffe. A Complete History 1933-1945*, Manchester, Crecy, 2010.

KEENEY (L. Douglas), *The Pointblank Directive. The Untold Story of the Daring Plan that Saved D-Day*, Oxford, Osprey, 2014.

LESPINOIS (Jérôme de), *Anthologie mondiale de la stratégie aérienne*, Paris, La Documentation française, 2020.

LONGMATE (Normann), *The Bombers*, Londres, Hutchinson, 1983.

LUDWIG (Paul A.), *P-51 Mustang. Development of the Long-Range Escort Fighter*, Surrey, Ian Allen, 2003.

MACKAY (Ron), *The Last Blitz. Operation Steinbock, the Luftwaffe's Last Blitz on Britain – January to May 1944*, Walton-on-Thames, Red Kite, 2011.

MAHONEY (Kevin A.), *Fifteenth Air Force Against the Axis. Combat Missions over Europe during World War II*, Lanham, Scarecrow Press, 2013.

METS (David R.), *Master of Airpower. General Carl A. Spaatz*, Novato, Presidio Press, 1988.

MIDDLEBROOK (Martin), *The Berlin Raids. The Bomber Battle, Winter 1943-1944*, Barnsley, Pen & Sword Aviation, 2010.

MIDDLEBROOK (Martin) et EVERITT (Chris), *The Bomber Command War Diaries*, Barnsley, Pen & Sword Aviation, 2014.

MIERZEJEWSKI (Alfred), *Wheels Must Roll For Victory. Allied Air Power and the German War Economy, 1944-1945*, Chapel Hill, University of North Carolina Press, 1988.

MILLER (Donald L.), *Les Maîtres de l'air*, Paris, Michel Lafon, 2015.

MORRIS (Craig F.), *The Origins of American Strategic Bombing Theory*, Annapolis, Naval Institute Press, 2017.

MURRAY (Williamson), *Strategy for Defeat*, Alabama, Air University Press, 1983.

NEWTON-DULL (Bill), *Big Wing. The Biography of Air Chief Marshall Sir Trafford Leigh-Mallory*, Shrewsburry, Airlife, 1992.

O'MARA (Raymond), *Rise of the War Machines. The Birth of Precision Bombing in World War II*, Annapolis, Naval Institute Press, 2022.

OVERY (Richard), *Sous les bombes. Nouvelle histoire de la guerre aérienne*, Paris, Flammarion, 2014.

PAPE (Robert), *Bombarder pour vaincre*, Paris, La Documentation française, 2011.

ROBINSON (Neil), *Adler Gegen England. The Luftwaffe's Air Campaign Against the British Isles 1941-45*, Westfield, Airfile Publications, 2013.

ROSENDAAL (Joost), *The Destruction of Nijmegen, 1944, American Bombs and German Fire*, Nimègue, Vantilt, 2014.

ROSS (Stewart H.), *Strategic Bombing by the United States in World War II. The Myths and the Facts*, Jefferson, McFarland, 2002.

SCHAFFER (Ronald), *Wings of Judgment. American Bombing in World War II*, New York, Oxford University Press, 1985.

TOOZE (Adam), *Le Salaire de la destruction*, Paris, Les Belles Lettres, 2012.

VLAUN (Brian D.), *Selling Schweinfurt. Targeting Assessment, and Marketing in the Air Campaign Against German Industry*, Annapolis, Naval Institute Press, 2020.

WEBSTER (Charles) et FRANKLAND (Noble), *The Strategic Air Offensive Against Germany 1939-1945*, 3 volumes, Brambleside, Naval & Military Press, 2016.

WORALL (Richard), *Battle of Berlin 1943-44. Bomber's Harris' Gamble to End the War*, Oxford, Osprey, 2019.

YENNE (Bill), *Hap Arnold. Inventing the Air Force*, Washington, Regnery History, 2014.

YENNE (Bill), *Big Week. Six Days that changed the Course of World War II*, New York, Berkley, 2012.

ZALOGA (Steven J.), *Operation Pointblank 1944. Defeating the Luftwaffe*, Oxford, Osprey, 2011.

ZALOGA (Steven J.), *The Oil Campaign 1944-1945. Draining the Wehrmacht's Lifeblood*, Oxford, Osprey, 2022.

FILMOGRAPHIE

ANDERSON (Michael), *The Dam Busters*, Associated British Pathé, 1955, 124 minutes.

CATON-JONES (Michael), *Memphis Belle*, Warner Bros., 1990, 107 minutes.

EMMERICH (Roland), *Midway*, AGC International, 2019, 138 minutes.

FUKANAGA (Cary Joji) *et al.*, *Masters of the Airs* [série], Playtone, 2024.

KEIGHLEY (William), *Target for Today*, First Motion Picture Unit, 1944, 90 minutes.

KING (Henry), *Twelve O'Clock High*, Twentieth Century Fox, 1949, 132 minutes.

SAGAL (Boris), *The Thousand Plan Raid*, United Artists, 1969, 93 minutes.

REAGAN (Ronald) [narrateur], *The Fight for the Sky* [film], First Motion Picture Unit, 1945, 20 minutes.

Index

L

M

N

O

Table

PREMIÈRE PARTIE

LA DOCTRINE : CIBLER POUR VAINCRE

DEUXIÈME PARTIE

POINTBLANK : PRÉPARER L'INVASION DE L'EUROPE

TROISIÈME PARTIE

LA DÉFAITE DE LA LUFTWAFFE

QUATRIÈME PARTIE

EXPLOITER LA MÉMOIRE

Pour en savoir plus
sur les Éditions Perrin
vous pouvez consulter notre site Internet

www.editions-perrin.fr

lisez!

et nous suivre sur les réseaux sociaux

Editions Perrin

@EditionsPerrin

@editionsperrin

#lisez! engagé

www.lisez.com

Pour plus d'information :

Imprimé sur du papier issu de forêts gérées durablement.

Achevé d'imprimer en septembre 2025
par Normandie Roto Impression s.a.s.
61250 Lonrai
N° d'impression : 2503870

Imprimé en France